【臺灣現當代作家
研究資料彙編】28

姜　貴

國立台灣文學館
出版

部長序

　　文學既是社會縮影也是靈魂核心，累積研究論述及文獻史料，不僅可厚實文學發展根基，觀照當代人文的思想脈絡，更能指引未來的社會發展。臺灣文學歷經數百年的綿延與沉澱，蓄積豐沛的能量，也呈現生氣盎然的多元創作面貌。近一甲子的臺灣現當代文學發展，就是華文世界人文心靈最溫暖的寫照。

　　緣此，國立臺灣文學館自 2010 年啟動《臺灣現當代作家研究資料彙編》，鉅細靡遺進行珍貴的文學史料蒐集研究，意義深遠。這項計畫歷時三年多，由文學館結合學界、出版社、作家一同參與，組成陣容浩大的編輯群與顧問團隊，梳理臺灣文學長河裡的各方涓流，共匯集 50 位臺灣現當代重要作家的生平、年表與作品評論資料，選錄其代表性的評論文章，彙編成冊，完整呈現作家的人文映記、文學成就及相關研究，成果豐碩。

　　由於內容浩瀚、需多所佐證，本套叢書共分三階段陸續出版，先是 2011 年推出以臺灣新文學之父賴和為首的 15 位作家研究資料彙編，接著於 2012 年完成張我軍、潘人木等 12 位作家的研究資料彙編；及至 2013 年 12 月，適逢國立臺灣文學館十周年館慶之際，更纂輯了姜貴、張秀亞、陳秀喜、艾雯、王鼎鈞、洛夫、余光中、羅門、商禽、瘂弦、司馬中原、林文月、鄭愁予、陳冠學、黃春明、白先勇、白萩、陳若曦、郭松棻、七等生、王文興、王禎和、楊牧共 23 位作家的研究資料，皇皇巨著，為臺灣文學之巍巍巨觀留下具里程碑的文字見證。這套選粹體現了臺灣文學研究總體成果中，極為優質的論述著作，有助於臺灣文學發展的擴展化與深刻化，質量兼具。在此，特別對參與編輯、撰寫、諮詢的文學界朋友們表達謝意，也向全世界愛好文學的讀者，推介此一深具人文啟發且實用的臺灣現當代文學工具書，彼此激勵，為更美好的臺灣人文環境共同努力。

文化部部長　龍應台

館長序

　　所有一切有關文學的討論，最終都得回歸到創作主體（作家）及其創作文本（作品）。文本以文字書寫，刊載在媒體上（報紙、雜誌、網站等），或以印刷方式形成紙本圖書；從接受端來看，當然以後者為要，原因是經過編輯過程，作者或其代理人以最佳的方式選編，常會考慮讀者的接受狀況，亦以美術方式集中呈現，其形貌也必然會有可觀者。

　　從研究的角度來看，它正是核心文獻。研究生在寫論文的時候，每在緒論中以一節篇幅作「文獻探討」，一般都只探討研究文獻，仍在周邊，而非核心。所以作家之研究資料，包括他這個人和他所寫的作品，如何鉅細靡遺彙編一處，是研究最基礎的工作；其次才是他作品的活動場域以及別人如何看待他的相關資料。前者指的是發表他作品的報刊及其他再傳播的方式或媒介，後者指的是有關作家及其作品的訪問、報導、著作目錄、年表、文評、書評、專論、綜述、專書、選編等，有系統蒐輯、編目，擇其要者結集，從中發現作家及其作品被接受的狀況，清理其發展，這其實是文學經典化真正的過程；也必須在這種情況下，作家研究才有可能進一步開展。

　　針對個別作家所進行的資料工作隨時都在發生，但那是屬於個人的事，做得好或不好，關鍵在他的資料能力；將一群有資料能力的學者組織起來，通過某種有效的制度性運作，想必能完成有關作家研究資料彙編的人文工程，可以全面展示某個歷史時期有關作家研究的集體成就，這是國立臺灣文學館從 2010 年啟動「臺灣現當代

作家研究資料彙編」（50 冊）的一些基本想法，和另外兩個大計畫：「臺灣文學史長編」（33 冊）、「臺灣古典作家精選集」（38 冊），相互呼應，期能將臺灣文學的豐富性展示出來，將「臺灣文學」這個學科挖深識廣；作為文化部的附屬機構，我們在國家文化建設的整體工程中，在「文學」作為一個公共事務的理念之下，我們紮紮實實做了有利文化發展的事，這是我們所能提供給社會大眾的另類服務，也是我們朝向臺灣文學研究中心理想前進的努力。

　　我們在四年間分三批出版的這 50 本臺灣現當代作家研究資料彙編，從賴和（1894～1943）到楊牧（1940～），從割臺之際出生、活躍於日據下的作家，到日據之末出生、活躍於戰後臺灣文壇的作家；當然也包含 1949 年左右離開大陸，而在臺灣文壇發光發熱的作家。他們只是臺灣作家的一小部分，由承辦單位組成的專業顧問群多次會商議決；這個計畫，我們希望能夠在精細檢討之後，持續推動下去。

　　顧問群基本上是臺灣文學史專業的組合，每位作家重要評論文章選刊及研究綜述的撰寫者，都是對於該作家有長期研究的專家。這是學界人力的大動員，承辦本計畫的臺灣文學發展基金會長期致力臺灣文學史料的蒐輯整理，具有強大的學術及社會力量，本計畫能夠順利推動且如期完成，必須感謝他們組成的編輯團隊，以及眾多參與其事的學界朋友。

國立臺灣文學館館長　李瑞騰

編序

◎封德屏

緣起

　　1995 年 10 月 25 日，在臺灣師範大學教育大樓的 201 室，一場以「面對臺灣文學」為題的座談會，在座諸位學者分別就臺灣文學的定義、發展、研究，以及文學史的寫法等，提出宏文高論，而時任國家圖書館編纂張錦郎的「臺灣文學需要什麼樣的工具書」，輕鬆幽默的言詞，鞭辟入裡的思維，更贏得在座者的共鳴。

　　張先生以一個圖書館工作人員自謙，認真專業地為臺灣這幾十年來究竟出版了多少有關臺灣文學的工具書，做地毯式的調查和多方面的訪問。同時條理分明地針對研究者、學生，列出了十項工具書的類型，哪些是現在亟需的，哪些是現在就可以做的，哪些是未來一步一步累積可以達成的，分別做了專業的建議及討論。

　　當時的文建會二處科長游淑靜，參與了整個座談會，會後她劍及履及的開始了文學工具書的委託工作，從 1996 年的《臺灣文學年鑑》起始，一年一本的編下去，一直到現在，保存延續了臺灣文學發展的基本樣貌。接著是《中華民國作家作品目錄》的新編，《臺灣文壇大事紀要》的續編，補助國家圖書館「當代文學史料影像全文系統」的建置，這些工具書、資料庫的接續完成，至少在當時對臺灣文學的研究，做到一些輔助的功能。

　　2003 年 10 月，籌備多年的「台灣文學館」正式開幕運轉。同年五月《文訊》改隸「財團法人台灣文學發展基金會」，為了發揮更大的動能，開

始更積極、更有效率地將過去累積至今持續在做的文學史料整理出來，讓豐厚的文藝資源與更多人共享。

於是再次的請教張錦郎先生，張先生認為文學書目、作家作品目錄、文學年鑑、文學辭典皆已完成或正在進行，現在重點應該放在有關「臺灣現當代作家評論資料目錄」的編輯工作上。

很幸運的，這個計畫的發想得到當時臺灣文學館林瑞明館長的支持，於是緊鑼密鼓的展開一切準備工作：籌組編輯團隊、召開顧問會議、擬定工作手冊、撰寫計畫書等等。

張錦郎先生花了許多時間編訂工作手冊，每一位作家的評論資料目錄分為：

（一）生平資料：可分作者自述，旁人論述及訪談，文學獎的紀錄。

（二）作品評論資料：可分作品綜論，單行本作品評論，其他作品（包括單篇作品）評論，與其他作家比較等。

此外，對重要評論加以摘要解說，譬如專書、專輯、學術會議論文集或學位論文等，凡臺灣以外地區之報刊及出版社，於書名或報刊後加註，如中國大陸、香港、新加坡等。此外，資料蒐集範圍除臺灣外，也兼及中國大陸、香港、新加坡、日本、韓國及歐美等地資料，除利用國內蒐集管道外，同時委託當地學者或研究者，擔任資料蒐集工作。

清楚記得，時任顧問的學者專家們，都十分高興這個專案的啟動，但確定收錄哪些作家名單時，也有不同的思考及看法。經過充分的討論後，終於取得基本的共識：除以一般的「文學成就」為觀察及考量作家的標準外，並以研究的迫切性與資料獲得之難易度為綜合考量。譬如說，在第一階段時，作家的選擇除文學成就外，先考量迫切性及研究性，迫切性是指已故又是日治時期臺籍作家為優先，研究性是指作品已出土或已譯成中文為優先。若是作品不少而評論少，或作品評論皆少，可暫時不考慮。此外，還要稍微顧及文類的均衡等等。基本的共識達成後，顧問群共同挑選出 310 位作家，從鄭坤五、賴和、陳虛谷以降，一直到吳錦發、陳黎、蘇

偉貞，共分三個階段進行。

　　張錦郎先生修訂的編輯體例，從事學術研究的顧問們，一方面讚嘆「此目錄必然能成爲類似文獻工作的範例」，但又深恐「費力耗時，恐拖延了結案時間」，要如何克服「有限時間，高度理想」的編輯方式，對工作團隊確實是一大挑戰。於是顧問們群策群力，除了每人依研究領域、研究專長認領部分作家外（可交叉認領），每個顧問亦推薦或召集研究生襄助，以期能在教學研究工作外，爲此目錄盡一份心力。

　　「臺灣現當代作家評論資料目錄」專案計畫，自 2004 年 4 月開始，至 2009 年 10 月結束，分三個階段歷時五年六個月，共發現、搜尋、記錄了十餘萬筆作家評論資料。共經歷了三位專職研究助理，近三十位兼任研究助理。這些研究助理從開始熟悉體例，到學習如何尋找資料，是一條漫長卻實用的學習過程。

接續

　　「臺灣現當代作家評論資料目錄」的專案完成，當代重要作家的研究，更可以在這個基礎上，開出亮麗的花朵。於是就有了「臺灣現當代作家研究資料彙編暨資料庫建置計畫」的誕生。爲了便於查詢與應用，資料庫的完成勢在必行，而除了資料庫的建置外，這個計畫再從 310 位作家中精選 50 位，每人彙編一本研究資料，內容有作家圖片集，包括生平重要影像、文學活動照片、手稿及文物，小傳、作品目錄及提要、文學年表。另外每本書分別聘請一位最適當的學者或研究者負責編選，除了負責撰寫八千至一萬字的作家研究綜述外，再從龐雜的評論資料中挑選具有代表性的評論文章，平均 12～14 萬字，最後再附該作家的評論資料目錄，以期完整呈現該作家的生平、創作、研究概況，其歷史地位與影響。

　　由於經費及時間因素，除了資料庫的建置，資料彙編方面，50 位作家分三個階段完成。第一階段出版了 15 位作家，第二階段出版了 12 位作家，此次第三階段則出版了 23 位作家資料彙編。雖然已有過前兩階段的實

務經驗，但相較於前兩階段，此次幾乎多出版將近一倍的數量，使工作小組在編輯過程中，仍然面臨了相當大的困難與挑戰。

首先，必須掌握每位編選者進度這件事，就是極大的挑戰。於是編輯小組在等待編選者閱讀選文的同時，開始蒐集整理作家生平照片、手稿，重編作家年表，重寫作家小傳，尋找作家出版品的正確版本、版次，重新撰寫提要。這是一個極其複雜的工程。還好有認真負責的雅嫻、堇婷、欣怡，以及編輯老手秀卿幫忙，讓整個專案延續了一貫的品質及進度。

在智慧權威、老練成熟的學者專家面前，這些初生之犢的年輕助理展現了大無畏的精神，施展了編輯教戰手冊中的第一招——緊迫盯人。看他們如此生吞活剝地貫徹我所傳授的編輯要法，心裡確實七上八下，但礙於工作繁雜，實在無法事必躬親，也只好讓他們各顯身手了。

縱使這些新手使出了全部力氣，無奈工作的難度指數仍然偏高，雖有前兩階段的經驗，但面對不同的編選者，不同的編選風格，進度仍然不很順利，再加上此次同時進行 23 位作家的編纂作業，在與各編選者及各冊傳主往來聯繫的過程中，更是有許多龐雜而繁瑣的細節。此時就得靠意志力及精神鼓舞了。我對著年輕的同仁曉以大義，告訴他們正在光榮地參與一個重要的文學工程，絕對不可輕言放棄。

成果

雖然過程是如此艱辛，如此一言難盡，可是終究看到豐美的成果。每位編選者雖然忙碌，但面對自己負責的作家資料彙編，卻是一貫地認真堅持。他們每人必須面對上千或數百筆作家評論資料，挑選重要或關鍵性的評論文章，全面閱讀，然後依照編選原則，挑選評論文章。助理們此時不僅提供老師們所需要的支援，統計字數，最重要的是得找到各篇選文作者，取得同意轉載的授權。在第一階段進度流程初估時，我們錯估了此項工作的難度，因為許多評論文章，發表至今已有數十年的光景，部分作者行蹤難查，還得輾轉透過出版社、學校、服務單位，尋得蛛絲馬跡，再鍥

而不捨地追蹤。有了第一階段的血淚教訓，第二階段關於授權方面，我們更是如臨深淵、如履薄冰，希望不要重蹈覆轍，第三階段也遵循前兩階段的經驗，在面對授權作業時更是戰戰兢兢，不敢懈怠。

除了挑選評論文章煞費苦心外，每個作家生平重要照片，我們也是採高標準的方式去蒐集，過世作家家屬、友人、研究者或是當初出版著作的出版社，都是我們徵詢的對象。認真誠懇而禮貌的態度，讓我們獲得許多從未出土的資料及照片，也贏得了許多珍貴的友誼。許多作家都協助提供照片手稿等相關資料，如王鼎鈞、洛夫、余光中、羅門、瘂弦、司馬中原、林文月、鄭愁予、黃春明及其子黃國珍、白先勇及與其合作多年的攝影師許培鴻、白萩及其夫人、陳若曦、七等生、王文興、楊牧及其夫人夏盈盈。已不在世的作家，其家屬及友人在編輯過程中，也給予我們許多協助及鼓勵，如姜貴的長子王為鐮、張秀亞的女兒于德蘭、艾雯的女兒朱恬恬、陳秀喜的女兒張瑛瑛、商禽的女兒羅珊珊、陳冠學的後輩友人陳文銓與郭漢辰、郭松棻的夫人李渝、王禎和的夫人林碧燕，藉由這個機會，與他們一起回憶、欣賞他們親人或父祖、前輩，可敬可愛的文學人生。此外，還有張默、岩上、閻純德、李高雄、丘彥明、朱雙一、吳姍姍、鄭穎、舊香居書店吳雅慧等作家及研究者，熱心地幫忙我們尋找難以聯繫的授權者，辨識因年代久遠而難以記錄年代、地點、事件的作家照片，釐清文學年表資料及作家作品的版本問題，我們從他們身上學習到更多史料研究可貴的精神及經驗。

但如何在規定的時間內，完成第三階段 23 本資料彙編的編輯出版工作，對工作小組來說，確實是一大考驗。每一冊的主編老師，都是目前國內現當代台灣文學教學及研究的重要人物，因此每位主編都十分忙碌。有鑑於前兩階段的經驗，以及現有工作小組的人力，決定分批完稿，每個人負責 2～4 本，三位組長的責任額甚至超過 4～5 本。每一本的責任編輯，必須在這一年多的時間內，與他們所負責資料彙編的主角——傳主及主編老師，共生共榮。從作家作品的收集及整理開始，必須要掌握該作家一生

作品的每一次的出版，以及盡量收集不同的版本；整理作家年表，除了作家、研究者已撰述好的年表外，也必須再從訪談、自傳、評論目錄，從作品出版等線索，再做比對及增刪。再來就是緊盯每位把「研究綜述」放在所有進度最後一關的主編們，每隔一段時間提醒他們，或順便把新增的評論目錄寄給他們（每隔一段時間就有新的相關論文或學位論文出現），讓他們隨時與他們所主編的這本書，產生聯想，希望有助於「研究綜述」撰寫的進度。

　　以上的工作說起來，好像並不十分困難，身為總策劃的我起初心裡也十分篤定的認為，事情儘管艱困，最後還是應該順利完成。然而，這句雲淡風輕的話，聽在此次身歷其境參與工作的同仁耳中，一定會恨得牙癢癢的。「夜長夢多」這個形容詞拿來形容這件工作，真是太恰當也沒有了。因為整個工作期程超過一年，在這段漫長的歲月中，因等待、因其他人力無法抗拒的因素，衍伸出來的問題，層出不窮，更有許多是始料未及的。譬如，每本書的的選文，主編老師本來已經選好了，也經過授權了，為了抓緊時間，負責編輯的助理們甚至連順序、頁碼都排好了，就等主編老師的大作了，這時主編突然發現有新的文章、新的資料產生：再增加兩三篇選文吧！為了達到更好更完備的目標，工作小組當然全力以赴，聯絡，授權，打字，校對，重編順序等等工作，再度展開。

　　此次第三階段共需完成 23 位作家研究資料彙編，年齡層較上兩個階段已年輕許多，因此到最後的疑難雜症，還有連主編或研究者都不太清楚的部分，譬如年表中的某一件事、某一個年代、某一篇文章、某一個得獎記錄，作家本人絕對是一個最好的諮詢對象，於是幾乎我們每本書都找到了作家本人，對解決某些問題來說，這是一個好的線索，但既然看了，關心了，參與了，就可能有不同的看法，選文、年表、照片，甚至是我們整本書的體例。於是又是一場翻天覆地的大更動，對整本書的品質來說，應該是好的，但對經過一年多琢磨、修改已近入完稿階段的編輯團隊來說，這不啻是一大挑戰。

　　1990 年開始，各地縣市文化中心（文化局），對在地作家作品集的整理出版，以及台灣文學館成立後對日治時期作家以迄當代重要作家全集的編纂，對臺灣文學之作家研究，也有了很好的促進作用。如《楊逵全集》、《林亨泰全集》、《鍾肇政全集》、《張文環全集》、《呂赫若日記》、《張秀亞全集》、《葉石濤全集》、《龍瑛宗全集》、《葉笛全集》、《鍾理和全集》、《錦連全集》、《楊雲萍全集》、《鍾鐵民全集》等，如雨後春筍般持續展開。

　　經過近二十年的努力，臺灣文學的研究與出版，也到了可以驗收或檢討成果的階段。這個說法，當然不是要停下腳步，而是可以從「臺灣現當代作家評論資料目錄」所呈現的 310 位作家、10 萬筆資料中去檢視。檢視的標的，除了從作家作品的質量、時代意義及代表性去衡量外，也可以從作家的世代、性別、文類中，去挖掘還有待開墾及努力之處。因此在這樣的堅實基礎上，這套「臺灣現當代作家研究資料彙編」，每位編選者除了概述作家的研究面向外，均有些觀察與建議。希望就已然的研究成果中，去發現不足與缺憾，研究者可以在這些不足與缺憾之處下功夫，而盡量避免在相同議題上重複。當然這都需要經過一段時間去發現、去彌補、去重建，因此，有關臺灣文學研究的調查與研究，就格外顯得重要了。

期待

　　感謝臺灣文學館持續支持推動這兩個專案的進行。「臺灣現當代作家評論資料目錄」的完成，呈現的是臺灣文學研究的總體成果；「臺灣現當代作家研究資料彙編」套書的出版，則是呈現成果中最精華最優質的一面，同時對未來的研究面向與路徑，做最好的建議。我們可以很清楚的體會，這是一條綿長優美的臺灣文學接力賽，我們十分榮幸能參與其中，我們更珍惜在傳承接力的過程，與我們相遇的每一個人，每一件讓我們真心感動的事。我們更期待這個接力賽，能有更多人加入。誠如張恆豪所說「從高音獨唱到多元交響」，這是每一個人所期待的。

編輯體例

一、本書編選之目的，為呈現姜貴生平、著作及研究成果，以作為臺灣文學相關研究、教學之參考資料。

二、全書共五輯，各輯內容及體例說明如下：

輯一：圖片集。選刊作家各個時期的生活或參與文學活動的照片、著作書影、手稿（包括創作、日記、書信）、文物。

輯二：生平及作品，包括三部分：

　　1.小傳：主要內容包括作家本名、重要筆名，生卒年月日，籍貫，及創作風格、文學成就等。

　　2.作品目錄及提要：依照作品文類（論述、詩、散文、小說、劇本、報導文學、傳記、日記、書信、兒童文學、合集）及出版順序，並撰寫提要。不收錄作家翻譯或編選之作品。

　　3.文學年表：考訂作家生平所進行的文學創作、文學活動相關之記要，依年月順序繫之。

輯三：研究綜述。綜論作家作品研究的概況，並展現研究成果與價值的論文。

輯四：重要文章選刊。選收國內外具代表性的相關研究論文及報導。

輯五：研究評論資料目錄。收錄至 2013 年 6 月底止，有關研究、論述臺灣現當代作家生平和作品評論文獻。語文以中文為主，兼及日文和英文資料。所收文獻資料，以臺灣出版為主，酌收中國大陸、香港、日本和歐美國家的出版品。內容包含三部分：

　　1.「作家生平、作品評論專書與學位論文」下分為專書與學位論文。

　　2.「作家生平資料篇目」下分為「自述」、「他述」、「訪談」、「年表」、「其他」。

　　3.「作品評論篇目」下分為「綜論」、「分論」、「作品評論目錄、索引」、「其他」。

目次

輯一◎圖片集

影像◎手稿◎文物

1928年，姜貴與未婚妻嚴雪梅，攝於上海。
（國立臺灣文學館提供）

1929年5月19日，姜貴與嚴雪梅於上海聖彼得堂舉
行婚禮。（國立臺灣文學館提供）

1929年11月10日，時年22
歲的姜貴，攝於南京。
（國立臺灣文學館提供）

1932年7月2日，姜貴隨國民黨中央黨部部分職員移駐洛陽
西工，攝於室門前。左起：姜貴、嚴雪梅、嚴雪梅弟弟。
（國立臺灣文學館提供）

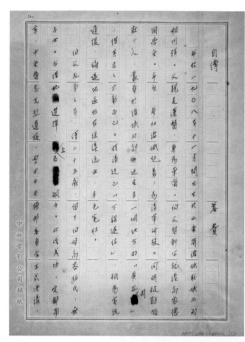

1960年代，姜貴編劇之電影
劇本《戰火凶宅》手稿。
（國立臺灣文學館提供）

1969年6月9日，姜貴〈自
傳〉手稿。（國立臺灣文
學館提供）

1974年，姜貴〈賣酒人家〉
手稿。（國立臺灣文學館提
供）

1978年7月10日，姜貴《曲
巷幽幽・後記》手稿。
（國立臺灣文學館提供）

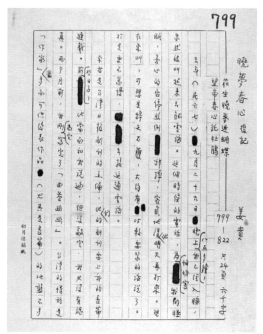

1979年3月12日，姜貴《曉夢春心‧後記》手稿。（國立臺灣文學館提供）

1979年3月27日，姜貴致應鳳凰信函。（翻攝自《碧海青天夜夜心》，九歌出版社）

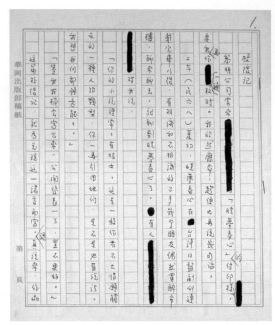

1980年1月9日，姜貴《曉夢春心‧校後記》手稿。（國立臺灣文學館提供）

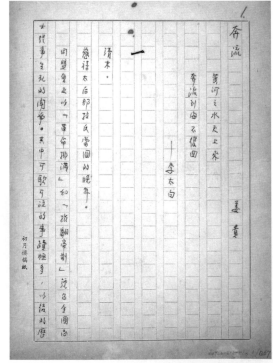

1980年，姜貴〈奔流〉手稿，此為姜貴最後發表的作品，迄今未曾發行出版。（國立臺灣文學館提供）

輯二◎生平及作品

小傳◎作品◎年表

小傳

　　姜貴，男，原名王意堅，後改名王林渡，另有筆名王行嚴、辛季子、西門華，籍貫山東諸城，1908 年 11 月 3 日生，1980 年 12 月 17 日辭世，享年 73歲。

　　北平鐵路大學管理系畢。曾任徐州津浦鐵路調度所行車人員、南京國民黨中央執行委員會祕書處《中央黨務月刊》編輯。1937 年中日戰起，投身軍旅，在豫、鄂、皖邊區，擔任戰地視察、兵役專員，戰爭結束後，任軍檢三階祕書、機要室文書課課長。後於上海退役，轉業銀行，擔任中國工礦銀行總管理處祕書、江海銀行總行祕書處處長。1948 年 12 月隨政府來臺，來臺後定居臺南，1965 年由臺南移居臺北，先後於中央電影公司任駐會編審委員、國際關係研究所兼任研究員。曾獲第一屆吳三連文藝獎。

　　姜貴的創作文類以小說為主，尤以長篇居多。1929 年發表第一篇長篇小說《迷網》，以男女情愛為小說主題，是姜貴來臺前的作品。綜觀其創作內容大致可分為三部分：其一，是姜貴著力最深的部分，以抗日戰爭及共產黨興起為背景，寫大時代的變遷，如：《旋風》、《重陽》；其二，以民初前後及軍閥時代為背景，描寫幫會內幕小說，如《湖海揚塵錄》；其三，以臺灣社會為主軸，敘述所見所聞，如《花落蓮成》、《白金海岸》等。中、短篇小說方面，題材更為廣泛，有自傳性質濃厚的〈三婦豔〉及對傳統做出沉痛批判的〈門〉。

　　他曾自言畢生只有兩部半作品，即《旋風》、《重陽》及《碧海青天夜夜

心》前半部。其中，《旋風》以 1930 年代大陸社會爲背景，描寫共產黨興起之因、剖析其何以會得勢，葉石濤認爲：「《旋風》之所以在眾多反共小說中脫穎而出，並不只是靠描寫土共的生長和衰亡的刻劃入微，而是他著力描寫傳統封建制度的腐敗和墮落。」此書起初不受出版社青睞，屢遭退稿，直至姜貴 50歲自費出版後，才掀風潮。1978 年第一屆吳三連文藝獎得獎評定書以「在風格上保有傳統的民族性，在主題上富有真實的時代感。」稱揚其作。

　　姜貴一生處於中國社會變動最劇烈的年代，幾乎自始身歷其境，這些經驗成爲他寫作時的重要背景；他以雄渾樸實的筆調，深入刻劃時代與社會樣貌，不僅從表面探討現象，更進一步揭示根源，進行批判與諷諭，諷刺之餘，亦展現真摯的同情。來臺後開始在報章雜誌上連載小說，其間跌宕起伏，雖其文學成就較晚才爲社會大眾所肯定，但他始終清苦自守、專心一致，畢生共完成二十餘部作品。夏志清曾稱姜貴小說：「正視現實的醜惡面和悲劇面。兼顧『諷刺』和『同情』而不落入溫情主義的俗套，可說是晚清、五四、1930 年代小說傳統的集大成者。」

作品目錄及提要

【散文】

幼獅文藝社 1974

幼獅文藝精裝版

無違集

臺北:幼獅文藝社
1974 年 8 月,32 開,322 頁
幼獅文藝叢書 28

臺北:幼獅文藝社(精裝版)
1974 年 8 月,32 開,322 頁
幼獅文藝叢書 28

本書集結 1961～1974 年的散文作品,內容包含家世與生活、小說創作緣由及平時所感。全書收錄〈風暴瑯琊〉、〈臺南・濰水・巴山〉、〈夢裡慈暉〉等 18 篇。正文前有作家照片身影、姜貴〈題記〉,正文後附錄〈胡適之先生給陳之藩先生的信〉、夏志清著;陳森譯〈論姜貴的《旋風》〉、夏志清〈姜貴的《重陽》——兼論中國近代小說的傳統〉、惠天〈姜貴的小說——記亞洲年會臺灣文學討論會〉、Timothy A. Ross 著;陳森譯〈論姜貴小說的主題〉、劉昌祜〈《碧海青天夜夜心》讀後〉、柳映堤〈生活在風雨中的人——姜貴先生訪問記〉。
幼獅文藝精裝版:內容與平裝版相同。

護國寺開山記

臺中:自印
1979 年 5 月,32 開,55 頁

本書為作者為呼籲改建護國寺所寫,詳細記述護國寺的草創與發展過程。正文前有姜貴〈說明〉,正文後附錄姜貴〈護國寺的燕子〉、姜貴〈規格與文學〉、司馬青雲〈迴向紅塵〉。

【小說】

迷網

上海：現代書局
1929 年

本書為作者第一部長篇小說，今無傳本。

突圍

上海：世界書局
1939 年 7 月，32 開，160 頁
大時代文藝叢書

中篇小說。本書以筆名王行嚴發表，全書背景為 1932 年「一二八事件」，述寫一群公務員隨政府由南京疏散至洛陽的情景。正文前有孔另境、王任叔、鄭振鐸〈大時代文藝叢書序〉，正文後有巴人〈後記〉。

今檮杌傳

臺南：自印
1957 年 10 月，32 開，519 頁

長篇小說。本書為姜貴自印版，坊間亦稱「春雨樓藏版」。作者以一山東大族的衰微與沒落為軸，描述當時的社會景況，並暗示共產黨興起之因，深具時代意義。正文前有姜貴〈自序〉。

明華書局 1959　　大眾出版社 1962

旋風

臺北：明華書局
1959 年 6 月，32 開，519 頁

高雄：大眾出版社
1962 年 1 月，32 開，519 頁

高雄：長城出版社
1966 年 1 月，32 開，519 頁

高雄：長城出版社
1976 年 8 月，32 開，504 頁

長城出版社 1966、1976　Chinese Materials Center 1977

九歌出版社 1999　九歌出版社 2005

九歌出版社 2009　ZMANZ 出版社 2009

San Francisco：Chinese Materials Center
1977 年，22×18.8 公分，558 頁
Timothy A. Ross 譯

臺北：九歌出版社
1999 年 9 月，25 開，598 頁
九歌文庫 979

臺北：九歌出版社
2005 年 7 月，25 開，600 頁
典藏小說 08

首爾：ZMANZ
2009 年 9 月，32 開，450 頁，504 頁
지식을만드는지식 소설

臺北：九歌出版社
2009 年 12 月，25 開，603 頁
典藏小說 08

本書爲《今檮杌傳》更名出版。刪去各章回目與姜貴〈自序〉。正文前新增胡適〈胡適之先生致作者函（代序）〉，正文後新增姜貴〈後記〉。
大眾版：刪去卷首題綱詩。
1966 年長城版：正文後刪去姜貴〈後記〉。
1976 年長城版：內容與 1966 年長城版相同，爲國防部總政治作戰部委長城出版社重印，軍中非賣品。
Chinese Materials Center 版：英譯本，正文前新增 Timothy A. Ross "Translator's Preface"、Chiang Kuei "Author's Note"（姜貴〈自序〉）。

1999 年九歌版：爲呈現最完整的面貌，集結前列各版之序文、後記、回目重排出版。以明華版爲基礎，正文前新增作家「身影照片」、編者〈關於九歌版《旋風》〉、姜貴〈自序（原刊《今檮杌傳》春雨樓藏版）〉、〈《今檮杌傳》自印版目錄〉，正文後新增夏志清著；劉紹銘譯〈論姜貴的《旋風》〉、蔣夢麟〈蔣夢麟先生致姜貴函〉、〈《旋風》評論資料彙編〉、應鳳凰編〈作者生平及其作品目錄〉、姜貴〈《懷袖書》題記〉。
2005 年九歌版：以 1999 年九歌版爲基礎，將編者〈關於九歌版《旋風》〉調至正文後附錄，正文前新增〈享受發現與再發現之旅〉、陳雨航〈一部怪誕的經典小說讀本〉，正文後改〈《旋風》評論資料彙編〉爲〈《旋風》相關評論索引〉，並增訂其與應鳳凰編〈作者生平及其作品目錄〉之評論、書目資料。

ZMANZ 版：韓譯本，分 I 、 II 二冊，正文前新增〈나오는사람들〉、〈인물관게도〉，正文後附錄〈해설〉、〈지은이에대해〉、〈옮긴이에대해〉。
2009 年九歌版：以 2005 年九歌版爲基礎，正文後新增應鳳凰〈介紹姜貴的《旋風》〉。

作品出版社 1961　　皇冠出版社 1974

The Edwin Mellen
Press 1999

重陽

臺北：作品出版社
1961 年 4 月，32 開，574 頁
作品叢書 10

臺北：皇冠出版社
1974 年 10 月，32 開，604 頁
皇冠叢書第 396 種

New York：The Edwin Mellen Press
1999 年，18 開，680 頁
Chinese studies volume 8
Timothy A. Ross 譯

長篇小說。本書以「寧漢分裂」爲背景，描寫當時革新的景況，揭示舊傳統與革新間的矛盾命題。正文前有姜貴〈自序〉。
皇冠版：正文前新增夏志清〈姜貴的《重陽》——代序——兼論中國近代小說之傳統〉。
The Edwin Mellen Press 版：英譯本，正文前新增"Acknowledgments"、David D. Buck "Preface"、"Author's Note"、Chiang Kuei "Forword"（姜貴〈自序〉）。

春城

臺北：東方圖書公司
1963 年，32 開，491 頁

長篇小說。本書以 1948 年臺南爲背景，描述戰後重建的景象，呈現當時臺灣社會的面貌。

江南江北

九龍：正文出版社
1963 年 12 月，32 開，226 頁

長篇小說。本書以 1940 年代爲時代背景，描寫中國青年的家庭、婚姻、愛情及思想。

長城出版社 1964

萬里出版社 1999

九歌出版社 1999

九歌出版社 2007

碧海青天夜夜心

高雄：長城出版社
1964 年 7 月，32 開，846 頁

香港：萬里出版社
1999 年 1 月，32 開，846 頁

臺北：九歌出版社
1999 年 9 月，25 開，768 頁
九歌文庫 980

臺北：九歌出版社
2007 年 7 月，25 開，765 頁
九歌文庫 980

長篇小說。本書以中日戰爭前期爲背景，描述主角間的愛情與戰爭景況，刻劃出一段特別的婚姻故事。正文後附錄姜貴〈後記〉。

萬里版：內容與 1964 年長城版同。

1999 年九歌版：正文後新增應鳳凰編〈作者生平及其作品目錄〉、姜貴致應鳳凰與劉長民的信函。

2007 年九歌版：以 1999 年九歌版爲基礎，正文前新增編者〈小說集大成者——姜貴〉、正文後新增張素貞〈以家國感情統貫四角戀情的小說——評姜貴的《碧海青天夜夜心》〉。

白金海岸

臺中：臺灣省新聞處
1966 年 5 月，32 開，248 頁
省政文藝叢書 8

長篇小說。本書爲作者應新聞局之邀而作，描述濱海鹽村
在政府建設推動下的轉變，同時探討教育、衛生保健、農
牧業技術改良等議題。

朱門風雨

臺北：生活雜誌社
1967 年 5 月，32 開，366 頁
生活雜誌小說叢書

長篇小說。本書原名〈乍暖還寒〉，發表於《臺灣新聞
報》，後更名出版。全書以貧與富爲描述主題，作者於書
中揭示唯有堅強性格，方能逃脫命運的擺布的主題，並藉
筆下人物批判多數人對貧富存有的偏見。

焚情記

臺北：生活雜誌社
1968 年 1 月，32 開，305 頁
生活雜誌小說叢書

長篇小說。本書原名〈小園花亂飛〉，作者以筆名西門華
發表於《中華日報》，後更名出版。全書描繪女性介於傳
統與自由意志間的矛盾，並以謀殺案敷陳情節，倒敘女主
角楊鵑娟愛恨交織的一生。

湖海揚塵錄

臺北：中國時報社
1968 年 11 月，32 開，506 頁

長篇小說。本書以筆名辛季子發表，描寫明末清初時，
清、洪二幫祕密結社的歷史與行動，並以幫會之俠義精
神，諷刺現今世態之澆薄。正文前有姜貴〈前言〉。

卡綠娜公主

臺北：生活雜誌社
1970 年 6 月，32 開，237 頁
生活雜誌小說叢書

長篇小說。本書時代背景爲軍閥時期，藉一苗族土司的女
兒卡綠娜嫁到漢人苗家後所接觸到的世界，描繪軍閥黑暗
殘酷的一面，並對漢化政策做正反兩面的辯證。

烈婦峰

臺北：驚聲文物供應公司
1971 年 11 月，32 開，510 頁
驚聲文藝叢書 22

長篇小說。本書以民國初年爲時代背景，敘述在國家危殆
之際，男、女主角爲理想參加辛亥革命，慷慨赴義之事。

陸軍總司令部
1972

中華電視 1972

喜宴

臺北：陸軍總司令部
1972 年 1 月，40 開，556 頁
陸軍出版社叢書

臺北：中華電視出版社
1972 年 3 月，32 開，556 頁
華視文學叢書 1

長篇小說。本書描寫北洋軍閥時期，中國
社會中的家庭、婚姻與思想。男主角邱新
符始終壓抑自我，以符合他人期望，直至
投身革命，才找到存在意義。
中華電視版：內容與陸軍版相同，經中華
電視公司拍攝爲連續劇。

白馬篇

臺北：幼獅文藝社
1974 年 6 月，32 開，340 頁
幼獅文藝叢書 27

長篇小說。本書以中日戰爭爲背景，刻劃大環境下的緊繃氛圍，敘述于氏一家於共產黨、國民黨及日軍三方壓力拉扯下的應對與抉擇。正文前有姜貴〈代序〉（引曹植〈白馬篇〉）。

花落蓮成

臺北：遠景出版公司
1977 年 2 月，32 開，198 頁
遠景叢刊 64

臺北：遠景出版公司
1987 年 11 月，32 開，198 頁
遠景文學叢書 26

北京：中國友誼出版公司
1988 年 3 月，32 開，160 頁

遠景出版公司
1977、1987

長篇小說。作者以文學之筆寫佛學主題，用精微細膩的筆調娓娓訴出三位少女謝寶蓮、卓小春、莫錫義思想的轉折與出家過程，以客觀角度帶領讀者跳脫以往對於女性「出家」的刻板印象。正文前有姜貴〈前記〉。
1987 年遠景版：內容與 1977 年遠景版相同。
中國友誼版：刪去卷首題綱詩，其餘內容與 1977 年遠景版相同。

中國友誼出版公司
1988

蘇不纏的世界

臺北：遠景出版公司
1977 年 3 月，32 開，310 頁
遠景叢刊 65

中篇小說集。本書集結發表於 1971～1977 年的作品，以女性爲主軸，描繪女性於現代社會中所承受情感的壓抑與傳統的束縛。全書收錄〈心獄〉、〈三婦豔〉、〈人面‧榴花‧朝陽〉、〈蘇不纏的世界〉共四篇。

雲漢悠悠

臺北：時報文化出版公司
1978 年 1 月，32 開，132 頁
時報書系 99

中篇小說。本書背景為中日戰爭，作者以「第一人稱自
白」方式寫作，描繪大環境下的小人物面對戰亂動盪的心
理境況。正文後有姜貴〈後記〉。

白棺

臺北：聯亞出版社
1978 年 5 月，32 開，181 頁
聯亞叢刊 38

長篇小說。本書依據作者發表於《青島民報》的同名小說
改編而成，描述一對年輕兒女因誤會而錯失姻緣、抱恨終
生的憾事。正文後附錄姜貴〈後記〉、姜貴〈後記之二〉、
姜貴〈護國寺的燕子〉。

曲巷幽幽

臺北：天華出版公司
1979 年 1 月，32 開，392 頁
天華文學叢刊 14

長篇小說。本書以北伐前的民國初年為時代背景，著力描
寫在時代變遷下，一個典範逐漸失序的社會，以北門曲家
巷內比鄰而居的檢、息二戶為主述對象，敘述息家的迂腐
與檢家的惡行，並對兩者進行嚴厲批判。正文後附錄姜貴
〈後記〉。

姜貴自選集

臺北：黎明文化公司
1980 年 3 月，32 開，390 頁
中國新文學叢刊 85

長篇小說。本書收錄〈曉夢春心〉，原刊於《臺灣日報》
副刊。全書以民國初年為時代背景，主角林總擺盪於舊傳
統與自由戀愛之間，最終背棄所愛，作者藉愛情故事呈現
大環境下人們的迷惘與徬徨。正文前有作家身影照片、姜
貴〈自傳〉，正文後有姜貴〈後記〉、姜貴〈校後記〉、〈作
品書目〉。

永遠站著的人／應鳳凰編
臺北：九歌出版社
1982 年 8 月，32 開，303 頁
九歌文庫 100

短篇小說集。本書集結未出版的短篇作品。全書收錄〈雙飛〉、〈阿圓〉、〈墮落〉、〈新樓〉、〈在渡船上〉、〈青山白骨〉、〈不合腳的鞋〉、〈永遠站著的人〉、〈露天靠椅〉、〈九泉之上〉共十篇。正文前有作家「生活照片」、「手蹟（作者生前致編者的信）」、應鳳凰〈永遠站著的人——《姜貴短篇小說選》出版前記〉。

姜貴小說集／應鳳凰編
臺北：九歌出版社
2003 年 6 月，32 開，303 頁
九歌文庫 100

本書為《永遠站著的人》更名出版，內容與《永遠站著的人》相同。

姜貴的小說續編／應鳳凰編
臺北：九歌出版社
1987 年 5 月，32 開，253 頁
九歌文庫 226

中、短篇小說集。本書集結 1971～1976 年間的中、短篇小說。全書收錄〈三豔婦〉、〈門〉、〈鑽戒〉共三篇。正文前有應鳳凰〈《姜貴的小說續編》出版前記〉，正文後附錄〈姜貴自傳〉、應鳳凰〈姜貴的一生〉、應鳳凰整理〈姜貴出版作品目錄〉。

姜貴中短篇小說集／應鳳凰編
臺北：九歌出版社
2003 年 12 月，32 開，253 頁
九歌文庫 226

本書為《姜貴的小說續編》更名出版，內容與《姜貴的小說續編》相同。

【日記】

江淮之間

上海：今日出版社
1946 年

本書爲作者自 29 歲從軍征戰至退役共八年間的軍旅生活記錄，今
無傳本。

文學年表

1908 年　11 月　3 日，生於山東省諸城縣相州鎮。本名王意堅。父親王鳴珂，母親苑氏。為家中長子，下有兩弟一妹。

1911 年　本年　大伯父王鳴韶於辛亥革命時參加諸城起義犧牲，因王鳴韶無後，過繼其為嗣子。

1914 年　本年　就讀相州王氏私立初級小學。

1918 年　本年　完成初級小學，就讀高級小學。

1921 年　本年　就讀濟南省立一中，後轉學至青島膠澳中學。

1924 年　本年　以中學生身分入國民黨。

1926 年　本年　中學畢業後，轉往廣州從軍，參與革命，被中央青年部部長丁惟汾先生任用為中央青年部工作人員。

1927 年　本年　於南京擔任中央執行委員會祕書處《中央黨務月刊》編輯。

1928 年　本年　完成第一部長篇小說〈迷網〉。

1929 年　5 月　19 日，與嚴雪梅結婚。

　　　　本年　第一部長篇小說《迷網》由上海現代書局出版。

1930 年　1 月　1 日，發表長篇小說〈白棺〉於《青潮月刊》。[1]

1931 年　9 月　「九一八事件」後，於北平鐵路大學管理學系就學。

　　　　本年　完成小說〈黑之面〉，但對該篇不滿意，未及發表便自行燒毀。

1935 年　本年　畢業於北平鐵路大學管理學系，至徐州津浦鐵路調度所擔任行車人員。

---

[1] 編按：詳見周怡，〈發現姜貴遺失的長篇小說《白棺》前兩章〉，《文訊雜誌》第 325 期，2012 年 12 月。

1937 年	本年	離開徐州，參加國共內戰及中日戰爭，駐軍河南潢川；征戰期間，將所聞所見寫成〈江淮之間〉。
1938 年	11 月	派任廣西民團幹部學校教務處同少校教官。
1939 年	5 月	22 日，派任第五戰區政治總隊部中校主任指導員。
	本年	中篇小說《突圍》由上海世界書局出版。
1940 年	6 月	7 日，派任第五戰區司令部政治部第一組少校組員。
	7 月	派任第五戰區視察專員。
1941 年	6 月	8 日，畢業於中央訓練團黨政訓練班。
	7 月	5 日，派任安徽民政廳視察員。
	11 月	6 日，長子王爲鎌出生。
1943 年	2 月	1 日，派任第 31 集團軍總司令部上校參議並青年訓練團教官。
1944 年	2 月	15 日，次子王爲錯出生。
1945 年	9 月	10 日，母親苑氏逝世。
		嗣母任蘭寅逝世。
	10 月	1 日，派任軍簡三階祕書。
		17 日，派任機要室文書課課長。
1946 年	1 月	31 日，派任綏靖區機要室第二組組長。
	11 月	14 日，轉業銀行，任中國工礦銀行總管理處祕書。
	本年	於上海退役。
		《江淮之間》由上海今日出版社出版。
1948 年	12 月	舉家遷臺，定居臺南。
1949 年	4 月	4 日，三子王爲鍼出生。
1950 年	本年	開始在《上海日報》、《中央日報》等報紙及雜誌上發表作品。
1951 年	9 月	開始長篇小說〈旋風〉的寫作。
1952 年	1 月	6 日，完成長篇小說〈旋風〉初稿。

1953 年　本年　妻嚴雪梅因腦溢血導致半身不遂。

1954 年　本年　於臺南一間天主教堂擔任職員，爲時七年。

1957 年　1 月　14～24 日，短篇小說〈臺灣詩妓王香禪〉連載於《上海日報》副刊。

15～29 日，〈我與蘇青〉[2]連載於《上海日報》副刊。

3 月　14 日，發表〈新年如意〉於《上海日報》副刊。

15 日，發表〈我的春聯〉於《上海日報》副刊。

16 日，發表〈蘭酒〉於《上海日報》副刊。

17 日，發表〈論臺灣酒〉於《上海日報》副刊。

18～20 日，發表〈請勿戒煙〉於《上海日報》副刊。

4 月　21～22 日，發表〈慰定公〉於《上海日報》副刊。

23 日，發表〈文章虐待狂〉於《上海日報》副刊。

24 日，發表〈主客之間〉於《上海日報》副刊。

25 日，發表〈自外生成〉於《上海日報》副刊。

26 日，發表〈讀報有感〉於《上海日報》副刊。

27 日，發表〈富紳嘴臉〉於《上海日報》副刊。

28 日，發表〈人獸關頭〉於《上海日報》副刊。

29 日，發表〈新紳權〉於《上海日報》副刊。

5 月　1 日，發表〈琴酒〉於《上海日報》副刊。

2 日，發表〈高貴〉於《上海日報》副刊。

3～4 日，發表〈談違章建築〉於《上海日報》副刊。

10～17 日，〈通漕憶舊〉連載於《上海日報》副刊。

20 日，發表〈日全蝕〉於《上海日報》副刊。

21 日，發表〈真民主〉於《上海日報》副刊。

22 日，發表〈赤崁樓之珍〉於《上海日報》副刊。

23 日，發表〈守財奴〉於《上海日報》副刊。

---

[2]編按：姜貴化名「謝九」發表。

24～25 日，發表〈雙喜臨門〉於《上海日報》副刊。

26～30 日，發表〈長篇罪言〉於《上海日報》副刊。

6 月　12～13 日，發表〈劉奧特華的父親〉於《上海日報》副刊。

14～25 日，〈臺灣外記〉連載於《上海日報》副刊。

28 日，發表〈申報自由談與魯迅〉於《上海日報》副刊。

29 日，發表〈魯迅的左傾〉於《上海日報》副刊。

7 月　1 日，發表〈禁痰〉於《上海日報》副刊。

2 日，發表〈小事難〉於《上海日報》副刊。

3 日，發表〈李鴻章的痰〉於《上海日報》副刊。

10 月　3 日，長篇小說〈卡綠娜公主〉連載於《大華晚報》副刊，
至隔年 2 月 29 日刊畢。

為慶祝 50 歲生日，自印長篇小說《旋風》500 本，因坊間有
同名書，遂更名為《今檮杌傳》，分贈文壇前輩親友，深獲好
評。此版本坊間亦稱「春雨樓藏版」。「春雨樓」，係姜貴書齋
名。

1959 年　6 月　長篇小說《旋風》由臺北明華書局出版。

本年　著手寫作長篇小說〈重陽〉，歷時 19 個月完成。

1960 年　9 月　評論集《懷袖書》，由姜貴自印出版，將各家對《旋風》的評
論集結成冊。

1961 年　4 月　發表〈《重陽》前言〉於《作品》第 2 卷第 4 期。

長篇小說《重陽》由臺北作品出版社出版，此乃姜貴藉出版
社名義自費出版。

7 月　妻嚴雪梅逝世。

10 月　25～28 日，短篇小說〈雙飛〉連載於《中央日報》副刊。

11 月　1 日，發表〈白髮〉於《作品》第 2 卷第 11 期。

12 月　1 日，發表短篇小說〈阿圓〉於《作品》第 2 卷第 12 期。

8 日，發表短篇小說〈蘭姑〉於《中央日報》副刊。

15 日，發表短篇小說〈墮落〉於《新時代》第 1 卷第 12 期
～第 2 卷第 1 期。

本年　辭去教堂職員一職。

1962 年　1 月　1 日，發表〈人與鳥〉於《作品》第 3 卷第 1 期。

13 日，發表〈匠〉於《中央日報》副刊。

27 日，發表〈驢〉於《中央日報》副刊。

長篇小說《旋風》由高雄大眾出版社出版。

3 月　15 日，發表短篇小說〈新樓〉於《詩・散文・木刻》第 3
期。

7 月　10 日，長篇小說〈春城〉連載於《中央日報》副刊，至 12
月 19 日刊畢。

10 月　10 日，發表〈印書記〉於《詩・散文・木刻》第 4 期。

發表短篇小說〈在渡船上〉於《作品》第 3 卷第 7 期。

8 月　1 日，發表中篇小說〈青山白骨〉於《作品》第 3 卷第 8
期。

15 日，短篇小說〈一個永遠站著的人〉連載於《新時代》第
2 卷第 8 期～第 2 卷第 9 期。

發表短篇小說〈不合腳的鞋子〉於《中外畫報》第 74 期。

10 月　13 日，發表〈臺南・濰水・巴山〉於《臺灣新聞報》「西子
灣」副刊。

1963 年　1 月　1 日，發表短篇小說〈露天靠椅〉於《作品》第 4 卷第 1
期。

31 日，長篇小說〈碧海青天夜夜心〉連載於《中華日報》副
刊，至 8 月 31 日刊畢。

2 月　1 日，發表〈我的家世與童年〉於《作品》第 4 卷第 2 期。

3 月　1 日，發表〈濟南兩年〉於《作品》第 4 卷第 3 期。

6 月　17 日，長篇小說〈乍暖還寒〉連載於《臺灣新聞報》「西子

		灣」副刊,至隔年 2 月 27 日刊畢。
	9 月	2 日,發表〈春城‧碧海〉於《中華日報》副刊。
	12 月	長篇小說《江南江北》由九龍正文出版社出版。
	本年	長篇小說《春城》由臺北東方圖書公司出版。
1964 年	7 月	長篇小說《碧海青天夜夜心》由高雄長城出版社出版。
	10 月	發表短篇小說〈九泉之上〉於《劇與藝》第 2 期。
		移居臺北。
1965 年	12 月	5 日,應聘擔任中央電影公司編劇顧問。
1966 年	1 月	20 日,發表〈談故事〉於《中央日報》副刊。
		長篇小說《旋風》由高雄長城出版社出版。
	5 月	長篇小說《白金海岸》由臺中臺灣省新聞處出版。
	7 月	25 日,長篇小說〈小園花亂飛〉連載於《中華日報》副刊,至 12 月 7 日刊畢。
	8 月	長篇小說《旋風》由高雄長城出版社出版。
	10 月	5 日,應聘擔任中央電影公司駐會編審委員。
	12 月	3 日,中篇小說〈夜雨春梅〉連載於《徵信新聞報》「人間」副刊,至隔年 1 月 2 日刊畢。
1967 年	2 月	1 日,長篇小說〈妒花記〉連載於《自由談》第 18 卷第 2 期～第 19 卷第 2 期。
	9 月	14 日,長篇小說〈湖海揚塵錄〉連載於《徵信新聞報》「人間」副刊,至隔年 8 月 17 日刊畢。
		長篇小說《朱門風雨》由臺北生活雜誌社出版。
1968 年	1 月	長篇小說《焚情記》由臺北生活雜誌社出版。
	11 月	發表〈一封信——公開答覆殷鶴冠先生〉於《作品雜誌》第 1 卷第 2 期。
		長篇小說《湖海揚塵錄》由臺北中國時報社出版。
1969 年	10 月	7 日,長篇小說〈翡翠‧翡翠〉連載於《大眾日報》副刊,

　　　　　　　　　至 12 月 22 日中止連載。

　　　　　本年　姜貴將短篇小說十篇交付臺南文心書局，欲以「六月霜」為
　　　　　　　　書名出版。於印刷中遺失，未出版。

1970 年　6 月　長篇小說《卡綠娜公主》由臺北生活雜誌社出版。

　　　　　7 月　16 日，發表〈挽金溟若先生〉於《大眾日報》副刊。

　　　　　8 月　7 日，發表〈悼念金溟若先生〉於《大眾日報》副刊。

　　　　 11 月　24 日，發表《〈突圍〉》於《中央日報》副刊。

　　　　 12 月　10～16 日，短篇小說〈少女〉連載於《臺灣新生報》副刊。

　　　　　　　　18 日，長篇小說〈烈婦峰〉連載於《臺灣新生報》副刊，至
　　　　　　　　隔年 7 月 17 日刊畢。

1971 年　3 月　23 日，長篇小說〈喜宴〉連載於《中央日報》副刊，至 8 月
　　　　　　　　27 日刊畢。

　　　　　9 月　21 日，〈風暴瑯琊〉連載於《中華日報》副刊，至 11 月 17
　　　　　　　　日刊畢。

　　　　 11 月　長篇小說《烈婦峰》由臺北驚聲文物供應公司出版。

　　　　 12 月　1 日，發表中篇小說〈三婦豔〉於《文藝月刊》第 30 期。

　　　　　　　　19 日，發表短篇小說〈盜官眷〉於《自立晚報》「星期文
　　　　　　　　藝」副刊。

1972 年　1 月　長篇小說《喜宴》由臺北陸軍總司令部出版。

　　　　　2 月　長篇小說《喜宴》由中華電視公司改編成連續劇，分 46 集播
　　　　　　　　出，由隆龍、高幸枝、張玲、馬驥、徐一工、馬之秦等主
　　　　　　　　演。

　　　　　　　　5 日，發表〈《喜宴》怎樣成為電視劇〉於《中央日報》副
　　　　　　　　刊。

　　　　　3 月　長篇小說《喜宴》由臺北中華電視出版社出版。

　　　　　4 月　1 日，發表中篇小說〈牆〉於《文藝月刊》第 34 期。

　　　　　　　　27～28 日，〈對電視《喜宴》略抒所感〉連載於《中央日

報》副刊。

　　5 月　　1 日，中篇小說〈門〉連載於《文藝月刊》第 35～36 期。

　　6 月　　4 日，發表〈傷逝與感舊〉於《自立晚報》「星期文藝」副
　　　　　　刊。

　　9 月　　長篇小說〈桐柏山〉連載於《幼獅文藝》第 225～237 期。

1973 年　10 月　25 日，長篇小說〈白馬篇〉連載於《中央日報》副刊，至隔
　　　　　　年 2 月 6 日刊畢。

1974 年　　1 月　30 日，長篇小說〈賣酒人家〉連載於《中國晚報》副刊，至
　　　　　　11 月 20 日刊畢。

　　2 月　　10 日，發表〈減肥記〉於《中國時報》「人間」副刊。

　　4 月　　7 日，發表〈人與鳥〉於《中國時報》「人間」副刊。

　　6 月　　長篇小說《白馬篇》由臺北幼獅文藝社出版。

　　8 月　　1 日，應聘擔任中華民國國際關係研究所兼任研究員。
　　　　　　《無違集》由臺北幼獅文藝社出版。

　　10 月　長篇小說《重陽》由臺北皇冠出版社出版。

　　本年　　*Chiang Kuei* 由 Timothy A. Ross 撰寫，紐約 Twayne Publishers
　　　　　　出版，是國外唯一一本姜貴評傳。

1975 年　　1 月　28 日，中篇小說〈北斗〉連載於《中國時報》「人間」副
　　　　　　刊，至 2 月 1 日刊畢。

　　3 月　　31 日，長篇小說〈錦瑟華年〉連載於《中國時報》「人間」
　　　　　　副刊，至 6 月 17 日中止連載。

　　4 月　　16 日，發表〈泰山其頹乎〉於《聯合報》副刊。

　　5 月　　17 日，發表〈釋泰山頹〉於《中央日報》副刊。

　　6 月　　6 日，發表〈憶蔣公，兩小事〉於《中國時報》「人間」副
　　　　　　刊。
　　　　　　9 日，經診斷罹患職業病「寫症」。

　　8 月　　31 日，搬離臺北，至臺中住廟養病五個月。

12 月　25 日，發表〈有關《旋風》英譯〉於《中華日報》副刊。

1976 年　1 月　30 日，移居霧峰鄉南柳村護國寺，長篇小說〈花落蓮成〉創作靈感源於此。

5 月　5 日，短篇小說〈鑽戒〉選入《名家小說選集》，由臺北今天出版社出版。

6 月　23 日，發表〈金瓶梅的作者〉於《中央日報》副刊。

8 月　4 日，發表〈何秀子事件〉於《中國時報》「人間」副刊。

9 月　17 日，發表〈〈花落蓮成〉前記〉於《中央日報》副刊。

18 日，長篇小說〈花落蓮成〉連載於《中央日報》副刊，至 12 月 19 日刊畢。

11 月　30 日，中篇小說〈蘇不纏的世界〉連載於《聯合報》副刊，至 12 月 18 日刊畢。

1977 年　2 月　1 日，自護國寺遷居臺中市區。

長篇小說《花落蓮成》由臺北遠景出版公司出版。

3 月　中篇小說集《蘇不纏的世界》由臺北遠景出版公司出版。

5 月　發表〈護國寺的燕子〉於《書評書目》第 49 期。

7 月　自臺中市區遷回護國寺。

12 月　10 日，長篇小說〈雲漢悠悠〉連載於《中國時報》「人間」副刊，至隔年 1 月 12 日刊畢。

11 日，發表〈規格與文學——《參學瑣談》讀後感〉（釋真華著）於《時報周刊》副刊。

本年　長篇小說 *The Whirlwind* 由舊金山 Chinese Materials Center 出版。

1978 年　1 月　12 日，長篇小說〈失獵者〉連載於《中華日報》副刊，至 2 月 26 日刊畢，此為作者據年輕時所撰長篇小說〈白棺〉改寫而成。

中篇小說《雲漢悠悠》由臺北時報文化出版公司出版。

2 月　　1 日，長篇小說〈曲巷幽幽〉連載於《臺灣日報》副刊，至 7 月 21 日刊畢。

5 月　　長篇小說《白棺》（原為：1978 年連載小說〈失獵者〉）由臺北聯亞出版社出版。

7 月　　22 日，發表長篇小說〈〈曲巷幽幽〉後記〉於《臺灣日報》副刊。

10 月　　1 日，長篇小說〈曉夢春心〉連載於《臺灣日報》副刊，至隔年 3 月 19 日刊畢。

11 月　　5 日，獲第一屆「吳三連文藝獎」，11 月 13 日於臺北國賓飯店舉行頒獎典禮。

　　　　21 日，發表〈蓬山咫尺〉於《自立晚報》副刊。

12 月　　17 日，發表〈這件事不是美匪友誼表現，只是政治策略的運用〉於《聯合報》副刊之「邁向頂風逆浪的征程！——請聽文學藝術工作者堅定的聲音」專題中。

1979 年　1 月　　長篇小說《曲巷幽幽》由臺北天華出版公司出版。

3 月　　22 日，發表〈〈曉夢春心〉後記〉於《臺灣日報》副刊。

5 月　　3 日，發表〈看《越戰獵鹿人》——不求勝利的戰爭的悽慘後果〉於《自立晚報》副刊。

　　　　《護國寺開山記》由姜貴自印出版。

7 月　　6 日，發表〈對日抗戰是中國文學的一大寶藏〉於《聯合報》副刊之「文學的歷史不容篡奪！（上）」專題中。

本年　　自護國寺遷居臺中市區。

1980 年　3 月　　長篇小說《姜貴自選集》由臺北黎明文化公司出版。

4 月　　4 日，長篇小說〈奔流〉連載於《臺灣日報》副刊，至 12 月 22 日。

　　　　11 日，發表〈作家座右銘〉於《中國時報》「人間」副刊。

12 月　　17 日，因腦溢血辭世，享年 73 歲。

19 日，《中國時報》製作姜貴悼念專題「雲漢悠悠念故人」，白先勇〈不幸言中的預言〉、夏志清〈他是了不起的中國作家〉、陳若曦〈默默耕耘〉、楊逵〈我最敬愛的一個人〉、鐘肇政〈一部活的中華民國史〉、朱西甯〈不求人知的浩然之氣〉刊載於《中國時報》副刊。

1981 年　1 月　11 日，姜貴追悼會於臺中市文化中心舉行，文藝界兩百多人參與；《臺灣日報》製作姜貴悼念專題「追悼姜貴先生」，吳德明〈敬悼我的朋友姜貴先生〉、司馬青雲〈浪淘沙〉、邊卒〈輓姜貴先生〉、周棄子〈讀《今檮杌傳》〉、耕心〈祭姜貴先生文〉刊載於《臺灣日報》副刊。

11～18 日，〈姜貴先生每日行事記要〉刊載於《臺灣日報》副刊。

2 月　姜貴〈〈錦瑟華年〉腰斬後，作者寫給小民的信〉、姜貴〈寫給小民剪貼簿的話〉刊載於《書評書目》第 94 期。

9 月　10 日，《文學思潮》製作姜貴悼念專題「姜貴先生紀念專輯」，童世璋〈起旋風・悼姜貴〉、尹雪曼〈記姜貴與他的《今檮杌傳》〉、周棄子〈讀《今檮杌傳》〉、墨人〈細說姜貴〉、上官予〈追懷作家姜貴〉、尼洛〈姜貴的《旋風》談起〉、吳德明〈敬悼我的朋友姜貴先生〉、洪醒夫〈姜貴先生二三事〉、司馬中原〈寂寞長途〉、鍾衍薔〈追悼姜貴先生〉、耕心〈祭姜貴先生〉、司馬青雲〈天涯咫尺〉、大荒〈悼姜貴先生〉、〈姜貴生前每日行事記要〉刊載於《文學思潮》第 9 期。

1982 年　8 月　應鳳凰主編短篇小說集《永遠站著的人——姜貴短篇小說選》由臺北九歌出版社出版。

1987 年　5 月　應鳳凰主編中短篇小說集《姜貴小說續篇——姜貴中短篇小說集》由臺北九歌出版社出版。

1988 年	4 月	19 日，姜貴致小民信函刊載於《聯合報》副刊。
1999 年	1 月	2 日，長篇小說《旋風》獲選文建會委託《聯合報》副刊評選的 30 部「臺灣文學經典 30」之一。
	4 月	九歌文學書屋展出姜貴生前手稿與函件，為期一個月。
	9 月	長篇小說《旋風》、《碧海青天夜夜心》由臺北九歌出版社重排出版。
	本年	*Rival Suns* 由紐約 The Edwin Mellen Press 出版。
2003 年	6 月	應鳳凰主編短篇小說集《姜貴小說集》由臺北九歌出版社出版。
	12 月	應鳳凰主編中短篇小說集《姜貴中短篇小說集》由臺北九歌出版社出版。
2005 年	7 月	長篇小說《旋風》由臺北九歌出版社重排出版。
2007 年	7 月	長篇小說《碧海青天夜夜心》由臺北九歌出版社重排出版。
2009 年	9 月	9 日，臺灣文學館主辦「灌溉文學的花園系列四」之「時代下的筆耕者——姜貴、蕭白文物捐贈展」，展出姜貴與蕭白手稿、圖書、信札共 103 件，至隔年 1 月 17 日止。
	12 月	長篇小說《旋風》由臺北九歌出版社重排出版。

參考資料：

・姜貴，《無違集》，臺北：幼獅文藝社，1974 年 8 月。

・應鳳凰，〈當代作家研究資料彙編・姜貴卷〉，《文訊雜誌》第 25～28 期，1986 年 8 月～1987 年 2 月。

・童淑蔭，〈姜貴研究資料彙編〉，《文訊雜誌》第 111 期，1995 年 1 月。

・應鳳凰，〈作者生平及其作品目錄〉，《旋風》，臺北：九歌出版社，2009 年 12 月。

・電子資料庫：國立臺灣文學館文學文物典藏資料庫。

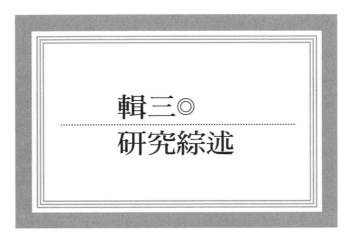

輯三◎
研究綜述

小說體質與文學環境變遷
姜貴研究綜述

◎應鳳凰

　　討論「姜貴小說研究」發展與變遷，不能不從作者身分背景說起。做為一個小說家，姜貴（1908～1980）富於傳奇性的身世與人生際遇，形成其文學作品的特殊風格。他出身山東諸城縣一王姓大家族，自小在地主家庭裡成長受教育。青少年叛逆期，他嚮往「革命」，為「愛情」離家出走，是以中學生時代便加入成為國民黨員。以後投身軍旅，成了職業軍人。此時期正逢中國最動亂的年代，從而北伐、抗戰、剿匪等大小戰役，皆有機會目睹經歷。

　　戰爭結束後退役居住上海，結婚生子，轉業銀行。沒想到再逢國共內戰，舉家隨國民政府到了臺灣。更沒想到來臺後經商失敗，失業在家，偶然提筆試寫小說，竟開啟往後與筆墨稿紙為伍的寫作生涯。「為度小月，欲罷不能」，在臺灣30年間竟身不由主地，當了半輩子職業作家。

一、姜貴研究三大特色

　　姜貴一生發表作品無數，單小說一類，已出版超過 20 部，卻曾發表文章公開表示，他真正的作品「只有兩部半」──《旋風》、《重陽》，以及未能妥善修改的《碧海青天夜夜心》勉強算是「半部」，其餘都是為換取生活所需而寫，沒有多少文學價值。主客觀因素加在一起，形成「姜貴研究」第一個特色：多年來各方評論都集中在極少數幾本作品上，若照比例來算，甚至可嚴格地說，單集中在《旋風》一部小說上。

　　《旋風》一書誕生過程相當坎坷，差點「難產」而胎死腹中。它被讀

者「接受」與閱讀的情況也頗具傳奇性。這部小說後來雖被學者讚譽爲
「反共文學經典」，弔詭的是，它卻在政府大聲鼓吹「反共文學」的 1950
年代，到處碰壁找不到出版的地方。《旋風》於 1952 年脫稿，曾投寄給二
十餘家報刊與出版社，卻像顆皮球般被踢來踢去，最後繞回原地，作者不
得已只能將它束之高閣。直到 1957 年，既捨不得毀棄原稿，又不忍心血結
晶久不見天日，百般無奈之下自掏腰包，印出 500 冊給自己留個紀念，並
分贈各機關與文友，包括圖書館、國內外學者作家等。於是有了一連串回
響與回應，如胡適與蔣夢麟的回信，作家的書介與書評，以及一系列從胡
適到夏志清等海外學者的高度肯定。

　　由此而產生「姜貴研究」第二個特點——海外研究者的讚譽或支持凝
結成一股力量，影響海內文壇，形成類似「出口轉內銷」的特殊傳播模
式。小說《旋風》的經典化與國際化，得力於夏志清教授將之寫入英文版
《中國現代小說史》，此書 1961 年由耶魯大學出版。由於夏教授任教於美
國哥倫比亞大學，而此書數十年來一直是美國各大學東亞系的教科書，也
促成美國研究生羅體模以「姜貴小說」做爲博士論文——臺灣當代小說家
成爲美國大學「博士論文」題目的，以時間論，姜貴應是第一人。

　　其次是胡適博士在美國收到姜貴贈書後，很快回給作者一封讚美的
信。1959 年《旋風》終於有了上市的機會，由臺北「明華書局」出版印
行。明華版扉頁，便以胡適寄自紐約的手稿原信「製版」用做小說「代
序」，等同爲這本小說加持與背書。在政治氣氛蕭瑟緊張的白色年代，文化
出版業無不繃緊神經，海外學者的重要性與影響力從《旋風》出版個案看
得一清二楚。

　　《旋風》做爲一本書的生命史，中間有一段歲月「銷聲匿跡」將近三
十年。明華書局因經營不善於 1961 年停業，作者另與高雄「百成書店」簽
約，而有了 1966 年的長城版。長城版亦因不明原因，只出一、兩版便不再
續印。自此以後，除了少數地下盜印本，往後 30 年間，《旋風》便在臺灣
書市消失蹤影，退出江湖，只剩名字流傳於文學圈，一般讀者買不到也看

不到此書。一直要到 1990 年代末期，經出版人蔡文甫多方努力，《旋風》才終於在 1999 年由九歌出版社重排再版，重現江湖，再度流通於書市。

　　一般而言，評論與研究的情況會隨著文學環境的變遷而起伏。此書再版的契機，很大程度來自於它再度受到學界與文學史書的矚目。1987 年臺灣解嚴前後，兩岸日漸三通，兩邊文壇這時爭相開始「臺灣文學史」書寫與出版——由於戰後 1950 年代常被文學史設定爲「反共懷鄉」文學時期，姜貴《旋風》又是反共小說名著，各版史書再三提起這部作品。值得注意的是，海峽兩岸意識形態不同，左右觀念有異，評價不免兩極。以大陸學者的角度而言，你既「反我的共」，可以想見不會有多好的評語。這是1980～1990 年代之間的研究情況，形成姜貴研究第三個特色——政治意識形態左右了文學批評的準則。上述三個特色分別出現在不同年代，若以時間的縱軸來貫串，正好形成戰後「姜貴研究」的三個階段，或說研究的三波浪潮。

二、縱軸：《旋風》研究的三波浪潮

　　《旋風》初稿完成於 1952 年，四處被退之後，自印 500 本取名《今檮杌傳》，於 1957 年成書。初版分贈朋友與相關單位，只送不賣，並未真正公開發行。1959 年經文友介紹，交臺北「明華書局」印行上市，恢復書名《旋風》，這才與一般讀者大眾正式見了面。從「自印本」到上市版本，書名雖不同，但兩個版本時間距離很近，結合成「《旋風》初亮相」的「評論第一期」。

　　此書儘管誕生不易，然而不出版則已，一成書即刻獲得文壇熱烈迴響。小說家、評論家都給予高度讚譽。不僅臺灣一地，更有來自海外的充分肯定。這是作者當初不得已自費印書的時候，無論如何想不到的事。姜貴於是將發表於各報刊的 18 篇評論完整收集起來，加上書序，題爲「《旋風》評論集」，另取書名：《懷袖書》，於 1960 年 9 月再次自費出版，與《今》書同樣掛名「春雨樓」，同樣只印 500 本。這個當初也許不是周詳計

書的出版動作，卻爲以後文學研究者，體貼地留下了「《旋風》批評史」最早的第一手資料。

（一）1950 年代──「《旋風》熱」盡在《懷袖書》

雖難有具體數據做科學論證，但以臺灣 1950 年代物質匱乏的環境來推斷，《懷袖書》是戰後「第一本」單部小說「評論合集」的可能性很高。果真如此，那麼《旋風》便是臺灣最早擁有一部「評論專書」的長篇小說。

《懷袖書》於 1960 年秋天出版，所收文章皆發表於 1958 及 1959 兩年。毫無疑問，因姜貴自印《今》書遲至 1957 年方出版，因而書中所收的文章，就時間而言非常貼近評論對象，是《旋風》批評史「第一章」，也是臺灣文學場域回應此書的首部曲。

此書不只在內容上呈現當時文人作家的評論觀點，書本身的編排方式，也透露著當時文學生態與時代氛圍。由於《今》書原稿有被「各方拒絕」的出版經歷（原因不明），於是作者贈送的 200 本裡，好些是送到國民黨文宣機構，如國民黨中央委員會、中國青年寫作協會、救國團總部等，姜貴編輯「《旋風》評論集」時，將這些機構的感謝信或制式推薦函，全刊在《懷袖書》最前面。

接在「機關推薦信」之後，刊登「名家回函」，首先刊出蔣夢麟回信全文。蔣夢麟對《旋風》有句經典評語：說它是一部「新《水滸傳》」，回信日期：1959 年 10 月 12 日。這說明內行人閱讀《旋風》，很快能發現作者與中國古典小說的深厚關係。信函另一重點，認爲這是小說同時也是歷史紀錄：

> 本書以小說體裁寫北伐與抗戰期間前後土共發展的歷史，其中移植穿插，多本於事實，故可作土共發展實錄看，亦可作共黨搶奪政權歷史看。[1]

---

[1] 見《懷袖書》，頁 18～19。題目：「蔣夢麟先生致作者函」，寫信日期：1959 年 10 月 12 日。

　　蔣夢麟曾任北大校長、教育部長，來臺之初擔任「農復會」主任委員，他賞析文學作品自不外行。而認定《旋風》為「歷史實錄」的研究面向，持續數十年從未間斷，後面還會再討論。

　　《懷袖書》正文收入各報刊發表的書評 18 篇，作者群包括：王集叢、方以直（王鼎鈞）、阮日宣、劉心皇、趙雅博、程光蘅等。他們不是專欄作家、刊物主編，便是評論或小說作家——合為「一本評論集」的共同作者，在一定程度上，反映了 1950 年代後半期臺灣文壇的評論風氣與評判標準。好些文章對「小說美學」與「反共文學」的關係多所論述。

　　有個觀點是共通的，直到「《旋風》出現」，他們才終於在臺灣文壇看到一本藝術性高的「反共小說」。由此可見在政府文藝政策下，大家對於「好作品」誕生有熱切的期待。書中前四篇是針對自印版的評論，首篇孫旗的文章，即以〈一部未發行的文獻性小說《今檮杌傳》〉為題，1958 年 4 月刊登於香港《自由人》週刊，顯見贈出的書各地都有知音。而「文獻性小說」的意見，與蔣夢麟的「歷史實錄」觀念略同。

　　全書 18 篇中，最引人注意的，應屬作者本身也是小說家高陽所寫的：〈關於《旋風》的研究〉一文。此文長達 28000 字，創下《旋風》單篇評論「篇幅最長」的歷史紀錄。原刊載於夏濟安主編的《文學雜誌》第 6 卷第 6 期。這篇文章多年後仍不斷被引用，可說是姜貴研究第一波浪潮裡最亮眼，也是最具代表性的一篇評論。

　　高陽此文有幾個論點：其一，讚揚《旋風》是部「大書」，能反映動亂的大時代。其二，指出小說主題是：「中國共產黨何以會得勢？」。其三，不憚其煩，鉅細靡遺地提出小說人物及修辭技巧如何高超奧妙；更重要的，指出小說故事「必有所本」，小說作者必是主角人物中「方」氏家族中一成員。就像《紅樓夢》中的賈寶玉是作者曹雪芹自己，《旋風》的人物裡必有姜貴自己的影子。

　　在後來一篇文章中，高陽提到何以他會寫出這篇長文——除了被小說主角（或姜貴）的看法打動，也受到這部小說技法大大的啟發。他認為：

姜貴「小說技巧，鎔舊入新，別成一格」，對於「人物的選擇和刻畫，真是有獨到之處」。關於小說技巧的研究，他認為《旋風》「是一個很特殊的標本，值得下一番功夫去研究」。[2]

　　由於高陽本身是經驗豐富的小說家，評論又刊登於學院教授創辦的嚴肅文藝刊物上，發表與刊登的現象本身，足以穩固《旋風》在臺灣文壇裡無可撼動的重要地位。而高陽提出「《旋風》人物皆有所本」的觀點，也開啟往後將小說人物「還原」或「對號入座」的「《旋風》人物索引派」研究方式。

（二）1960 年代：《旋風》從海外到海內

　　1957 年 10 月成書的《今檮杌傳》寄出不久，姜貴於同年底收到胡適寄自紐約的回信。這封信被出版人以原跡製版，做為明華書局版《旋風》〈代序〉。一般讀者翻開書，若習慣先讀序言再看小說的話，會先分享胡適博士的閱讀經驗：

> 五百多頁的一本書，我一口氣就讀完了，可見你的白話文真夠流利痛快，讀下去毫不費勁，佩服！

　　差不多同一時間收到書的，還有在美國的夏志清教授。就一部小說的經典化與國際化而言，夏志清收到書之後發揮的效應，比胡適博士要大得多。夏教授當時在紐約州立大學教書，正獲得洛克菲勒基金會贊助，以英文進行《中國現代小說史》的撰寫工程。《今檮杌傳》來得正是時候，夏教授在書中附錄專章，論姜貴的小說。姜貴名字不僅進入小說史，且占有一整個章節。根據陳森的翻譯，夏志清給這部小說的春秋之筆是這樣的：

> 姜貴的《旋風》是現代中國小說中最偉大的作品之一，……卓然成為一

---

[2] 高陽，〈《旋風》‧姜貴‧我〉，《幼獅文藝》第 13 卷第 1 期（1960 年 7 月）。

部共產主義的崛起的扣人心弦的紀錄，熟練地但却毫不客氣地訴述五四時代以迄中日戰爭初期的中國人的生活的複雜背景——連同它的腐化與可怖。[3]

　　夏教授認為《旋風》做為「中國共產主義的一種深入的研究資料」，除了堪與張愛玲的《秧歌》與《赤地之戀》相並列之外，他身為學者與小說史家，進一步將姜貴納入中國小說傳統，認為這部小說「同時還代表著中國的諷刺傳統」——是自古典的小說家以迄老舍、錢鍾書的「最近的開花」。夏志清《中國現代小說史》[4]1961 年由耶魯大學出版以後，在美國漢學界是一部開山之作，數十年間一直被各大學東亞系選作教科書。其融合中西文學理論，以寬廣的批評視野，探討中國現代小說發展方向，尤為後人稱道的，是他致力於「優美作品之發現和評審」的獨到眼光，言人所不敢言，如張愛玲、沈從文等，便因為小說史的推崇，更奠定了他們作品的經典地位。

　　除了《旋風》，夏教授也細細解讀姜貴另一部長篇小說《重陽》。此文副標題：「兼論中國近代小說之傳統」，在臺北《中國時報》「人間」副刊連載三天，除了重申姜貴是「晚清、五四、1930 年代小說傳統的集大成者」，也聲稱姜貴小說「正視現實的醜惡面和悲慘面，兼顧『諷刺』和『同情』而不落入『溫情主義』的俗套」，再以《重陽》主題和小說人物為例，大段引用小說情節與人物對白，目的是：「希望引起讀者閱讀此書的興趣」。相信夏教授的呼籲與提醒，對於後來姜貴獲得「第一屆吳三連文藝獎」多少有些影響。

---

[3]夏志清著；陳森譯，〈論姜貴的《旋風》〉，原載臺北《中華日報》副刊，1964 年 12 月 25 日，6 版，後收入《無違集》（臺北：幼獅文藝社，1974 年 8 月出版），頁 253～259。

[4]《中國現代小說史》，*A History of Modern Chinese Fiction*，最早只有英文版。將近二十年後，才有集合劉紹銘、夏濟安、李歐梵、水晶等眾多港臺學者之力翻譯的繁體字版，分別於 1979 年和 1985 年在香港和臺灣出版。2001 年在香港出了繁體字增訂版，直到四十多年後的 2005 年才有復旦大學印行的簡體字中譯本。

　　除了使姜貴作品列入《中國現代小說史》一節專論，夏志清教授另一個影響，是促使美國學生 Timothy A. Ross（中文名：羅體模），以姜貴爲題材撰寫博士論文。羅體模 1960 年代專程來臺蒐集資料、訪問姜貴，1972年以姜貴研究爲題獲得博士學位。不僅如此，他還是《旋風》的英譯者，更應美國杜尼（Twayne）出版社之邀，完成 Chiang Kuei 一書。本書收入羅體模的論文：〈論姜貴小說的主題〉，便是 1974 年他參加波士頓「亞洲年會」發表的論文，也是他部分博士論文的縮寫版。他認爲姜貴小說主題有三：一是反映中國傳統社會的實在情形，二是描寫醉心共產革命者的狂熱虔誠，其三，分析這些革命者的得失和希望。

　　很少人注意到，在臺灣當代小說家裡，做爲「博士論文題目」的，姜貴或許是第一人。那時臺灣的中文系還沒有「當代文學」的概念，所以撰寫者只能是美國人。40 年後回顧這股「姜貴研究旋風」，似乎是海外強過海內，然後吹向海內。以反共小說做爲研究主題，到了 1960、1970 年代流行現代主義的臺灣，按說已保守過時。然而靠西風一吹，像是「出口轉內銷」，難怪 1974 年姜貴在「幼獅文藝社」出版的一本傳記小說《無違集》裡，書後將胡適、夏志清、羅體模等人討論姜貴小說的文章，一口氣列了五篇做爲書的「附錄」。

　　接下夏志清教授「現代小說研究」棒子的，是同樣任教美國哥倫比亞大學的王德威教授。1999 年春由臺北《聯合報》副刊策劃主辦一場備受文壇注意（也引起爭議）的 30 部「臺灣文學經典」選拔，並接著召開「第一屆臺灣文學經典研討會」。王德威教授是七個選拔委員之一，又是研討會上〈蒼苔黃葉地，日暮多旋風──論姜貴《旋風》〉一文的發表者。這篇一萬多字的論文，成爲姜貴研究史上，繼夏志清之後最具指標性的一篇，除了對《旋風》藝術手法的高明處進一步指認，更把姜貴作品特殊性，放在開放後兩岸更大的歷史背景加以審視。

　　1950 年代臺灣反共文學主潮常被譏爲「反共八股」，王德威的看法是：

我以為姜貴就是一位最不八股的反共作家。更重要的，他的小說始於對
共黨禍國的檢討，卻終能超出眼前的血淚控訴，轉而對近代中國歷史的
嬗變，做出沉鬱的省思。[5]

在那個年代的表述傳統裡，小說家或喧囂吶喊，或涕淚飄零，他認為
唯有姜貴那「語言素樸，情節不刻意修飾」，尤其他的「冷冽觀照」可說是
個異數。他也將其風格置於中國文學傳統，認為「姜貴將他的故事沉浸在
荒謬怪誕的敘述中」，是晚清譴責小說「自覺的繼承者」。

在眾多評論家裡，王德威文采好且能見人所未見；例如他認為姜貴在
反共小說的另一大突破，「在於將政治情欲化，情欲政治化的看法」。小說
角色的「性壓抑及放縱，讀來令人怵目驚心。」這一見解是過去評論裡從
未出現過的。除了再次提到姜貴小說「有所本」：「不是過來人寫不出這樣
躊躇沉鬱的小說」，更進一步論斷：

姜貴何只反共而已，藉《旋風》這樣的作品，他是在反思五四以來中國
追求現代化的希望與虛惘。[6]

海外學者張誦聖則運用文學場域理論，談到《旋風》的「舊小說形
貌」如何影響它在讀書市場的接受度，藉此為當時臺灣文學生態做了精闢
的分析。小說自費出版之後又倍受海外名人肯定，「但是即使正式出版後也
沒有在 1950 年代末的臺灣市場上造成轟動」，張教授看到此一現象的多面
性：

《旋風》的舊小說形象和它的陰晦氛圍、道德敗壞的諸多角色，和國家

---

[5] 王德威，〈蒼苔黃葉地，日暮多旋風——論姜貴《旋風》〉，陳義芝主編《臺灣文學經典研討會
論文集》（臺北：聯經出版公司，1999 年 6 月），頁 23～34。
[6] 同前註。

宣傳文學對意識形態純正的要求，以及與之相應的文壇品味，顯然有扞格不入之處。因此，除了狹義的政治之外，這個現象也反映了文類與市場，經典與通俗，現代與傳統等等複雜棘手的議題。[7]

　　原來小說主題與內容，與當時「臺灣主導文化」格格不入。張誦聖不只注意到《旋風》經典化過程坎坷因素，也通過小說「外緣研究」，包括此書生產及消費現象，探討其「文化位階」與「文類特質」，讓《旋風》做為一部「反共小說」竟而在臺灣「備受冷落」的原因，有了深一層的詮釋。

（三）1980 年代：兩岸「臺灣文學史」裡的《旋風》

　　臺灣解嚴前後，即上世紀 1980 年代末期，兩岸爭相書寫臺灣文學史。事實上，中國大陸比臺灣更早完成「有史以來第一部臺灣文學史」。由於各版「臺灣文學史」，多把 1950 年代設定為「反共懷鄉」文學時期，也多認定姜貴的《旋風》是反共文學時期重要代表作，因而它不斷被提起、被詮釋。雖然《旋風》這時在書市已斷版多時，幾乎被臺灣讀者大眾所遺忘。

　　有意思的是，兩岸史家對於這部小說的評價相當兩極，可說南轅北轍。海峽兩岸不僅分隔多時，兩邊政治意識形態此時亦呈敵對狀態。統獨觀念不同，如何評價《旋風》主題與內容，正是雙方文學觀正反差異的最佳展示。

　　葉石濤在 1987 年出版了臺灣人撰寫的第一部文學史：《臺灣文學史綱》，書中如此評論姜貴小說：

　　《旋風》的所以在眾多反共小說中脫穎而出，並不只是靠描寫土共的生長和衰亡過程的刻劃入微，而是他著力描寫傳統封建制度的腐敗和墮落。

---

[7]張誦聖，〈臺灣女作家與當代主導文化〉，《文學場域的變遷》（臺北：聯合文學出版社，2001年 6 月），頁 124～127。

　　葉石濤認定：「姜貴的反共理念基礎頗薄弱」[8]，又說他的小說除了具有濃厚傳統白話小說「勸善懲惡思想」，從某方面說，也頗有「才子佳人」小說的味道。他的詮釋，與夏志清教授認定《旋風》是「共產主義深入的研究資料」的看法出入很大。

　　不像臺灣的史家，除了主題，也討論作品的藝術性，大陸的文學史書寫，談到「反共小說」很難不以「意識形態」做為評論標準，對於姜貴小說的評語是「扭曲事實」、「汙衊」、「任意編造」。以和葉著同年出版，由遼寧大學印行的《現代臺灣文學史》[9]為例，書中對小說藝術面隻字不提，聲稱姜貴能得到夏志清等人「吹捧」只因他鮮明的反共傾向，而這部小說：

　　　對歷史、時代、社會生活做了全面的歪曲描寫和解釋，表現出姜貴先生
　　　對共產主義的無知和對共產黨的偏見。

　　比這本還早一年出版的《臺灣新文學概觀》，用詞也很直接：「《旋風》的主題反共，材料虛假，把中國共產黨領導的人民大革命的勝利汙衊成『終必像旋風般的煙散失敗』。」[10]

　　古繼堂 1989 年出版的《臺灣小說發展史》是兩岸最早一部小說史，且以簡、繁體兩種版本分別在兩地出版印行。

　　　要想自己的作品成為不朽，就必得真誠地反映歷史。哪怕你對那樣的歷
　　　史並不喜歡，也不能任意去編造，否則即使你的文字再華麗，也很難不
　　　朽。[11]

---

[8]葉石濤，《臺灣文學史綱》（高雄：文學界雜誌社，1987 年 2 月），頁 93。
[9]白少帆等著，《現代臺灣文學史》（瀋陽：遼寧大學出版社，1987 年 12 月），頁 262。
[10]黃重添等著，《臺灣新文學概觀（上冊）》（福建：鷺江出版社，1986 年 7 月），頁 65。
[11]古繼堂，《臺灣小說發展史》，1989 年春風文藝出版社先有簡體字版，同年 7 月由臺北文史哲出版社印行繁體版，本文引用根據繁體版，頁 161。

看得出來，以兩岸文學史書裡的「姜貴小說」研究與評論，不免處於「意識形態掛帥」的批評狀態。從臺灣學者的角度看，大陸來臺作家如姜貴等人寫的反共小說，無不是有血有淚的親身經歷，例如齊邦媛教授便認為：「反共懷鄉文學是傷痕文學的序曲」[12]，但從大陸學者角度來看，卻認為這些小說是無中生有，是歪曲事實的偏見。從戰後 1950 年代到新世紀，關於姜貴小說的評論與研究，果然隨著文學環境的變遷而有很大的起伏。

三、姜貴小說另類研究面向

姜貴小說《旋風》研究裡，有一個特殊面向是其他長篇小說所沒有的，便是從誕生的 1950 年代末，一直到新世紀的今天，總有學者或讀者認為「《旋風》人物皆有所本」。從最早的胡適、蔣夢麟，小說家高陽、專欄作家王鼎鈞（山東人），到最近任教山東大學，也是姜貴（王氏）家族後輩的王瑞華教授，都認真「對號入座」，既認定作者寫的是自家故事，小說裡的人物便可逐一追溯其「原型」，因而形成如《紅樓夢》的賈寶玉即是作者曹雪芹本人」式的「索引派研究」。各家汲汲將小說人物「還原」，「《旋風》人物索引派」這一研究面向遂不絕如縷。本書收入方以直（王鼎鈞）的〈《旋風》人物考〉，以及姜貴親族晚輩王瑞華 2012 年發表的：〈分散百年的家族再聚首——當《旋風》終於颳回家⋯⋯〉，都是這類例子。

早在 1959 年，高陽便在〈關於《旋風》的研究〉一文中指證歷歷：小說裡的「方通三」是「王統照」（引胡適的信），「張嘉」是「臧克家」。又說：「方鎮」或是假託的地名——「方姓隱射王姓，應無疑問」，而作者就是「方」氏家族的一員。

王鼎鈞接著高陽之後，同年在《徵信新聞》副刊發表的〈《旋風》人物考〉，進一步指出小說主角「方祥千」就是山東諸城相州鎮「王翔千」，姜貴本人姓王，也是相州人。由於王鼎鈞家鄉山東臨沂，距相州很近，「諸城

[12]齊邦媛，《千年之淚》（臺北：爾雅出版社，1990 年 7 月），頁 29。

王氏和臨沂王氏都是大族」，老一輩的人頗有往來，是以「《旋風》裡面幾
個重要人物，我的父親都能指出原型」，當年小說主角「王翔千」和王鼎鈞
的父親「都在濟南」。難怪王鼎鈞說：姜貴小說將家鄉人物「一一聚而寫
之，教山東老鄉看了，有說不出的親切」。也因為這層淵源，到了 1960 年
代，兩人成了忘年之交，王鼎鈞當了副刊編輯之後，請他寫稿，又加了一
層「編者與作者」的關係。

　　然而也就因為有像蔣夢麟、高陽、王鼎鈞這一脈相承的「索引派」讀
法，認定《旋風》寫的是姜貴的家鄉與家族，小說「多本於事實，可作土
共發展實錄看」（蔣夢麟語），此一「有所本」的觀念，其「續章」便是大
陸文學史書寫裡，認定的「任意編造」、「扭曲事實」。評者與史家都忘記了
「小說」原本是「虛構的世界」，姜貴本人即有過現身說法，他告訴讀者，
小說裡的方祥千，絕對不是王翔千：

　　小說人物需要凸出，需要代表性。拿真實人物入小說，往往不夠要求。
　　因此，只能取其特出的一點，予以加強。或就三個五個以至更多的真
　　人，歸併剪裁，而成為一個代表人物。[13]

　　不僅如此，還進一步說明他的「故事如何構成」：真實的世界裡，個人
的活動「只限於他們自己的小天地，他們之間並無故事性的聯繫」。而小說
作者於選定其代表性人物之後，「還要設法將他們粘連在一起，這就是故事
的構成」。

　　雖然作者把寫作過程，小說創作的必要方法寫得一清二楚，做為姜貴
家族，或說，做為被描寫的對象，包括小說研究者，仍然不容易冷靜面
對。此一脈絡的最新一例，是前文曾提到王瑞華教授於 2012 年 11 月發表
於《文訊雜誌》的〈分散百年的家族再聚首──當《旋風》終於颳回

---

[13] 姜貴，〈我怎樣寫《旋風》〉，收入《無違集》，頁 211。

家……）。此文雖以《旋風》為核心，卻非小說評論，可說是一篇報導。作者是相州王家親族，碩士生時代研究港臺文學。這篇文章翔實寫道，當她把《旋風》帶回家鄉，親族們第一次知道世界上竟有這麼一部小說時，再對照史實，「這些老人們幾乎是普遍的義憤填膺」[14]。

　　姜貴家族發現、閱讀這部小說之後的反應各不相同。其中一位，「看到他那些情誼深厚的家人、族人被妖魔醜化得如此不堪，他氣得食不下嚥，睡難安眠」（頁 95）。當然也有冷靜面對姜貴小說的親族後代，例如王翔千的孫子王肖辛讀完小說後，被徵詢意見時，他答道：「《旋風》與王家是有出入，但與整個大趨勢是吻合的」。這篇長文的結尾是，作者最後跨海來到臺灣探望姜貴後代，王家後人因為這部小說，以及姜貴自傳的流傳，終於能互相見面認親：

　　　分離近百年的家族終於因《旋風》的回歸而團圓，這是文學對文學家族最大的回報和恩賜。[15]

　　海峽兩岸近百年特殊歷史背景，讓一部小說，或說「反共小說」，出現如此「坎坷命運」——從誕生幾乎難產，到消失書市，直至 50 年之後遲遲「回鄉認親」，末尾竟還完成「促進家族團圓」的特殊使命。文學思潮隨著時代而變遷，同樣的，文學作品的研究與評論也隨著時間而不停變化著，《旋風》做了最好的例證。

---

[14] 王瑞華，〈分散百年的家族再聚首——當《旋風》終於颳回家……〉，《文訊雜誌》第 325 期（2012 年 11 月），頁 95。
[15] 同前註，頁 94。

輯四◎
重要評論文章選刊

我的家世和童年

◎姜貴

　　我的出生地，地名相州，爲山東諸城城北 40 里的一鎭。東距高密 80 里，恰好是雙套驛車一天的路程。高密爲膠濟鐵路的一站，火車東去青島約兩小時，西去濟南約十小時。青島及膠濟鐵路曾先後爲德國與日本侵占，因此膠東半島一帶，受這兩國的影響很大。最爲顯著的是三多，習德文或日文的人多，民間槍枝多，德貨日貨多。

　　我家老屋所在的巷子，是個十字街口，地名山海關。得名之由，是有人曾在山海關爲官。所爲何官，在何年代，我已經說不明白。整個相州，除若干人家自顏「堂號」，以外，街巷以地名如山海關者很多。

　　我家爲琅邪王氏。

　　我的曾祖父取一句古詩「春星帶草堂」，自稱爲「帶星堂」。同治光緒以來，「帶星堂」是我家極盛時代，擁有良田百頃。曾祖父去世的早，由曾祖母主持門戶者數十年，她治家以節儉與禮法爲本，對兒孫管教極嚴。享壽八十餘歲而終。

　　我家歷代以招佃收租，坐享其成爲生，而以應舉爲官爲事業發展的唯一路徑。直到廢科舉，興學校，仍然方向不變。

　　我的祖父爲「福星堂」，他是一個剋妻命，前後幾三娶。聽說三次都不圓滿，他因此不常著家，一直旅行在外，成爲徐霞客之流。民前數年，他由上海乘火輪船回青島，經黑水洋，遇到大風浪，得疾，不久去世。

　　第一個祖母留下一個兒子，是個秀才，即我的大伯父。他爲了田產，下鄉爭論，當時氣死。那時民國成立未久，我只五六歲。但我一直清楚地

記得他的容貌。他是個細高個，走起路來總是倒背著手踱方步。有時忽然
站住，停一會，慢慢再向前走，嘴裡咕咕噥噥，一直說：「真舒服，真舒
服。」原來他剛才站下來放了一個屁了。

　　大伯父的第二個兒子，即我的二哥，也算是一個怪人。他廢寢忘餐，
迷於作舊詩，又跑到杭州去當了和尚。還俗後，任相州小學校長，卻又討
小老婆，放印子錢。所有他這些行動，都帶「叛逆性」。我家祖制，以「詩
書繼世，忠厚傳家」為訓，從來沒有人納妾，沒有人放印子錢，更不要說
當和尚了。

　　我這位二哥，屬於「陰沉」的一型，對人都無感情，好像對我尤甚。
民國 12 年，我與濟南萃賣場樓上說京音大鼓的一個女孩鬧戀愛，引起家庭
反對，社會非議。我曾為此事出走，南遊滬杭，並由杭溯江而上，抵金
華。一路之上，故作悲觀，作了許多詩，寫在一個小本子上。以後資斧斷
絕，迫得返回相州。父親和二哥都看了我這本詩。父親沒有說什麼，二哥
看了，卻指出其中一首，說是我抄人家的。問他抄誰的，他又說不出來，
當時我很生氣，認為奇恥大辱。那首詩是這樣的：

　　夢斷雙龍泉水香
　　九姑生小住錢塘
　　孤帆載得征人去
　　不到天寒心自涼

　　錢塘江上有一種「九姓船」，等於現在臺灣的綠燈戶，我用這個典暗指
我的鼓姬女友，可說不妥之極，失禮之極。但那時候，我只有 16 歲（實際
年齡 14 歲半），肚子裡實在沒有幾個典，就把眼前現成這個「九姑」用上
去了。所以如果有人說我這首詩不好，我一定接受。說我抄人家，我卻不
服，因為這硬是我嘔心瀝血「作」出來的。

　　（現在想想，千古文章一大抄，尤其舊詩舊詞，命詞立意，已經無法

跳出前人的窠臼，二哥的話實在也對。）

　　我的鼓姬女友這一段，以後一直糾纏了許多年。民國 19 年，她鬻藝南京夫子廟，雖常相過從，我卻從來沒有進過她的歌場。有次陪她去首都大戲院看場電影，遇到葉實之兄（已在臺灣病故於總統府祕書任內）。第二天，實之特地來找我，告訴我許多話：

　　「這個女人有名的刁。很多朋友上她的當，花了許多冤枉錢。千萬可接近不得！」

　　看他一番善意，我立即表示接受，卻沒有告訴他我和她的一段「因緣」。我是沒有錢花的。事實上，那時候我已經是有婦之夫，斷絕了她亦較好。不久，她即失望北去。我為此事心神不寧者久久。曾把一番經過寫成一部小說〈白棺〉，在《青島民報》發表，以了結此一重公案。現在，連這部小說我也多年沒有了。

　　今天，我景況如此，該是她想不到的吧？而假如大陸不共產，她的晚景我卻可以推斷個八九不離十，那便是：領養個把女孩，說京片子，一鼓一板，繼承自己的賣藝生涯，如此而已。現在共了產，就連這也難說了。

　　我的第二個祖母也留下一個兒子，是我的二伯父。二伯父續弦一次，前妻留下一女一子，續弦後又有許多孩子。他是一個沒有能力控制太太的老實人，因此家庭間演成慘劇，前房大女兒自殺而死。

　　我的第三個祖母為高密蔡氏，她生下兩個兒子，即我的五伯父和我父親。我家排行習慣，是堂兄弟排在一起，夭亡者占去的數字，空懸不予遞補。我的父親排行第七。（我也行七，卻沒有五哥六哥。）

　　五伯父為同盟會會員，讀於高密德國學校。辛亥，他由高密回家過年，聽說城內（諸城）舉義，立即趕往參加，於大除夕日被難。他進城的時候，清軍已在合圍，義軍剛在關城門，準備防守。城門關到剛剩下一條空隙夠一個人出入的時候，他挨身而入。卻遇著另外一個人擠出來，那個人是相州人，認得五伯父，抓他一把，想拉他出來，被五伯父摔脫。想再抓第二把的時候，已經來不及，城門關嚴了。

　　那個人到我家裡來報信，家裡人才知道他已經擠進圍城。他遇難後，與其他烈士被合葬在城北郊外，成一大塚。而五伯母僅 25 歲，無子女。照老規矩，應由長房次子出嗣。但五伯母不喜歡我二哥，卻堅持要我過繼。這件事情，在家族間引起紛擾，明爭暗鬥，整個十年，終祖母之世，未獲解決。

　　直到民國 10 年，我高小畢業，要到濟南升中學了，這才由我的四叔祖父畫押承認，我成為五伯父和五伯母的嗣子。四叔祖父是祖父的胞弟，六伯翔千，八叔振千之父，為我祖父行中最後的家長。

　　我為這件事高興，不在五伯母的家財。事實上，她的家財，我並沒有承受到。我所高興的是：我有一個為革命先烈的父親。五伯母也是個有堅強意志的人，他青年孀居，在家族間歷盡辛酸。她常常對我說：

　　「記住你五大爺是民黨！」

　　民初，一般都習慣稱國民黨為民黨。她這句話，說得極其簡單，但涵義是深遠的，她要我繼承五伯父的革命路線，為國民黨的一員。我一生辜負她的地方太多太多，只有這件事，我尚能一直遵守她的慈訓。民國 34 年陰曆 8 月間，她和我的母親同遭共匪迫害，被禁足在一座廟裡，終至於死。（我書至此，不禁心酸落淚，我何時始能為先母及先五伯母報此血海冤仇！）

　　五伯父號契軒。北伐後，定都南京，國民黨追念先烈，曾由中央撫卹委員會給予卹金。

　　對於五伯父之死，創痛鉅深，除了五伯母，要算祖母和父親了。尤其祖母，她對父親和我，時時都要看在眼裡，才覺放心。只要離開一會，她便不安，忙著教人各處去找，一定要找回來才罷。

　　曾祖母在世時，據說講究飲食，由祖母專為她掌小鍋，一定祖母親手做出來的東西，她才下箸。因此，祖母的烹調是有名的。晚年病腿，行動不甚方便，變得極髒。為了傭人偷她的東西，她就不用傭人，凡事親自操作。

　　她有許多點心，保藏在盒子裡，捨不得喫，一定等放壞了，才拿出來分給人喫。每次分點心，我總優先，第一個被喊了去。點心早都變味了，甚至生小蟲了，她還當寶貝一樣的頒賜下來。她好像知道我們拿出來未必喫，總教當面喫下去。屑屑落到地上，還教撿起來喫，而地上髒極，滿是鼻涕痰。我每次聽說祖母給點心喫，便似孫行者惹了唐三藏唸緊箍兒咒，周身不自在。

　　每年正月祖母請春酒，被請的人也都視為畏途。老人家輩分所在，不能不到，到了又叫每盆都喫光，不許有剩，這就難為煞人。

　　祖母於民國 7 年秋間病逝，享壽六十。時我年十一，這是我第一次見人死，也是第一次見死人，故印象深刻，至今如在目前。

　　祖母已早與前房及自身共四房兒子分炊。父親把分到的田產，不幾年就賣光。卻去街上開客棧和藥鋪，自己又行醫，業務頗為發達。因此他雖田產光了，生活卻更為優裕。父親的最大長處是愛窮人，不以接觸窮朋友為可恥可怕。從相州那種舊家的眼光看，父親也許不免有一點「叛逆性」，但我對他總是抱著最大的敬意。

　　母親出身農家，是西鄉石家埠人。她娘家比我家富裕得多。每天單是騾馬上料，就要幾斗黃豆和高粱。每年幾次派人帶著許多禮物來看母親，我們孩子們就都有喫有玩。但也敗落得快，祖母去世後，他們就不大再有人來了。

　　我沒有趕得上念私塾。民國 3 年至民國 10 年，讀完七年兩級小學。在高小的時候，正遇上五四，提倡白話文。每天下午，上完了正課，我們也有兩小時的課外補習。由老派的王友多先生講授舊文學，如《古文觀止》、《論語》、《左傳》、《戰國策》、《古詩源》、《古唐詩合解》等，我們都選讀過，而且被打著手板子背過。同時新派的王子容先生又教我們新文學，他喜歡讀劉半農的新詩，一首一首寫在黑板上，要我們抄下來。我記得有一首是劉半農寫給 D 君的「詩信」，我奉命唸背過了它，可惜現在早已忘得沒有蹤影了。

王子容先生還給我們講一個對話式的笑話：

甲：作文言文比作白話文難，難能所以可貴。

乙：喫狗矢難能，難道也可貴？

我們當時聽著很覺有趣。但王友多和王子容兩位先生從不互相攻擊。他們倒是商量好了，有計畫的為學生灌輸舊的，也灌輸新的，他們認為兩者都重要，不可偏廢。

其時，每年春末夏初，我在家裡還有個工作是曬書。書只有兩種，實在都是廢紙。幾大櫥子「制藝」，即為應舉而讀的八股文範本。那種書，都是木板刻本，竹紙印刷，用極細的絲線裝訂。搬起來軟軟的，一點硬勁沒有。打開來看看，一點不懂。單說題目吧，譬如「子曰學而時習之不亦樂乎」，這原是一句話。八股文卻會從上邊拿下三個字「子曰學」或是四個字「子曰學而」來做題目，看著彆拗，想著更覺彆拗。我每次翻開來看看，總是隨手放下，覺得十分納悶。

後來讀到周作人一篇談八股文的文章，才對八股文略有所知。八股文言之無物，然而音節鏗鏘，具有音樂成分。數月前，《中央日報》副刊南湖先生亦曾談及。數百年來，多少讀書人的精神和生命，為八股文折磨殆盡，如吳敬梓《儒林外史》所記，一片血淚模糊，令人不忍卒讀。但我們今天想找一篇來看看到底八股文是什麼樣子，也無處可找了。來臺以後，我一直想有人編一本八股文選集，冠以一篇八股文作法，留下一個標本，使此一變態文體不至泯滅失傳。可惜我的希望一直落空。月前，我把我的這一願望寫信告訴楊家駱先生，據楊先生函覆，世界書局已經有一本《制藝叢話》將出版，其用意正與鄙見相同。這真是出版界的一個可貴的珍聞。

我曬的書，除了那些八股文，就是五伯父留下來的德文典籍了。這些書，印刷裝璜，都極精美。可惜它的內容，我同樣一竅不通。

民國 10 年我在高小畢業，同班 13 人，我考了第一名。此事我冤枉。原來同班石兆麟和趙榮復兩人，我必須承認他們功課比我好，我應當是第

三名。但王友多先生以爲「王氏私立高等小學校」，絕不能讓外姓學生考第一，就硬說我的一張大楷和一張小楷寫得比他們好，給了個滿分，於是總平均分數，我就第一了。

我平常最恭敬王友多先生（他比我高兩輩，我父親叫他三叔），獨獨這件事情，我認爲他做得不公平。我對我所獲得的第一名，不但不以爲榮，反而覺得十分愧對石趙兩同學。

我家在我們的山海關巷子裡，只算是一個中等戶。兩家大戶爲冉香閣和筠松堂。他們都養著雙馬轎車和成群的婢僕，派頭大得很。我家裡大人總是囑咐我們小孩子不要到他們家裡去玩，因此我們從來不去。

我們倒常到較遠房的對松堂三叔祖父的畫室裡去玩。三叔祖父有一個從不發怒的好脾氣。自署爲「灘水漁郎」，是個畫家，山水人物都馳名於當時當地，求之者眾。但他偏愛畫奇奇怪怪的妖精打架圖，畫了又不收起來，隨隨便便不定那裡一放，我們小孩子都樂於去翻出來欣賞一番。

自傳

◎姜貴

　　我於 1908 年 11 月 3 日出生於山東省諸城縣城北的相州鎮。父親是漢醫，兼爲藥商。伯父鳴韶公就讀高密德國學堂。辛亥，參加諸城起義，爲清軍所殺。同時被難者三百餘人，叢葬於諸城北郊。這是另一個地方的「黃花岡」，惜其名之不彰而已。時清廷已「下詔退位」，只爲電訊遲緩，偏遠地區仍在繼續流血，未免冤枉。

　　伯父死事之年，僅 25 歲，留下伯母高密任氏，無子女。我經她選擇，立爲嗣子。北伐成功，定都南京，中央眷念先烈遺族，曾由中央撫卹委員會決議，給予卹金。錢還是小事，我們一家人所欣幸的是，嗣父殉國事跡，終於列入了開國文獻。對於他的身後，我們所能做的，說來慚愧，不過如此而已。

　　1921 年我到濟南讀中學，以後轉學青島。1926 年我和別的幾位嚮往革命的青年一路跑到廣州去。第二年在漢口目睹了「寧漢分裂」，即共產黨所謂之「1927 年大革命」。

　　（1927 年是中國近代史上一個關鍵的年頭。由「寧漢分裂」而「南昌暴動」，而「井崗山聚義」，毛澤東漸漸出頭，漸漸站起來了。）

　　1928 年冬天，我在上海認識了嚴雪梅小姐，她是一家德國醫院的護士，能操德語，與我同屬英國安立甘教派的教徒。第二年五月，我們結婚。她比我大兩歲。我們曾經長期同住在上海西藏路的「爵祿飯店」，隔一條馬路那邊是著名的「跑馬廳」。這是我們夫婦生活中最值得回憶的一段歲月。這一年我出版了我的第一部長篇小說，那自然是極其幼稚的「習作」。

　　「九一八事變」後，我到北平去接受大學教育。1935 年供職津浦鐵路，在徐州工作。此時日本軍閥侵華日亟，而我的生活環境正靡爛不堪，於是我寫了另一部長篇《突圍》。我希望我能突破我的生活圈子，而我的國家也能突破日本軍閥的圍困。

　　1937 年中日戰起，我將我妻安置在重慶以後，自己便投入軍中。從此，八年之間，我一直在豫鄂皖邊區一帶工作，中間一度擔任戰地視察，一個人徒步旅行，由鄂北沿桐柏山脈，越過已被拆毀的平漢、淮南兩鐵路，到達南京對岸的浦口郊外。往返七閱月，寫成一本小書叫《江淮之間》，記沿途見聞。

　　1940 年冬間，我妻由重慶來，夫婦得在戰時團聚。第二年，她生下第一個男孩，這時我們結婚已經 12 年了。

　　對日戰爭勝利時，我是湯恩伯將軍總部的一員上校。我在上海退役，轉業銀行，嗣又經商。1948 年 12 月舉家來臺灣，住在臺南，繼續經商。次年大陸變色，使我深感「國破家亡」的痛苦。又次年經營失敗，資金盡虧之外，還欠下許多債。為這些債務，我被訟經年，終告無事。對於這場官司，我不但毫無怨意，反倒覺得來得正好，它簡直救了我。不能還錢，讓債權人出出氣，免得天天「死逼」，把事情了了，還有比這更好的嗎？

　　我的經驗，打官司要不受冤枉，必須遇到好法官。好法官的條件有二，清廉，有擔當。有罪就是有罪，無罪就是無罪，敢判，不為外力所左右。但必清廉始能有擔當，能擔當者必清廉，二者實又二而一也。

　　那時我運氣好，兩審都遇到好法官。初審推事武忠森，即後來改業律師，常寫小品的武陵溪先生，他維護法律尊嚴，絕不馬馬虎虎，隨便判個罪，推出去了事。我這就受益無窮了。

　　終結我這場官司的二審法官是臺灣高等法院臺南分院院長程元藩先生。程先生身為院長，原不必親自審理案件。我的案子已經分由某一位推事主審，是我探知這位推事曾經移駕親訪原告律師，當然我不知道他們談了些什麼，可是我抓住這個理由，自撰自書，遞上一狀，如此這般，請求

免除審判程序，逕行判一個罪了事，因為我的官司看情形是冤枉定了。這張狀子一進去，原推事立即迴避，程先生就以院長之尊，親自出馬，主審我這件二審終結的小案子來了。

開庭之日，程先生首先問我，「你這張狀子是什麼意思？」我答，「沒有什麼意思。」程先生就極為自信的慨然說道，「我臺南分院就是這點硬氣，絕不冤枉哪一個。你放心好了。」

案情問完之後，他道，「算了。你欠人家的也不少，無奈你現在是真沒有錢了。」

程先生後調司法行政部刑事司長，卒於任，以清廉聞於世，好官也。

現在，事隔近二十年，我回憶當時情形，可能程先生對於那位推事的親訪原告律師，是也有點不大放心。與其換給另一位推事，到底不如親自下手，相信更能持平，更能得當。這種把民事當刑事告訴的官司，只要主審推事稍有人情上的或任何理由的偏頗，被告便萬無倖理。從這件小事，足見程先生的品高心細，司法尊嚴原是靠像他這樣的人來維護的。

1965 年多，我由臺南移居臺北。次年春間，我在中華路等公共汽車，遇到程先生也在等公共汽車，那時他已是刑事司長了。等車的時間很久，我忍不住上前致敬一番。他自然不認識我，我也沒提當年那檔子事。他和藹而又健談。對我而言，他是一位可敬的長者。

他去世之日，我很想以「無名氏」身分，到他的靈前一弔。想想而已，沒有真去。可是我曾經一再告訴我的孩子們，人間世並非沒有光明，光明發自像程先生這樣的人的身心之上，歷久而不滅，歷久而愈顯。我要求我的孩子們，永遠記住「程元藩」這個名字，永遠記住「程元藩」這個人。

現在，我還回過頭去再說我「以往從前」的事。

沒等官司打完，我一家生活早已陷於絕境。這是我有生以來初嘗貧窮的味道。這個味道不好，我卻同它結了不解之緣。費盡心機，做種種努力，直到現在，還是擺脫不掉它。

　　1951 年 9 月，我開始寫《旋風》，於次年 1 月 6 日脫稿。這部稿子一直不能印成一部書。在幾近六年之後的 1957 年 10 月，始改題書名曰《今檮杌傳》，自印 500 冊，分贈各方，以便保存。又兩年後，以吳魯芹先生之推薦，獲臺北美國新聞處協助，恢復原名《旋風》，正式出版問世。

　　此後，我又以 1927 年的漢口爲背景，寫成一部《重陽》。這是《旋風》的一個姊妹篇，都旨在說明共產黨如何會在中國興起。《旋風》重農村，《重陽》重都市，是其不同而已。

　　《重陽》於 1961 年 4 月，借用某出版社名義，自費出版。同年七月，吾妻去世。她於 1953 年因腦溢血導致半身不遂，臥牀不起者，已歷八年。她是一個賢妻良母型的女人，身爲護士，一生都在分擔別人的病苦。人皆有死。對於她的死，我不遺憾。只是覺得，讓她承受如此長期的沉疴折磨，實在太不公平。此事須問上蒼，可惜上蒼永不解答疑難。

　　《重陽》出書後四個月，亦即吾妻去世後一個月，忽然「禍從天上來」，我胡里胡塗地做了「刑事被告」。這一場官司打了整整三年半，才算遇到一位公正廉明的好法官，確定我是無罪的。

　　（有人看過電影《我要活下去》和《紐約七十六號街》，以及新近上映的《我無罪》嗎？請問，你有什麼感想？設身處地，你將如何？）

　　中國有句老話，「士可殺，不可辱。」歷涉重重陷阱，對於人生和社會，我有了新的看法。憑這一深入的新看法，我寫了另一部題名爲《碧海青天夜夜心》的長篇。這本書是由報紙連載，逐日寫成的。爲適應報紙的需要，未免用字過多。寫的時候，又正在打官司，隨時都可能被打入監獄，以致情緒惡劣，不暇深思。事後，我定下心來看看，覺得如果能刪去三分之一的篇幅，它將比現在爲簡潔、精鍊。我有意做這一工作，只苦沒有機會。即便是以後，這樣的機會怕也未必會有。因此，它將不可能以新面目重現了。

　　除去單純的以換稿費爲目的，臨時爲報章雜誌所寫的一些「應酬文字」，至今爲止，我在臺灣實在就寫了這兩部半書。但我有時覺得這也不算

少了。

　　近半個世紀，是中國社會動變最劇烈的年代，而我幾乎自始就親歷其境。因此，我有一個寫作計畫，想用三部小說把這種動變原原本本地烘托出來。這是一部文學作品，既不八股，也沒有口號，樸實無華，語不驚人。1967 年夏，夏志清先生曾經把這個計畫譯爲英文，推薦給美國某一基金會，申請兩年的補助。阿爾堪薩斯州立學院（現已改爲大學）的羅體模（Timothy A. Ross）先生也曾在美國多方張羅。都沒有結果。據說，他們補助的對象，通常是研究，而不是創作。

　　1968 年冬，我將計畫修改，以辛亥、北伐、抗戰三大事件，分別寫爲三部小說，以表現這一時代的動變之跡。盡人皆知，一部中國現代史和國民黨是分不開的。因此，我把修正計畫提給國民黨中央某一位與文藝工作有關的負責人。但也沒有下文。因此，只好把計畫放棄。

　　（1969 年 5 月 29 日，夏志清先生自美來信，仍然希望我把這三部書寫出來。他的理由是，身歷大陸這一時代，明瞭當時情形而又能寫肯寫的人越來越少了。他彷彿說，你不寫，沒人寫了。我感謝夏先生的鼓勵。但事實上已經沒有可能。長時間閉戶著書，這筆生活費用，從何而來？我將不再爲這種空洞不切實際的願望耗費有限的精神了。從來「玩物喪志」，固未有甚於「舞文弄墨」者也。）

　　在政治上，我是中國國民黨員。北伐、抗戰、勘亂諸役，均親身參與，追隨國民黨的路線。我是「民國 13 年改組」時以一個中學生身分入黨的。「改造」之時，適巧我因經商失敗負債被訟，以致耽誤了「歸隊」。後來我又重新加入爲新黨員。這件事情，我所損失的是多年的黨齡，而不是個人的政治立場。因此，我亦心安理得。

　　現在我鰥居。長年住在小旅館裡。是真四海無家，人生如寄，別有一番滋味。有三個男孩，都未成立。由於長期貧窮所造成的半飢餓狀態，使我和我的孩子們常常面對一些十分難堪的問題，急迫如「喫了早上沒有晚上」之類，我的精神爲此消耗殆盡。在這一問題沒有解決之前，我不可能

再安心寫作，自然也不可能再有什麼較堪自信的作品問世了。

——1969 年 6 月 9 日，姜貴定稿於臺北北門寓樓

附致編輯先生書

編輯先生：

　　這篇自傳，係應某外籍友人之堅請，情不可卻而寫。自傳，寫就要寫得真實。自傳而不真實，不如不寫。因此，我寫成了這個樣子。經過仔細考量，覺得應當先在國內發表，然後寄出。如國內不發表，也就不必讓它「放洋」了。

　　先生以為如何？

　　小人物寫自傳，是個天大的笑話。挨罵有份，弟所知也。明知故犯，甘願做一個笑話中的挨罵者，豈非自賤乎？我亦自知其不當矣。邦人君子，恕罪則個。

　　敬請

編安

弟 姜貴　敬上

——選自姜貴《無違集》
臺北：幼獅文化公司，1974 年 8 月

傷逝與感舊

　　民國初年，在北平和當地土著談話，常會聽到他們說，「26 年的時候」，如何如何。外路人往往不懂，追問起來，才知道原來指的是「光緒 26 年庚子」，公元 1900 年。這一年，八國聯軍進北京，后帝倉皇西遁，住在天子腳下的老百姓，倍受洋軍蹂躪。所以後來一提起 26 年來，那話就多了。

　　今天，五十上下的人，嘴上偶然也說出「26 年的時候……」這是指民國 26 年，而非遙遠的光緒了。民國 26 年，抗戰軍興，國人飽經戰禍，不說還罷，說起來也是沒完。但我現在不談當時那些軍國要聞，只談一點身邊瑣事。

　　吾妻嚴女士蒙主寵召，已逾十年，今年她勢須遷葬。為了接洽新墓地，我到新莊若瑟修院見過郭神父之後，心緒一直寧靜不下來。由於再次波興的傷逝之感，彷彿若有所失者終日，同時聯想起因抗戰而認識的一個「小人物」來，那便是我的勤務兵曾少華。他與我們夫婦，關係是太深了。

　　我於民國 26 年冬間投軍，駐地河南潢川。當進剿以大別山為根據地的匪「豫鄂皖邊區蘇維埃」時，潢川曾是國軍的補給重地，一時頗為繁榮。等匪「豫鄂皖邊區蘇維埃」被消滅之後，它便由絢爛歸於平淡。抗戰軍興，它成為徐海前線的後方，就又熱鬧起來了。

　　潢川縣是兩個城，南城與北城。潢川之水從兩城之間穿過，有一道相當雄偉的大石橋橫跨其上，聯絡南北二城，所以非常別致。桂人張任民氏

有詩曰：「潢川如帶繞雙城」，這個繞字是用錯了的，它是照直穿過，根本沒繞。

我一到潢川，他們就派了一個勤務兵給我，這便是曾少華。他是潢川南城的土著。二十上下，黃黃瘦瘦，但做事勤快，能說會道。他又會弄菜，我的喫飯問題，因他而獲得適當的解決。我自幼是一個淡食者，既不喫甜，也不喫鹹。天生如此，並非因故訓練而成。曾少華開始替我燒菜，我總告訴他太鹹。告訴了太多遍之後，仍然太鹹，雙方未免都有一點不大愉快。但從此以後，居然對了我的口味，不鹹了。過了幾年，我的太太來了。他背著我告訴太太，說他給我弄的菜裡，根本沒有鹽和醬油，不是白煮，就是白炒。

至今我喫沙茶火鍋，不用沙茶佐料，從鍋裡夾出來，稍冷一下，就往嘴裡送，根本是淡的。喫水餃，也從不醮醬油香油和酸醋。我曾說笑話，假如國家立法，喫水餃不醮醬油者，處六個月徒刑，不得易科罰金。那我就一輩子不喫水餃了。至於辣椒和蔥蒜，我更是望而生畏，看見別人喫，都會不太舒服。

我偶與章君穀兄在外小喫，我常要一碗不加鹽和醬油並免酸辣的酸辣湯，我喫得很對胃。但君穀總是搖著頭說，這是什麼喫法！君穀蘇州人，對於喫，講究而又內行。

但我是有我所喜歡的幾種佐料，喫廣東炒麵必用廣東式紅黃相間的辣椒（完全不辣的）芥末醬，撒西米佐綠色芥末醬，餡肉佐薑絲，煤牛排稍加辣醬油和番茄醬等等。

我這樣的口味，自然是極不尋常的，甚至是病態。但至今為止，我沒鬧過什麼病。一生兩次住醫院，一次為開扁桃腺，一次為痢疾。這場痢疾，我算冤枉透了。有年，我由北平回南京，車過德州，德州有兩樣名產，西瓜與燒雞。時當盛暑，零切的西瓜和燒雞，絕對喫不得，我是知道的。同車有兩位小姐，是到北平去參加護士會議回來的上海代表。我見她們買了燒雞大嚼，心裡忽然一胡塗，以為她們做護士的，衛生知識當然比

我豐富，她們能喫，想必喫得。於是我也買來喫了。這一喫，不打緊，一到下關，我來不及回家，就雇了一部汽車，直放中央醫院。

我的罪孽不是把曾少華逼成一個不用鹽醬的特別廚師，而是讓太太跟我喫了 30 年淡食。她自奉極儉，只有實在需要之極，實在不能繼續忍受的時候，才肯另外炒一個有鹹味的菜來自用。那時我家裡用著一個宜興二嫂，還有一個浦東小丫頭，她常跟著喫她們的菜。我一直勸她，她可以另備對她口味的菜，也拜託她的好友處州王惠敏小姐認真勸過她，她都不肯。她總不是跟我喫，就是跟宜興二嫂她們喫，怡然處之，毫不委屈。

在她去世已逾十年的今天，我回想起來，我應該在結婚之後，就開始慢慢練習改掉淡食的習慣，以適應夫婦間的共同生活。沒有什麼習慣是不能改的。我曾經依照她的意願，於民國 27 年 9 月 17 日把每天要吸 25 支的香煙戒掉。戒煙是痛苦的，痛苦延續至數年之久，但我戒成了。（曾有長文記其經過，在香港的報紙上發表。）戒煙 27 年之後，我又於民國 54 年 9 月 17 日把喝了 30 年的酒戒掉。戒酒容易得多了，數月之後，即完全不再想它。現在，我不煙不酒，自覺苦海脫離，有不再做煙酒奴隸的自由之樂。

煙酒這種頑固的習慣都能戒得掉，淡食有什麼不能戒的？40 年前，為什麼我偏偏不曾想到這裡，把淡食習慣改掉，夫婦共享同一的口味呢？

有道是「文章千古事，得失寸心知。」現在我比照這句話，要說「夫妻一世事，恩怨寸心知。」所不同者，文章是別人看得見的，夫妻生活則只有自己心裡明白，甚至連自己也不真明白。外間的評論，只是不負責任的閒磕牙而已，一定搔不著癢處。「放屁放屁，真正豈有此理」，僅可作如是觀。現在我覺得，30 年夫婦，我安於自己的淡食習慣，不會想到這應該遷就枕頭人。等到她死後十年，後悔已經無用，這才真正是我的罪。

一年以來，我為了減肥，在實行節食。當醫師問我，「你到底喫了些什麼，弄得這麼胖？」我告訴他，我是個淡食者，一生不喜油膩的食物，從來不喫肥肉。醫師是熟人，他就來不及急問，「那麼，你到底喫了些什

麼？」我回答他，「我喫了些白飯。」

醫師聽了，搖頭歎氣的說：「幹麼你要喫些白飯？這是最壞的習慣！」

他一提習慣，我就有辦法了，因為我有改習慣的本領。於是減食，「飯量」大減。減食比戒酒已容易得多，不好過的日子，僅僅一個月就過去了。我減食又成功。但體重減輕得很少，現在還夠 76 公斤，腰圍是 37 吋半。我的這位密師，已經全家移居美國，房子賣掉，好像是不回來了。因此，我暫時還沒去查明體重不減的原因。這也因為我聽了一位朋友的話，減食既已成功，體輕體重，就聽其自然吧。

聽其自然，是我最聽得進的。我常說，我就還剩一樣「嗜好」沒有戒掉了，那就是吃飯。但終有一天，我也要把它戒掉。這並非一個笑話，那一天遲早要來。時間一到，萬事皆休，胖點瘦點，也就都沒有什麼關係了。

話說得遠了，現在還回頭來說曾少華。數年之間，曾少華幫我辦了不少大事。

那時候，我一度旅行戰地，由鄂北出發，經鄧縣、唐河、沙河店，由駐馬店以北越過拆毀的平漢鐵路（駐馬店已被敵軍侵占），經汝南、息縣、潢川、商城，小住立煌。再由立煌動身，經六安，由下塘集越過拆毀的淮南鐵路。鐵路原址已經種了高粱，如果不注意，會不知道那曾經是鐵路。繼續東行，到登全椒西鄉的古河。全椒是《儒林外史》作者吳敬梓的故鄉。這時縣城正被敵偽軍占據，我們的縣政府設在古河。古河只是一條街的一個小鎮。我到達的這一天，唯一的一家客棧剛在開業。因此，沒有任何吳敬梓的遺跡可以尋訪。但在這裡已經可以買得到刮臉刀片，在大後方這是稀罕貨錢又便宜，我就盡量多買了一些。以後一直用到抗戰勝利，回到上海，還沒用完。

那時，新四軍還沒被繳械解散，他們的駐地是第三戰區，在大江以南。但古河居然有個新四軍的王團長在公開活動，不過我始終沒有遇到過這個人。我不明白，為什麼准許他在這裡活動？

　　同樣令人難解的事還有一件，順便在這裡一提。河南泌陽與確山之間，有一個小地方叫「溝竹」，地圖上作「竹溝」是錯的。有個土共頭子名叫王老漢盤踞在這裡，他有多大實力我不清楚，但聽說延安匪「抗日軍政大學」居然有溝竹分校。溝竹地方雖小，王老漢占作山頭，儼然小朝廷，別有天地。圍繞在溝河四周的國軍不下數十萬，何故由他稱孤道寡，不予問聞？這是我直到30年後的今天還想不通的。

　　我路經溝竹附近，前後共有七八次，每次我都想去「拜山」，看看這位王老漢到底在搞些什麼名堂。但每次我都沒去。這不是因為我怕。我知道只要我去，就會受到客氣的招待，卻什麼名堂也看不出來。去，只能滿足一下個人的好奇而已。我之所以沒去，是為沒有奉到命令。擅自行動，引起誤會，那才是我所怕的。同樣理由，我在古河也沒有訪問那位「王團長」。

　　由古河去和縣。和縣在長江北岸，城內城外，早已被敵機炸得一片瓦礫。江心有個大沙洲，由北岸乘木船渡過湍激的江汊，到達大沙洲，隱伏在灌木叢中，偷窺敵艦在大江中來去。

　　自和縣沿江而下，過烏江口，抵江浦縣境，已經可以望得見紫金山了。這個烏江口，是否就是當年項羽拋卻美姬名駒，兵敗自刎的地方，我沒有考查。時江浦縣城亦在敵偽手中，我們的縣政府設在烏江口以北的一個小鎮上，地名今已忘記。我在《自立晚報》星期文藝版上寫過一篇〈盜官眷〉，就是我們那位江浦縣長的真實遭遇。他在縣府處理要公，深夜未歸。家裡老母妻子等一大家人，就被由浦鎮偷襲過來的偽軍給盜走了。實情如此。不過，以後由一位江湖客給盜回來，那就是我編的小說故事了。我曾拜望這位縣長，面致慰問。他那一副憂鬱而為難的面色，事隔30年，至今還清楚地留在我記憶之中，恍如昨日。但然忘記了他的姓名。以後他事情是怎麼解決的，我是不得而知。果真有人給他盜回來，那就好了。

　　返回全椒，經界牌集，由羅集越過淮南鐵路的廢址。趕到壽縣，住在一家僅有我們一行三位客人的清靜而又清潔的客棧裡，做徹底的休息，至

半月之久。

　　壽縣城內多閥閱世家，房屋高大，街道整齊。聽說合肥城內，氣派更大，遠非壽縣所能企及。可惜淪於敵偽之手，我不能去。壽縣北門外，緊靠城牆，就是南北狹長的瓦埠湖，一片湖水汪洋。湖裡出產一種通體透明的「銀魚」（如果名實相符，就應該叫做「晶魚」），煮湯，頗為鮮美。

　　我由鄂北出發的時候，由保甲上要來一名臨時挑夫，挑著我的簡單行李，我與曾少華徒步而行。長途跋涉，我每天只能走 5、60 里路，走幾天還要休息幾天。當戰事緊急，不是不分晝夜、急急趕路便有落入敵手的危險之時，有一種藥物服下去，便身輕如燕，健步如飛，日走百數十里不疲，那真是仙丹一樣的東西。我經常隨身備有這種特效藥，但不到背臨敵軍追擊，為了逃命的時候，絕對不用。因為它有嚴重的習慣性，一染上習慣性，就起反作用，反而不靈了。這次是在敵我相安，沒有戰事時的戰地考察旅行，路程既遠，時間又久，當然我不用藥，只是按照自己的腳力所能，做漫遊式的前進。

　　我們沿桐柏山脈北麓東行。不時看見山巔有堡壘式的廢城，據說這是鬧長毛的時候，老百姓賴以保命的防禦工事。彼時戰爭的遺蹟猶在，我們現在又進入另一場戰爭。兩次戰爭都夠殘酷，規模都夠大，時間也都夠久。代代相承，爭戰無已，人類歷史是一部「相斫書」，確屬實情。

　　保甲上派來的挑夫，只管送一天的路程，第二天他回去。因此要每天換挑夫，是非常麻煩的事。到了唐河，曾少華憑其三寸不爛之舌，雇到了一個長期挑夫。這個人是個瘦高個，服藥成習慣性。有固定收入，對他是有益的。於是我們一行，成為三人。

　　一天，我們正迎著初升的朝陽，越過一道嶺頭。見我軍正在嶺頭布防，架好了機槍陣地。我們立刻止步，正在想了解一下情況的時候，東面敵砲已經打上嶺來，青煙映著朝陽，我馬上聞到了濃郁的火藥味。我軍以機槍還擊。我們三個人這就不能東行了。只得來個向後轉，向西急走。因有我軍部隊亦在向西撤退，我們就跟定他們。他們走，我們也走；他們

停，我們也停。因為我和曾少華都身著軍服，他們也就不問，由我們跟著
走。雖是大部隊，但行軍起來，沒有一個人說話，甚至休息起步，連口令
也沒有。沉默得使人緊張。這樣一直走到第二天早上才停。走走停停，一
共二十幾小時。

　　休息了幾天，我們知道並沒有戰事。那天敵軍的活動，只是試探與騷
擾性的小攻擊，一經接觸，即行退去。於是我們繼續東行。到了立煌，因
為一位帶學生工作隊的朋友新買了一匹駿馬，要把原有的灰色馬賤價賣
掉，我便以 70 元法幣把它買下來，這才有了代步。到了六安，我買了一副
西式的皮鞍子把木鞍子換掉，這匹灰色馬就顯得神氣了許多。人要衣裳，
馬要鞍裝，這句俗語確實不錯。雖然有了馬，但曾少華與挑夫步行，我只
好乘馬而仍保持原來步行的速度。

　　路都是破壞了的。有次越過一條橫溝，溝寬了些，又有積水。我不能
躍馬而過，只得下馬，自己跳了過去。跳得這樣遠，對我是勉強了一點，
用力過猛，右膝關節受傷。當時不覺得怎樣，以後每逢變天，便隱隱作
痛。兩年之後，我沿漢水西去漢中，給朋友留住在安康城內的一家旅館的
樓上，病情嚴重，上樓都困難了。我暗暗憂慮，怕漸漸變成殘廢。幸而走
平路還沒有問題。一天下午，我閒步大街小巷，發現一家大門旁邊貼著一
個紅紙招：出售山東黃酒。這是吳佩孚所欣賞的一種土酒，我喝過，酸酸
的，不算佳釀。但我是山東人，為抗戰來到遙遠的漢水，一時就動了家鄉
之思。走進去坐下，燙得熱熱的，喝了半斤一大碗，濃度高而沒有酸味。
時當秋令，喝完了，當時就出了一身汗。回到旅館上樓的時候，就覺得已
經輕鬆。第二天一早，動身繼續西行，右膝關節痛從此霍然而癒，30 年不
曾犯過，它是好透了。半斤山東黃酒，治療力量如此之大，完全出我意
外，事先且聞所未聞。因此，漢中回來，我決定在安康停留，務必學會這
種山東黃酒的釀造法。我在安康有朋友支持，如果他不肯傳授，我將辭去
軍職，將家眷由鄂北遷到安康來，長期和他泡上。花錢、套交情、卑躬屈
膝、磕頭拜師，所有軟求的方法，我都能使得出。相信人是有感情、講面

子的，最後我一定得到真傳。

　　一路乘船而下，幾乎就只盤算了這一件事，那晚到了安康，趕到老地方一看，遠遠不見紅紙招，我的心便往下一沉，緊走兩步上去，酒館的形式已經沒有了。問房東，釀酒的山東人走了，去了那裡不知道。當時我失望極了。呆了半天，又生幻想，以為山東人也許還在安康，只是換了地方。人的謀生方法，改變起來，諸多困難。交通困難，舉家播遷，尤非易事。於是我在安康一住半月，走遍城內城外每個角落，到底沒有線索可尋。這才廢然而返鄂北，趕上過舊曆年。

　　現在正有人尋求中國祕方，實驗其靈效與否，我因此提到這個山東黃酒的故事。另有一事，也順帶一提。先室嚴女士在九一八之前，是上海寶隆醫院畢業的護士，據她告訴我，寶隆醫院的德國醫生有一張中國草藥的藥方，凡有病人需要退燒，試盡各種西法無效的時候，就教人到中國藥舖裡去照這個方子買藥回來，煎而服之，其燒立退。德國醫生把這個方子視作退燒的最後法寶，從不輕易使用。吾妻背得出這個方子來，藥共七味，我現在只記得有荊芥、防風了。這不是祕方，凡屬中醫，大概都知道。

　　再有一事。我家住在鄖縣城西「亂石爬」荒村，距城不到五里，但隔一條漢水。吾妻忽小產，產後發高燒。「產後燒」是險症之一。那時她是一家頗具規模的後方醫院的護理長，就醫甚便而無效，高燒不退，將瀕於危。我就暗暗想改用中醫了。城內有一位名中醫，曾任縣長，會彈中國古琴，醫道不壞，門診茂盛。我親自去請他，他立即答應到「亂石爬」出診。但等到用轎子去接他的時候，他竟爽約不來。原來太太不許。太太以為門診已經夠他應付的了，不能再出診。他懼內成癮，是個 PTT 主義的忠實信徒。太太不許出診，他就不出診，誰也奈何他不得。

　　別的中醫，當然也有的，但我又相信不過。到均縣去請我的朋友名醫蘇子靜先生，復遠不濟急。無已，決定自己動手，並決定用「加味逍遙散」。我跑到城裡去把病情口述給這位 PTT 主義者聽，問他可不可以用加味逍遙散。他非常慎重，表示沒有看病，不敢說應該用什麼藥。這就非我

自己當機立斷不可了。於是使用「加味逍遙散」就成爲定案。

我從城裡把藥買回來，親自煎了，給她服下去。爲了加強病人的信心，我告訴她，問過 PTT，PTT 說，用這個方子剛好對症，一定有效。話雖如此說，我表面也鎮定，心裡可七上八下了。我是一把雛手，症是險症，唯恐藥不對症，闖出禍來。一直守著她到半夜，量量，燒已退清，額角微汗。第二天早上，把藥煎了第二遍，服了。不再有變化，一藥而愈。

後來我到均縣，把我的辦法告訴蘇子靜先生，子靜不認爲此症該用加味逍遙散。我沒和他辯論。因爲對此症而用此藥，僅服一帖而全愈，已經有事實爲證，還辯什麼？

加味逍遙散也不是祕方，是中醫都知道。但我現在因爲荒疏過久，反而開不出來了。

「醫話」表過，還說我的戰地旅行。

自從由西而東，越過淮南鐵路，我們就旅行在敵我分據，犬牙相制之中。敵軍有點無面，據守在點內，夜晚僅做防禦，絕不外出。白天，偶爾小股外出，做騷擾性的「掃蕩」。假如遇上，那是非常麻煩的。

我和曾少華在如此特殊的地區旅行，始終穿著國軍制服。我們所以不換便衣，因爲這套制服給我們極大的便利。淪陷區附近的同胞，對於穿國軍制服的過路客，總是親切地給予適當的照應。那條路最安全，那條路可能遇見敵軍，那條路萬萬走不得。照他們的指點行事，萬無一失。有時，前面情況不明，我們就求助於鄉鎮公所，他們派人給我們領路，忽左忽右，幾個彎子一轉，危險區已經脫離，目的地到達。假如白天過分冒險，安全無把握，就等到夜間通過。不止一次，敵軍在牆內，我們從牆外不遠處走過，人在敵人步槍的射程以內。

有一回，太陽已經偏西，我們預定趕到前面一個小村裡過夜。而前面忽然接連幾聲槍響，我們只好停下來。等了好大一會，不再有動靜，我們就繼續前進。走不多遠，發現兩具便衣男子的屍體，血流殷然。荒郊四顧，杳無人跡。我們仍然趕到預定的目的地去過夜。像這種事情，只能說

是我們運氣還好。

　　曾少華和那位唐河縣的挑夫，與我一路做此旅行，從無畏懼，而有履險如夷之樂。每次投宿，曾少華總是先找一個適當的牀位，把我的行李攤開，蚊帳掛好，然後再去給我弄飯。夏季天熱，爲了便利，我也學慣了擦身而不洗澡。換下來的衣服，曾少華拿去洗了晾起來。第二天照例天不亮就起來，他把我的行李收拾了，就急急動身，趁早涼趕路。走到太陽很高了，才找地方用早餐。自從買了馬，曾少華又兼做馬夫，對於養馬，他也不外行。總之，一路之上，他與我同樣冒險而比我辛苦得多。至於挑夫，他除了挑一擔很輕的行李之外，其他的事情一概不管，他是輕鬆的。

　　壽縣休息之後，我們就經正陽關、潁上、阜陽、新蔡、確山，繞道溝竹以北的沙河店，到達南陽。時已入冬，南陽城外遇雪，雪中試馬，別有一番樂趣。

　　夏去冬回，我這次戰地旅行，歷時七個月。三人一馬，也算浩浩蕩蕩，卻只用掉法幣 1200 元。

　　回到老河口，接信，吾妻在重慶一病幾死，現在康復中。抗戰何日結束，難以預知，夫妻長時期兩地分居，不是辦法。於是我決計把太太接到鄂北來。事先聯絡好了，吾妻乘船到宜昌，曾少華去接她。次年春間，曾少華動身去宜昌之後，我就趕到樊城去等他們。估計時間，他們應該在宜昌見到面了，而隨棗方面發生戰事，宜昌同時告急，宜昌至襄樊的公路是被切斷了。我在樊城，十分焦急不安，而又沒有辦法可想。但我相信曾少華不是一個沒有辦法的人，他有足夠的應變能力。一天，我躲警報躲到樊城郊外，時正中午，忽覺日色昏黃，與平時有異。擡頭一望，太陽外圍忽然多了三個顯明的白色的圈圈，一個比一個大，把太陽圍了三圈，歷久不散。有老農牽牛而過，我指給他看，他道：「日套三環，兵馬不閒。」原來這是早就有說法的。

　　抗戰期間，我見過一次日全蝕，地點在鄂西北。午後不久，晴天無雲，太陽忽全蝕，彷彿剛剛入晚，較大較亮的星星出現了不少。兩種天象

都難得一見，但至今爲止，我還是覺得「日套三環」來得稀奇。

隨棄敵軍退去，宜昌失守，曾少華一個人回來了。他接到我妻時，歸路已斷，宜昌晝夜被炸。這時只有一個辦法了，即吾妻仍回重慶。船是有的，但不靠碼頭，須涉水上船，而水深及胸，秩序又混亂到極點。你推我擠，只要是倒在水裡，就做了別人的墊腳，極少有爬起來的機會。吾妻身短，水比她深。曾少華當機立斷，冒死把她背上船去。他返身下船，人還要回到岸上，船已經開動。一個婦人，自己已經上了船，她的孩子沒上來，她急了一陣，一躍入水，便沒見她起來。

這年秋間，我住在鄖縣，小城生活，十分安定。親去漢中接吾妻，不曾接到。就再派曾少華出馬，獨當重任。這一次的路線是，吾妻乘輪到奉節，曾少華從奉節雇滑竿把她擡到鄖縣。一路翻山越嶺，歷盡艱辛，這回到底接成了。以後不久，曾少華因爲成家，在縣南門裡開了一家燒餅鋪，才離開了我。

民國 34 年 8 月，抗戰勝利，我一個人先急忙趕回上海。第二年春天，又是曾少華把我的一妻兩子（從奉節接到縣後生的，過去不曾生育），由鄖縣順漢水一船送到漢口，改搭輪船到上海。時我在無錫，曾少華特地來無錫和我盤桓了幾天。此次別後，遭逢世變，消息就隔絕了。

曾少華是一個急人之急，視他人之急如己急的熱心人。對我之忠勤，始終如一。最初，他是我的勤務兵，以後歷共患難，屢當重任，爲我與我妻一再冒死辦事，關係越來越深，我們早已變成朋友，成爲我小家庭中的一員了。他如果知道我妻已經不在人世，他會痛哭；如果看見我的兩個孩子（他見過的）已經長成，他會高興。想想他，現在也是五十開外的人了，孩子也二十大多了。可惜竹幕低垂，我們已經被殘酷的隔絕在兩個不同的世界裡，根本失掉了聯繫。我深深了解他的個性，他是不適合在暴政之下生存的。他最富同情心，而共匪最不要的就是同情心。他看見不合理的事情，就要開口說話，爲此喫過許多虧，甚至給人家揍過，但天生仗義的性情，他就是改不了。共匪是要只要是他們指黑爲白，就要人毫無疑問

地隨聲附和，承認黑是白的，「你們永遠沒錯兒。」他的固執，怕不易適應。

　　但我強烈地盼望，他能多忍耐，盡量委屈，好歹活下去。暴政必亡，是一真理，絕對不是宣傳八股。我們要回去的。我一回去，就設法尋訪曾少華。我已戒酒，但再遇到曾少華的那天，我要破戒，和他一醉。我要他再親手炒一個菜，我們共食；下鍋之前，我要特別交代他：「你不妨稍加一點鹽和醬油，不必完全是淡的。」他聽了我這句話，一定會大笑。雖然他已經無法告訴我妻，我的口味已經改變。但我聽到他那一聲笑，對我妻跟一生淡食的事後歉疚，一定會覺得這可輕鬆多了。

——選自《自立晚報》，1972 年 6 月 4 日，第 8 版

護國寺的燕子

◎姜貴

一、少年立志

一個二十多年一直失業的人，忽然得了「職業病」，也算是一件怪事，然而確有其事。

民國 37 年冬天來臺灣的時候，我自己有間門面，做點小生意。這是我的職業，也是我的興趣。苟全性命，不求聞達。我以為生當亂世，如能將本求利。老婆孩子一家人平平淡淡的生活，以老以終，一輩子姓名不見報，死後亦無訃文，這便是最大的幸福。我如此立志，一定有人會說我太沒有出息，但我是認真的，也就不在乎人家怎麼說了，沒出息就沒出息吧。

不幸事與願違，小生意做垮了，再沒有翻本的機會，從此由商人一變而為失業者。這是民國 39 年的事，你算算看，有多少年了。

我幼年被迫學詩，常被鎖在屋裡，不做出一首詩（多數時候是七絕）來，絕不釋放。苦不堪言，視為畏途。於是我想，古人已經留下許多很好的詩，我們現成讀讀，盡夠享受的了，何苦又自己費事巴力的去做，做又做不過他們，徒然獻醜，所為何來！因此，我長大以後，一輩子只偶然讀詩，而不做詩。

不僅詩也，我對一切文學作品，都抱這樣的態度。寧為讀者，不為作者。

延而伸之，也寧為食客，不為廚師；寧為看客，不做演員；以至寧為

小民，不做大官。（當然，想做也做不上，但那是另一問題，不在話下。）

小民只要不違警，不犯法，便不受干擾，自由自在。大官則不然，國家安全，民生疾苦，已經壓得他有氣難透；而記者、電視、祕警等等，又不眠不休，步步緊跟，一言一動，都被傳播，私人生活全被剝奪，真想不出來他還有何生趣。所以大官們說他做官是為國犧牲，是我不入地獄誰入地獄，我百分之百的相信，沒有絲毫懷疑。

大官們把國治好了，小民享福，也等於寧為讀者，不為作者。我這種淨圖現成的態度好像很自私，但如果你讓我說實話，我就沒有冠冕堂皇的門面話好講，這真太不景氣。

有一對山東夫婦，民國 38 年來到臺灣，人生地疏，舉目無親，手上又沒有什麼錢，覺得以後的日子不但難過，還怕過不下去。兩個人一商量，跑到海邊小鎮的一個小喫攤上，每人喫了一碗陽春麵，然後手牽著手，便往海裡直走，越走越深，最後給浪頭捲去，海底龍宮裡給龍王爺報到去了。這對夫婦我不認識，但很多山東老鄉都說得出他們的姓名來，實有其人，並實有其事。

我生意垮了，也面對嚴重的生活問題，卻沒有想到也去跳海。太太已經多年不做事了，她是個正式護士，那時臺灣缺護士，她就去某軍醫院做上尉護理長，後來又轉到某一公營事業的醫務室去，待遇三倍於上尉護理長，一家生活賴以解決。

這就輪到我在家「主內」，太多的空閒時間沒法打發。想到今天落魄，都是共產黨害的，這是史無前例的事，沒有現成好圖，讀者做不成，我就違反了自己一貫的原則，硬起頭皮來做了作者，寫了一部《旋風》。

二、度小月

太太病倒，生活的擔子又輪到我的肩上。因為《旋風》的緣故，有人找我寫稿，為了稿費。我就又做作者。臺南有家賣擔擔麵的，叫做「度小月」。小月者，不景氣的歲月也，藉賣擔擔麵度過不景氣的歲月，故曰度小

月。我客串作者，也是度小月的意思，絕對不是想做作家。我多方努力，尋求機會，希望在就業之後，恢復不爲作者的原則。

我這樣說，是有憑有據的，除上面說的少年立志，寧爲讀者之外，試更一一言之如左：

做爲一個現代作家，單單埋頭苦寫是不夠的，必須放眼世界文壇，多看看人家的東西，始可望有進，提高自己的水準。弄通一兩種外國文字，這就絕對必要。我因抗戰從軍扔下的外文，戰後忙於經商，沒機會再弄。但來臺以後，如有志於文學，就該在這上面多下點功夫，這很方便，亦不太難，但是我連想都沒往這上頭想過。

有人以爲耍筆桿是人生末路，一爲文人，便無足觀。其實，文人需要具備若干條件，並不簡單。所謂無足觀者，大約指的是那些跡近冒充的空頭文人。因此，我從不以爲自己是「作家」。我不參加文藝團體，不奔走文藝領袖，辭謝文藝講話，完全置身於「文藝圈」之外，就爲這緣故。我偶或被人稱爲作家，總是汗毛直豎，不以爲榮，反以爲辱。

雖如此，我又不得不寫，那是因爲失業，爲度小月，欲罷不能。我一直鑽門路就業，也常買愛國獎券，無非希望擱筆不寫。不幸期待十餘年，仍然落得一場空。

而真正要靠寫作生活，過得不太苦，就必須一年 365 天，天天寫之不休。這，我做不到。我的辦法是，寫長的，不寫短的。短的，費事而不值錢，算盤打打，不夠飯錢。長稿，如果能找到地盤，就夠喫一陣子的。但有利必有弊。短稿，三天兩天就登完了，縱然有人不快，也來不及反對。長稿則窮年累月，同一題目，同一作者，天天見報，就一定有人厭煩，善意的或惡意的。文字這個東西，有點像魔術，可以從正面解釋，也可以從反面解釋。明明你在喊萬歲，有人會說那是「挖苦」，那是「反語」；那不是真心的，該用測謊器弄明白，別給他騙了。而背後專門挑眼，專做這種地下工作的人多。

反之，有人專寫「格言」，指導青年，你們要這樣這樣，不要那樣那

樣，官板官眼，一片正經，這該沒有問題了吧。其實並不盡然，背後指摘那些格言是糖衣毒藥，是新品種鴉片煙的，大有人在。

因此，我每次寫長稿，總是慎重了又慎重，字斟句酌，不稍大意。（我原是一番好意，果然弄出事來，就不值得了。）見報之後，每日提心吊膽，如坐針氈。就我而言，寫稿度小月，既違反個人興趣，又是一種苦刑。

我這樣子度小月，一度十餘年之久，個人活了下來，帶大了三個孩子，發送了一病八年的太太，不能說度得不好。比上不足，比下有餘，許多同胞之中，過得比我不如的多得很，至於就業，不是具備多種先天的和後天的條件，就一定就不成，我也明白。但你不能怪我想它。好夢是人人希望作到的，假如一個人連作好夢的希望都給打消了，那個社會也就很值得懷疑了。

三、錦瑟華年

不該的是，前年（民國 64 年）春天，我忽然病了。把度小月的本錢，一總輸得光光。只要提起筆來，面對稿紙，我便目搖手顫，精神恍惚，文思斷續，不能聯綴。放下筆，收起稿紙，離開寫字桌，出去走走，就恢復正常，其疾若失。我心裡明白，我是需要休息了。這以前，我剛爲《中國時報》寫了小說大展，那時情況還很好，隔了沒多久，不圖惡化至此。而最最不湊巧的是〈錦瑟華年〉剛在《中國時報》開始連載。這是一個北洋軍閥的「鬧劇」，大約十五萬字。是我向「人間」主編提議，他請示過老闆，經老闆同意，我才動手的。我一依過去寫長篇連載的辦法，邊寫邊刊，自以爲輕而易舉，沒有問題。哪曉得刊了沒有幾天，我就得了這個已經不能寫了的毛病。時間太不巧。假設病發得早些，這篇東西根本上不去；發得遲些，已經寫完了。偏偏不早不晚，病發在剛剛開始連載的時候，我這就難了。

我先使用鎮定劑，完全無效。而其他的醫療方法，都是緩不濟急的。

有人說，某種藥酒對此有效。我已滴酒不飲者十年，聽說用藥酒，很爲難了一陣子，爲了救急，決定破戒。服用這種藥酒，有嚴格的定量，也就是說，絕對不許過量。但我照服之後，又是完全無效。

這怎麼辦呢？我那時真是煩悶極了。

反正酒戒是破了。就喝點酒，解解悶吧。於是我一杯在手，立刻灌了個半醉。醉後試筆，大大出我意料，居然運筆如飛，一口氣寫了幾千字。我記掛著報社裡大約已經缺稿，不等酒醒，立刻親自送去。如釋重負，頗有遇救的感覺。

「人間」是十天以前發稿，我的「醉筆」兩星期後見報了。我自己看看，大喫一驚：這哪裡是我寫的東西！假如是我寫的，那時一定有鬼附身。其實，東西是我寫的，一點不錯，也沒有鬼附身。不過醉言醉語，不知所云，甚且語無倫次而已。

事後檢討，「醉筆」也不一定不能用，但必須擺它一夜，等第二天早上酒醒透了，再好好整理過才成。可惜我無此經驗，又慮不及此，這才鑄成大錯。尤其使我不安的是主編對我太過客氣，是我送了去的稿子，不論好壞，一概照發不誤，以致破壞了「人間」的水準。我個人砸鍋事小，此則所關者大，太對不起「人間」廣大的讀者。（我趁此機會，深致最大歉意。）

（夏鐵肩兄編《中央副刊》，我上過兩個長篇，《喜宴》與《白馬篇》，夏兄常因一字一詞稍有疑問，便來電相商，此是另一種作風。我心常感之。）

以後我離開臺北，聽說「人間」主編換了人。我消息極不靈通，不知道是不是我的「醉筆」闖出來的禍，果真是的，那真是我的罪，恐怕空口道歉是不足以補贖的了。我希望不是。

話扯遠了，還回來說〈錦瑟華年〉。我病得寫不下去，「醉筆」又根本要不得，我這才想到最好是停下來。我這麼想，報社也這麼想，這篇東西就「腰斬」了。（腰斬不一定是一個壞名詞，它只是表示沒有完篇便停刊了

而已。爲了便於了解，我在這裡用了它。但對作者而言，腰斬的時間是遲了些，假如提前十天或一星期，情況要好得多。）應該說明的是，腰斬是腰斬了，但報社付足了我 15 萬字的稿費，對一個爲稿費而寫的作者而言，這一事件顯然是我對不起報社，而不是報社對不起我，雖然我並不是有意的。

民國 66 年 4 月號《書評書目》43 頁司陽先生說：「不論多麼偉大的作家，只要他經常發表作品，總難免有『失手』的時候。」77 頁楊牧教授說：「你一直在寫，偶爾發表幾首不算最好的作品，別人不會太驚奇，因爲創作本來就有起伏的現象，大家都一樣，你的心裡也就不會有太大的負擔，深怕別人批評你『退步』。」

這兩種說法（其實二而一也），都不足以解釋〈錦瑟華年〉的糟糕的失敗。

我承認我的小說分兩種。一種是有感而發的，《旋風》、《重陽》各一部，《碧海青天夜夜心》半部而已。另一種爲度小月賺稿費而寫，我自己都不重視。周錦先生《中國新文學史》（779 頁）卻有這樣的批評：「只要細心讀一下他的所謂應制（爲了稿費）之作，再和當代那些暢銷的腐蝕人心的文字做個比較，就會發現還是不同的。他仍舊是要爲了這個社會，爲了這個時代而寫下一點什麼，而且本著文人的良知。」

但〈錦瑟華年〉是不足以語此的，〈錦〉是一個病人的醉語，前已言之。到底我這算什麼病呢？

四、失業者的職業病

在我擺脫了稿務之後，我就到臺大醫院精神神經科去做檢查。（病歷號碼 1270501）。兩位青年醫師單獨和我在一間診療室裡從九點一直磨古到 11 點，望聞問切，鉅細靡遺，最後兩個人商量著寫了病歷。等了一會，把我帶到另一間較大的診療室裡。有位四十多歲、約近五十歲的教授坐在那裡，他抽煙，是個卡萊格倫型的美男子，可惜我一直沒有機會知道他的尊

姓大名。（很盼望有人告訴我。）團團而坐的青年醫師有七八位，我挨近教授坐了，做為一個新病例，活標本，教授時而英語，時而國語，好好的給那些青年醫師上了一課，補做了先前那兩位醫師應做未做的檢查（這自然有關診斷）。然後，他對我說：

「這是一種職業病，叫做『寫症』。」

他隨手用原子筆把「寫症」這兩個中國字寫給我看。

「作家、新聞記者、打字員這三種人常會得這種病。限定時間一定要趕出多少字來，寫你所沒有的，寫你所不熟悉的，把你不喜歡的寫成你喜歡的，或把你喜歡的寫成你不喜歡的。譬如你討厭張三的小人行為，但老闆要你把他寫成一位君子。總之，寫一些違反你的意志和你的愛憎的人或事。久之你就會怕提筆，怕見稿紙，神思不屬，手顫不能成書了。」

他重複又說：

「這是一種職業病。」

我這才恍然大悟，我一直以為我寫稿是為度小月，不承認自己是作家，尤其不承認是職業作家。但一寫十餘年，事實上已經是職業作家，我承不承認，全無關係。我不承認，也避免不了我得職業病。這實在是長期度小月的悲哀。

聽教授接著又說：

「這種病，以前是無藥可醫的。現在，有一種新藥，臨床的效果還不錯，我開給你喫喫看。」

整一上午，教授帶著六七位青年醫師，就看了我這一個病。等我拿了一星期的藥走出醫院的時候，已經下午一點多了。這一天是中華民國 64 年 6 月 9 日。

藥分兩種，一種白色的，早晚各半片；一種粉紅色的，每日三次，每次半片。照服之後，不見功效。一星期後複診，教授和那些年青醫師都不在場，換了一位主治醫師宋成銘先生。宋醫師大約三十六歲，高大健壯，聲音洪亮，態度和藹。在候診的時候，我就聽見一些「老」病人有口皆

碑，都說他醫道好。他把我的「處方」修改了一下，白色藥片停服，那是鎮定劑；粉紅色的仍每日三次，每次改爲一片。以後加到每日四片，他說這是最大量了。這種粉紅色藥片，就是教授所說的對「寫症」的新發明藥，過去沒有的。我適逢其會，不能不算運氣。

現在，我已經知道，病是慢性的，急切好不了。適朱尉君（朱夜）兄將移民南美，有天晚上我打個電話給他送行，提到我有意離開臺北，找個清靜的地方住一住。他就建議我到臺中去住廟，因爲他認識一位住持。也巧，過了兩天，這位住持到臺北來了，他在一家素茉館爲朱夜一家餞行，我也被邀，見了一面。於是我離開了一住十年的臺北。臺北這個地方，像北平上海一樣，住在那裡的時候，儘管覺得它不好，離開以後，卻會想念它，比較之下，還是住在臺北好。假如有合適的房子，我隨時都會搬回去。

五、護國寺的燕子

我從民國 64 年 8 月 31 日起，在臺中某廟住了整整五個月。於次年 1 月 30 日（這一天是農曆大除夕，次日爲丙辰年元旦）移居霧峰鄉南柳村護國寺，這才真正享受到住廟之樂。

護國寺是一片六十多年的矮矮的老屋，占地千坪，前後大院子，有花、樹、茉圃。左右幾戶農家，雞犬相聞。我一到這裡，就有回到我一別數十年的原籍故居的那種感覺，因爲情調太相似了。

由霧峰至此，計程車 25 元或 30 元。跳表是 22 元。但計程車在鄉下不興跳表，還保持喊價還價的古風。如搭公共汽車，則尙須步行 15 分鐘始達。由護國寺外出，則必須步行這 15 分鐘，始有車可搭，公車或回程計程空車。對外通電話，也是這樣。南柳沒有電話。附近有「種菇廠」的煙囪，幸威力不大。隔多少天，偶然有直升機由空中經過，也微不足道。總而言之，南柳村是清靜的。護國寺一年有兩次法會，農曆，一次在正月，一次七月，都當天就完事。每月初一十五，有時開大門，有時不開，開與

不開，都沒有幾個香客。

住持如虛法師，原籍河南，退伍軍人，道行頗高，而記憶力特強，待人尤其厚道。他現在是臺北慧日講堂的住持，護國寺爲遙領、兼任，由他的大徒弟代理，負實際責任。他每月回來一兩天，爲信徒主持一次進修法會。記得去年九月他到臺北「晉山」的時候，隨身僅有的一件行李，最多有一袋麵粉那麼大，提在手裡，頗爲輕便。我以爲他必是把東西留在護國寺了。過了幾天，他的房門開著，我一時好奇，走進去看看，一板床、一板桌之外，什麼也沒有。我這才知道，一袋麵粉那麼大的那件行李，已經是他的全部家當。出家人一身外無長（讀如長幼之長）物，他真地做到了。

他的第二個徒弟住在南部讀佛學院，寺裡就他和他的大徒弟兩個。他去臺北後，留下徒弟一人看守。這位徒弟能力強，負責任，好讀書，年輕有爲而能看破紅塵，實在很不容易。手下唯一的助手是一個智能偏低的孩子，已經 16、7 歲了，還不會數一二三四五，矮小如 11、2 歲，這樣一個人，能幫得上多少忙，也就可想而知了。

外來寄居的「在家人」，我之外，還有一位文先生是位畫家，去年夏天曾在臺北國軍文藝中心開過畫展，頗獲好評。他精研佛學，佩服太虛大師。這方面我外行，實在無話可說。

經常只是這四五個人住在寺裡。

南柳村清靜，護國寺更清靜，晨鐘暮鼓之外，下雨的時候有雨聲，颱風的時候有風聲，而自晨至暮永不間斷的是鳥聲。燕子迎面而來，就要撞到你臉上了，你急忙要躲它的時候。它已調整方向，從你的肩頭一掠而去，它對你並無畏懼。贏得它們的信任，知道你不可怕，是一大愉快。在寺外，它們就避人唯恐不遠，因爲常有頑童害它。

六、兩樣病都好了

自從離開臺北，臺大醫院開給我的那種粉紅色藥片，我一直斷斷續續地在服。有時身體有其他不適，須服別的藥，我就拿它暫停。有時也因為日久生嬾，或是忘記了，不服。總之，並沒有認真地按日依時服之不輟。住護國寺之後約三個月，我覺得我的「寫症」好了。試試寫稿，一個半月的時間，完成了 14 萬字，《花落蓮成》105000 字，〈蘇不纏的世界〉35000字。這都已經印成書，由「遠景」出版。

由於我的佛學知識太差，寫《花落蓮成》的時候，我遇到的困難不少。幸而有如虛法師，我可以隨時請教，這才能夠順利完成。於此，我謹對法師致其感謝之意。

不幸「寫症」好了，目疾轉重。

為紀念辛亥，民國 60 年下半年我寫了三個長篇，在《中央》、《新生》、《中華》三報連載。寫作進行中，右眼忽無故自淚，不久之後，轉到左眼，以後又轉回右眼。從此固定在右眼上，未再轉移。當時我把臺北的著名眼科幾乎看遍了，都沒有治好，而且根本沒看出是什麼病來。一拖五六年，一面不斷就醫，一面盡量節省目力。《花落蓮成》寫完之後，症狀惡化，變成了「過敏」，只要稍稍疲勞或飲酒稍多，便紅腫起來。對於一個以寫稿度小月的人，這又不是生意經。

我在臺中就醫，也跑臺北。有次為了就近，我走進臺中一家眼科，醫師看來年輕。他一瞄我的眼睛，隨口說道：

「你的眼睛倒毛。」

又說：

「等消炎之後，應該動手術。」

我看了六年眼科，歷經各大名醫，這是一個嶄新的診斷。我抱著滿腔的懷疑，跑到臺北去證實了一下，他說的一點不錯，倒毛。所謂無故自淚者，並非無故，故在倒毛。遇到這位青年醫師，總算道出了病源，他該是

我命中的「貴人」了。

因為自淚的是右眼，我就動了右眼的手術。結果良好，右眼不流淚了。但接力上來的是左眼，左眼又自淚不止。一不做，二不休，我就又開刀了左眼。於是兩眼都不自淚了。現在我隨意閱讀，寫稿，看電影，並無嚴格的節制，也不再有過敏性的紅腫。

六年目疾，回想起來，有點冤枉。為什麼那些名醫看不出來我之自淚是因為倒毛的緣故？倒毛像一把小刷子不停地磨擦眼球，焉有不淚之理！

七、有意下水

護國寺除了清靜之外，還有飯食好，雖是素菜，但很好喫。我住進去兩星期，體重增加了五公斤，這使我不得不又節食。人少，沒有人事上的不愉快。房子矮，院子大，天空及視界開擴，擺脫了有形無形的壓力，人的地位和尊嚴自然提高。精神享受，以此為最。

可惜我沒有資格在此隱居終老，這個地方出入實在太不方便。《花落蓮成》寫完之後，我就決定移居臺中，或遷回臺北。無奈一房難求。

我是個單身漢，只能住旅館或旅館式的公寓。旅館，現在太貴了，我已經住不起。臺北的公寓，勉強可住的，大約要三四千元，負擔也嫌太重。臺中，據說有兩百多家公寓，雖說男女兼收，但房客多為年輕女子，而且家家客滿，根本擠不進去。

今年一月，我在馬偕淡水醫院住了五天，做了一種必要的整形手術。回到臺中，居然在我最中意的一家公寓找到一間套房。於是我於 2 月 1 日離開住了剛好一年的護國寺，遷居臺中市。房客多為年輕女子，這裡並不例外，而依附於這些年輕女子的又有一批年輕男子，出出進進，打打鬧鬧，它是怎麼的嘈雜，你就可想而知了。不過，這對我並不妨礙，我該讀書寫稿的時候就讀書寫稿，該休息睡覺的時候就休息睡覺，我有足夠的「實力」推開室外的嘈雜，使室內的氣氛一如護國寺的清靜安適，得其所哉。

　　我在馬偕醫院手術之前，曾做重點檢查，健康情形良好。我是肖猴的，但所有肖猴的同年，數我月分最小，看起來而我最老。自兩病告癒，我在觀念上有了很大的改變。年齡使我不能再期望就業，有生之年，如果不工作，一則無法生活，而日子也不容易打發得很。因此，我有意放棄不為作者的這個老原則，索性下水，以創造事業的積極精神，好好的再寫幾部小說。初步只是一個到明年（民國 67 年）年底為止的兩年計畫。問題還是有的，希望得到解決。

　　我有一位親戚，自幼立志絕不教書。來到臺灣，從高中、大學，一直教到碩士班，將屆退休之年，仍在遺憾他教了書。他相信命運，認為是命該如此。我立志不為作者，不幸躲來躲去，怎麼也躲不掉，終於做了作者。這大約也是我的命吧。

——民國 66 年 4 月 14 日於臺中

——選自《書評書目》，第 49 期，1977 年 5 月

《今檮杌傳》自序

◎姜貴

30 年來，我寫過五個長篇小說。20 歲的時候，我寫了第一個，那是一個畸形戀愛的悲劇故事。時洪雪帆在上海四馬路辦現代書局，我投給他，他給我印了。那篇東西，實在很幼稚，以後我常自覺不好意思。初版 2000本售罄後，正欲修正重版，而雪帆逝世，現代關門，遂告絕版。第二個也寫的是一個戀愛故事，王統照先生拿去，把它在《青島民報》發表。南京書店擬收購其版權，因價未議妥，亦作罷論。這一篇，題名為〈白棺〉。

民國 16 年，我在漢口親眼目睹了共產黨那一套以後，第二年回到南京，那記憶歷數年而猶新。民國 20 年，我寫了我的第三個長篇〈黑之面〉。我以為共產黨是屬於「光明的反面」的東西，必無前途可言。但在技巧方面，我卻並不滿意這一篇。過了些時候，遂把它付之一炬。

民國 26 年春天，我在徐州，寫了《突圍》。描述「一二八事變」時，一群小公務員自南京疏散洛陽的情形，目的在鼓吹對日抗戰。脫稿後，我寄給住在上海的一位文藝工作者。（這個人現在在偽紅朝已是部長級的人物，我倒不願意提及他的大名了。）接著七七開始全面抗戰，我投入戰區工作，展轉到後方，也顧不到它的命運如何了。

民國 30 年夏間，我在重慶武庫街世界書局的櫥窗裡，發現這本書已由上海世界書局出版，立購 20 本分贈親友。我自己比較喜歡這一個，但多年來，我也沒有這一本書了。

民國 37 年多，避赤禍來臺，所業尋敗，而老妻又病廢，我的生活頓陷於有生以來最為無聊的景況。回憶過去種種，都如一夢。而其中最大一個

創傷，卻是許多人同樣遭遇的那「國破家亡」的況味。由於 30 年來所親見親聞的若干事實，我想我應當知道共產黨是什麼。我將我整串的回憶，加以剪裁和穿插，便構成了一個完整的故事。即於每晨四時起身，寫兩三個鐘點，四個月內從無一日間斷，我的第五個長篇，便於民國 41 年歲首草草完成了。

據書業統計，新文藝小說遠沒有章回體小說的銷路好。照我個人推想，其原因有二：1.章回體採用純中國文的句法和章法，雅俗共賞，爲大多數讀者所接受。2.以故事的情節發展，引人入勝，真正爲讀者達到消閒的目的。小說舊原稱「閒書」。

我想，假如文藝不能不有其宣傳的目的，而出版也原是一種商業的話，則這個銷路問題應當是著作者本身所不容忽略的。利用他消閒的目的，達成我宣傳的目的。特別是在自由與奴役尖銳鬥爭的現代的今天，做爲一個政治目的，文藝作家不能再忽視那更多的讀者了。你吝於給他必要的讀物，那些黃色黑色以及各種不正當顏色的東西，便會乘虛而入，占盡你的上風。

因此，我盡量採取了章回體的長處，最後還加上對仗回目，以期更適合多數讀者的興趣。雖然我所寫的並不是純粹的章回體，但我已在有意地朝那一方向走。至其效果如何，就非我所知了。

本書，從一個大姓家族的衰微和沒落，寫出那一時期的社會病態。而此種病態，正是共產黨的溫牀，它由此鑽隙而出。這樣，你總可以想像這裡邊都是些什麼角色了：軍閥，官僚，土豪，劣紳，妓女，土匪，墮落文士，日本軍人和浪人，以及許許多多雞鳴狗盜的小人物。他們與共產黨直接間接的勾結，有意無意的配合，有形無形的進攻，這就危害了中華民國。自然，共產黨的現形，是五花八門，各式各樣的。而我所描寫的這一角落，只是一個土共集團。但舉一隅而窺全豹，我想，這也夠了。

這裡邊幾乎沒有什麼正派的人物。我勉強以方八姑這個死硬派（國民黨員）代表民族正氣，給人留一線希望。可惜她孤軍作戰，力量太薄弱，

反被這一逆流所吞沒。但就今日的形勢而言，這觀點倒依然是正確的。現在談反共，就不能不承認國民黨的領導，這是一個實際問題，而不是一個理論問題。至於老姨奶奶西門氏和小梧莊的曹老頭，在作者筆下，實在是無意中得來的兩個善良的靈魂。但讀者自會明白，他們比較方八姑更孤立，更軟弱。因而老姨奶奶雖有一個自己的菩薩，最後也還得仰仗白綾三尺，以求解脫。那曹老頭的結果為何，真也無須再說了。

本書既脫稿，我還以為像從前一樣，立時便可以找得到一個出版的地方。試探一下，始知大謬不然。這個地方，大多數文藝作品都由作家自費出版，而我正好無此準備。因此一擱數年。現在，世界反共形勢已較前數年更有進步，而自由中國且已瀕反攻前夕。是本書之問世，已不容再緩。茲承友好之助，先印 500 本，分贈各方，以為紀念。留有紙型，以後隨時可以正式出版。

本書原名《旋風》，因見坊間有同名之書，乃改題今名。相傳顓頊有不肖子曰檮杌。檮杌者，可憎之斷木也。我想，那大約和莊子所說的「樗」一樣，原是一種寓言。故又以為惡獸。楚之史為《檮杌》，紀惡以為戒也。說部有《檮杌閒評》，記魏忠賢與客氏之罪惡，亦隱寓勸善之意。本書作者，方當知命之年。回憶半生淪落，亟懺悔之不暇。懷文章敦厚之旨，固無意宣揚穢德。茲篇之作，亦本「紀惡以為戒也」之意云爾。

　　　　——中華民國 46 年 10 月 1 日，姜貴自序於臺南東門寄廬

——選自姜貴《今檮杌傳》

臺南：自印版，1957 年 10 月

《重陽》自序

◎姜貴

民國 46 年 10 月 1 日我在《今檮杌傳》（即以後用《旋風》原書名行世的那本小說）自序中寫過這樣幾句話：

> 民國 16 年，我在漢口親眼目睹了共產黨那一套以後，第二年回到南京，那記憶歷數年而猶新。民國 20 年，我寫了我的第三個長篇〈黑之面〉。我以為共產黨是屬於「光明的反面」的東西，必無前途可言。但在技巧方面，我卻並不滿意這一篇。過了些時候，遂把它付之一炬。

以後我一直想重寫一部，只是沒有機會。當然沒有機會也就是沒有決心。而〈黑之面〉到底寫些什麼，我現在已經完全沒有記憶。兩年前，偶步街頭，看見一家叫做「華的工藝社」的市招，才聯想起〈黑之面〉的女主角名叫「華的」。「華的」是女人的一種面飾，我們有時在西洋女人的帽子上看見插一根羽毛，現在婦人勒髮也有用與其髮色配合的羽毛的，「華的」大約就是那類的東西。往古男子出獵，獲得珍禽異獸，歸而以其羽或皮獻其所歡，用以市愛。婦人以羽為飾，起源大抵如此，而這就是所謂「華的」。〈黑之面〉寫些什麼，看了這個女主角的名字，也大致可以想像了。

共產黨注重階級利益。這個階級是由共產黨本身的暴力所形成的一個「新貴族階級」，而絕對不是所謂無產階級。這個新貴族階級，無視國家民族的利益，也無視個人的自由權利。時至今日，任何一個有良知的自由公

正的人士，對此都已深知，用不著說了。

　　但它在民國 16 年的武漢，實在早已經給我們看過「樣子」。如果舉國上下，都重視那個「樣子」，都重視他們在那個「樣子」中所表現的許多「過火」的舉措，做為一個前車之鑒，戒慎恐懼，積極的消滅共產黨所由產生的那些因素，則今日大陸必仍為自由世界所擁有，是可以斷言的。

　　蔣總統是反共的先知先覺。但 30 年來，他一直受到國內國外許多有形無形的掣肘，而未能暢行其志。這是中國的不幸，也是世界的不幸。讀《蘇俄在中國》一書，真令人感慨萬端。

　　北伐期中在武漢所成立的「中央政府」，是影響最為深遠的一個「頓挫」。《中國之命運》第四章第二節，蔣總統這樣說：

> 在這個時期，使中國國民黨的基礎幾至於破壞，國民革命的生命幾至於滅絕的事件，就是民國 15、16 年之間汪兆銘和中國共產黨在中國國民黨中及國民革命軍中積極的進行分化工作。

　　這個「分化工作」，在國民黨內部挑起了左右派系的衝突，在一般國民與社會之間，煽動社會革命的階級鬥爭，而民族的固有道德遭受鄙棄。蔣總統說：

> 狂瀾潰溢，幾乎不可挽救。乃復於民國 20 年至 25 年之間……各地兵連禍結，閭閻為墟。至今痛定思痛，追原禍始，仍不外乎是由於這漢奸汪兆銘一手造成的所謂「寧漢分裂」的一幕慘劇而來。

　　此一「慘劇」，以後蔣總統在《蘇俄在中國》第一編第二章第 15 節中復作如下之分析：

> 共產國際第七次執行委員會「中國問題決議案」原是史達林的作品。史

達林對於武漢政權的構想，就是要組織其為「無產階級、農民及其他被剝削階級的民主獨裁制」，簡單的說，就是「工農小資產階級的民主專政」。

民國 16 年 3 月，莫斯科共產國際以本黨國民革命形勢，北伐進展之速，實為其始料所不及。若其僅利用武漢左派的組織，和聯席會議的名義，絕不能與南京中央相抗衡，更不能達成其毀滅本黨，阻礙北伐之目的。此時他唯有力促汪兆銘由法經莫斯科回國。汪一到上海，即與陳獨秀發表其共同宣言，主張組織「一切被壓迫階級的民主獨裁制，以制壓反革命」。這一宣言顯然就是史達林的決策之重申。

武漢以汪兆銘為首的「左派」中央黨部及其政府，其會議完全受共黨分子的劫持，其民眾運動的部門亦都由共黨及其同路人任首長。……駐在兩湖的國民革命軍，其各級政治部大抵為共黨分子所把持。各軍之間，更飽受共產黨的挑撥離間，彼此意見無法融和。

實際上，兩湖的人民不能忍受共黨的恐怖政治和社會鬥爭。

武漢的左派和中共的內部，到了這時，都發生了激烈的爭議。

武漢的左派至此始憬然警悟莫斯科利用我們國民黨部來達到他赤化中國的目的之陰謀和野心，乃決定分共，而與中共決裂。

這一節書，小標題是「武漢左派的悲劇」。

現在，《重陽》所描寫的正是這一「悲劇」。

但我的意思，錢本三這個人物，並不代表「左派」。當時若干左派，以後幡然改圖，仍不失其為純正的國民黨黨員，無寧是值得讚揚的。而錢本三只是一個投機分子而已。任何一個新興力量，都免不了有這樣的投機分子，問題只在看它能不能隨時刷掉他們，保持原有的質素，不趨於腐惡而已。一個健康的人，偶有癬疥之疾，不是可恥的事。國民黨民國 13 年改組，民國 17 年總登記，以至於來臺以後的改造，都有這種去腐生肌的作用，那是盡人皆知的事。

　　錢本三有三套本錢，樣樣生意他都可做。他也許有他自己的見解，但是他只耽於接受現實，隨波逐流，而完全不知道「擇善固執」。他是那一時代的一個自甘墮落的「自我犧牲」者。他和洪桐葉實在是同一條路上的人，不過有幸與不幸之別而已。

　　這裡邊，也有幾位「友邦人士」不如此不足以表現那個時代的綜錯複雜。我以烈佛溫和魏蒙蒂兩對夫婦做對照的描寫，以期「無枉無縱」。那時的租界，被稱為「冒險家的樂園」，為罪惡的淵藪。我不曾歪曲或強調這幾位友邦人士，也無意唐突他們。蔣總統在《中國之命運》第三章第一節裡邊說：

　　帝國主義者在各地祕密的活動，實為民國成立後軍閥混戰最大的原因。治外法權足以掩護其間諜和特務人員。租界租借地和鐵路附屬地等特殊區域，與列強賦有特權的鐵路航線，又足以供軍火的儲藏與販賣，以接濟土匪，助長內亂的便利。

　　蔣總統分析不平等條約對於政治、法律、經濟、社會、倫理、心理各方面的影響，亦涉及宗教。同書第三章第五節，對於基督教備致推崇之餘，又有這樣的話：

　　近百年來，基督教的教會，因為他有不平等條約的憑藉，享有特殊的權利，而且不注意中國國民的民族精神，所以一部分人士視外人傳教為文化侵略，致其疑慮，甚至加以仇視和反對。

　　這些都是當時的實在情形。所幸自不平等條約廢除之後，這些不正常的現象早已不復存在。而《重陽》在這一方面所描寫的極小的部分，用意僅在為小說作技術性的烘托而已。

　　「種族歧視」使基督教義為之黯然無光，而無由自圓其說。這是一個

老問題。時至 20 世紀的 1970 年代，許多地區猶在為這個問題爭論煩惱，以至流血，連自由民主的美國亦所不免。然則三十餘年前，當殖民主義風行之際，其情況之惡劣，可想而知。

歷史小說並不就是歷史，《重陽》的故事完全出於虛構。因此，如果以書中之人之事，證諸當時之實人實事，以求其所以影射，那就完全落空。

我的目的只在重現那一時代的那一種特異的氣氛，給人重新感受，重新體會，用以「紀惡為戒」而已。或有人以為這個想法有近多烘，而且為時已晚，我卻並不那樣悲觀。胡適之先生一再提及的「功不唐捐」，我相信那句話。

同時我也一直相信，共產黨一定不是從天上掉下來的。我們必須敢於分析它所由產生的那些因素，然後才能希望有辦法把它撲滅。詛咒與謾罵也許能洩憤稱快於一時，實則並無多大用處。至於「諱疾忌醫」，其為害之烈，更不必說了。

反共，需要冷靜，也需要智慧。

我出身於一個小資產的藥商的家庭，我習慣於承認以合理的經營求取合理的利潤，而要求享有不受干擾的個人的以至家庭的私生活。我的反共思想，以如此平凡的觀念為基礎。我不是一個勇猛的鬥士。

但〈黑之面〉以後 30 年始有《重陽》，我自己仍深以為愧。面對這樣一個混亂的時代，而我所不能忍受的卻是無邊的寂寞。

《重陽》於民國 48 年 9 月間開筆，歷時 19 個月始脫稿。這並非我在加工製造，寫出什麼較好的東西來了，而是由於一暴十寒，屢寫屢輟。其中最久的一次停頓，達七個整月。

這實在太「不景氣」。

本書曾有原稿，無意行世。庚子歲尾，我在臺北小住南返之後，忽然發生了一種「醜媳婦終要見公婆」的想法，使我改變初衷，決定印刷成書，芹獻於讀者之前。而於交付排印時，倉卒間把它刪改成這個樣子。雖不至於面目全非，但個人感情，總以為今不如昔。

　　我曾經聲明，對於寫小說，我是十足外行。因此，在這裡，我不得不要求我所敬愛的讀者，當你讀這本小說的時候，務必請你不要忘記作者是一個外行。如果你能一直想著你是在讀一個外行人所寫的一本外行小說，那你就不至於太失望，作者及其所作也就能得到更多的原諒和寬恕，而不虞求全之毀。

　　那真是功德無量。

——中華民國 50 年 3 月 28 日，姜貴自序於臺南東門寄廬

——選自姜貴《重陽》

臺北：作品出版社，1961 年 4 月

遺傘記
訪姜貴

◎心岱[*]

　　一個奇特的機會，使我有幸拜訪了作家姜貴先生。出門的時候，興高采烈，雖然攜著傘，也沒打開；前往會晤你衷心崇敬的人與同愛人約會，這種心境是沒什麼兩樣的。

　　不想浪費時間，乘了一段公車下來，換計程車直奔抄在紙上的地址。

　　在信義路四段，從前的「三張犂」，一幢靠大馬路的普通店鋪公寓，我很快就尋到了門號，我有些懷疑，又去問樓下鋪子的人，他們說沒錯，要我去按廊柱上密密集集好多電鈴中之一。

　　初時我以為像姜貴先生這樣一位名震遐邇的作家，住的一定類似「九龍大廈」或「敦化大廈」的豪華公寓，然而我現在面對的卻是一扇沒有著漆的木門，上面盡是灰塵和孩子畫的粉筆跡字，半捲的鐵門停在門楣，現出那種沒人理會的寂寞。木門沒有鑲玻璃，也沒有扭手，小小一個彈簧鎖的匙孔更是欲窺不見，我被擋在騎樓，有點兒躊躇。

　　姜貴先生在電話中說，他兩點鐘在樓下接我。我因為不敢讓他這樣做，提早先到，沒想到這裡連領路的管理員或對講機、電鎖的設備都沒有，還是得勞駕他從三樓下來開門，心裡真是萬分地抱歉。

　　顯然我是按錯了電鈴，一個青年為我開的門，差點讓我誤為是作家的郎公子。

　　踏上了隱在幽暗、不見天日的水泥梯級，每樓都是一樣的格局；窄窄

[*]本名李碧慧，作家。

的房門毗鄰著，門上釘塊壓克力製的號碼牌。這裡毋寧說是旅館，那種供旅人歇腳的廉價小旅店的風貌，只是似乎更冷漠，更澹泊。

轉到三樓，青年和氣的指點我在拐角的房間就退走了。

我毫不遲疑的舉手敲門，這次該不至於再錯了。我的心裡一陣狂喜，也間夾了一種未知的靦腆；從家裡出發的時候，特地找出民國 63 年 7 月號的一本《幼獅文藝》，這一期有一篇姜貴先生的專訪，附著幾幀照片。在公車上我又重讀一遍，簡直不敢想像此刻我正要面見一位少時就熟知，很多人談論的人物。

人與人的緣分多麼奇妙，憑著對文學藝術的追求和熱愛，使我因此結識、接近很多所仰慕的前輩，這種快樂是無價的。

當我敲第二聲的時候，微微聽見塑膠拖鞋的步履聲，很細很緩，好像是遠遠地走過來。

在期待中終於門開了，一位白髮的老者和他的一切全收入我的眼底，這「一切」指的是很狹義的說法。當時我的感覺就是吃驚，實在那個房間太小了，一床、一桌、幾張椅子，就像在填空格，怎樣排列怎樣組合，空餘的仍然只夠一雙腳來回的盤桓。

「我正在收拾，妳就來了，很不好意思。」他放下手中握的一塊濕抹布。

我不知該怎麼表示不必為我如此，何況我所看見的景狀是如此整齊；壁上間隔的掛了很多特號的框子，有相片，有月分牌剪下來的美人圖、風景照，還有新近流行的裝飾畫。沿著牆根，一落落的書報齊立著，靠床邊交疊一對陳舊的木箱，床下露著兩雙皮鞋的尖尖，一隻烤麵包機停在一堆 16 開的雜誌上。雖然牆上、地上都滿了，但毫無擠的感覺，反而映漾著璞真和獨特的趣味。

把傘擱下，我坐到他書桌旁的一張退時了但還十分完好的椅子，迎面的兩扇大窗是整個房間的重心，雖然它把街道行駛的車聲招了進來，可是只要床頭能臨著月光，書桌向著太陽，居住起來還是相當愉快的，我這麼

猜想。

　　也不知怎麼開始的，和姜貴先生就那樣天南地北的談將起來。他的隨和、親切使我渾然忘了自己是個陌生的來客。

　　姜貴先生的著作很多，我個人對其中一部〈桐柏山〉印象最爲深刻。像我這種年齡，而又出生在臺灣的孩子，老實說，對中國大陸的河山、國家當年的災難，只有些微的概念，讀〈桐柏山〉的時候，我強烈的感受到由書中所震撼我的那股家國之痛，對共產黨更增加了深刻的認識。

　　我個人認爲姜貴先生的長篇小說比短篇小說更成功。到底寫長篇小說要像一個工程師，是蓋一幢高樓，其架構和支柱都須仔細、精確的度量，我自己也嘗試過長篇創作，對這種經驗更時刻恆記在心，姜貴先生在這方面確有獨到的一面，令人佩服。

　　談到他最近發表的作品──〈北斗〉。他說：「這篇小說的構想原是從主角拿起電話，回敘前情，及至電話打完，放下話筒爲止。可是一提起筆來，就有不能遏止的趨勢，只得重新結構，試圖拓展整個故事的情節，結果寫出來的，就是另一種中篇小說的味道了。」

　　對於此地的作家而言，現實的生活是十分殘酷。臺灣的作家一向被譏爲「不值錢」，因爲稿費低，大部分的作家均兼有固定的職業，花在寫作的時間自然不會太多，專業的又爲了生活而不得不多產。姜貴先生是一位堅持原則的人，但也極不可能不爲五斗米折腰，以他 67 高齡尚須負擔么兒的學費，生活之清苦可想而知。

　　民國 37 年，姜貴先生一家來到臺灣，所帶的一點積蓄都在從商之時化爲烏有，從此生活潦倒，夫人得病，臥牀八年不起，所幸能在南部一家教會工作，雖然在那裡也有不愉快的一面，但值得欣慰的是，十年下來孩子終於都長大了，他說他實在很感念當年教會給予他的幫助。

　　他的夫人已經去世 13 年，他指著牆邊兩張併排的小桌子上的一隻用條花布覆蓋的盒子：

　　「這就是她的骨灰，孩子們都不主張埋葬，所以一直放在身邊，我告

訴他們，等我死後，再把兩人一起埋葬也好。」

　　儘管大半生都浸在苦痛中，如今咀嚼這些回憶彷彿還有無限甜蜜，他對我說著，嘴角不時的浮出笑容，那神態一如壁上結婚照上年輕的他。

　　「夫人很漂亮。」

　　我端詳著骨灰盒上放的一幀雙手剪在腦後，立在風中的女子照片。

　　姜貴先生笑一笑，沒說什麼。13 年，很長久很長久了，時間已經篩去了某些痛苦的，而不可磨滅的正永遠陪伴著他，使他能長懷滿足活在風雨之中。

　　「我能問一下這個嗎？」

　　我指著桌上擺的四隻小高粱酒瓶，瓶裡各泡有一條粗如指頭的蛇，我很好奇，忍不住要問。

　　「這是家鄉的一種迷信，傳說蛇、水牛、雞都是保護陰魂的……」

　　他把剛才擦拭一半的東西又歸回原位；木雕的牛，石膏塑的雞，還有那酒精蛇，我有點眩然了。

　　「前年我在吳興街租了一間公寓，有兩房一廳，也有個冰箱，可是住了一年下來，我發現我什麼也沒寫出來，我倒變成了個看門人，每天只為張羅餐食、整理房子。沒有女人的家根本不能成為其『家』。離開之後幾乎有 11 個月，我四處漂流，總是找不到合適的地方，直到搬來這裡才算安定。這地方交通四通八達，鄰居們也很安靜，出入自由，跟旅館差不多，只是比旅館要便宜多了。」

　　我再環視一下四周，逐漸的理解到天地之大小全在乎自己襟懷的廣闊與否，雖即是「迷你」小室，對他來說已如擁有宇宙。他安於天命、知足、不惑，這是何等超脫呀！

　　提到孩子時，我打開皮包，取出我一路上讀的那篇報導，我告訴他：

　　「我跟您最小的兒子同年呢，他現在在讀書嗎？」

　　「在逢甲學院，不過他想今年再投考。」

　　「為什麼？」

「孩子他自己這麼希望，我也不能阻止他，由他嘛。」

多麼開明的父親。我心裡猜度他兒子也許想進一個在臺北的學校吧，這樣離父親就不至於太遠。

「我的大兒子也在中部，他有很好的房子，媳婦也很孝順，他們一再要我去住那裡，可是，我是個自由慣了的人，我的生活方式又跟他們不同，我不好意思說住他們那裡不自由，還是留在臺北好。」

姜貴先生生活很簡單，他不抽煙、不喝酒、不交際，一無嗜好。每晚七時睡覺，晨三時起床，一天只吃早晚兩餐，上午寫稿，下午休息，偶爾外出走走，到西門町一家叫「蘭苑」的咖啡店坐坐，據說是他先慈苑氏，嗣母名蘭，坐在「蘭苑」會令他興孺慕之情。

他從不吃甜食，每餐一碗飯，一客菜，飯後除了喝茶，不吃任何零嘴點心。就因為生活的規律，使他由重噸級的胖子變為標準體重，耳清目明，精神抖擻，可連續爬五樓樓梯也不覺得累。

「我生平最大的遺憾是沒有生下一個女孩，如果有女兒，她母親病的時候，多少可以幫點忙，不致於那麼痛苦。我帶了三個孩子……唉，也不知怎麼過來的……」

我再也沒法無動於衷了，他那疏落的銀髮，微傴的身影在我淚眼中浮動，這位一生坎坷的作家，目前他雖然得到很多讀者的敬仰，可是生活毫無改變，改變的是——孩子大了，他老了。

我拭著淚，很難過，但不是為他，因為我知道，在凡俗的人看起來，上了年紀的人孤零、淒苦、悲愴，無不叫人同情。然而，他不是這樣的人，他是姜貴，一個與千千萬萬的人不同的人，他有他的世界，他有一個永恆的世界，並不孤單，並不淒苦，並不悲愴，他還在創作，他還有理想，而創作、理想都足以使人充滿快樂的。

我問到目前他寫作的計畫。

「準備寫一部大小說，從 20 世紀上半世紀，自義和團招致八國聯軍，以至政府播遷臺灣，這 50 年間是我國社會變動最為劇烈的時期，中國文化

受到嚴重的考驗，人民忍辱負重，苦難無窮，我要寫的就是在表現這一代，這個計畫已達八年之久，因爲缺乏生活費用，一直沒能動筆。」

「最近有一位商人，他很喜歡我的小說，我在偶然間告訴他這個構想，他馬上答應支持我，現在有錢人，一擲千金已不稀奇了，往往一場撲克打下來，輸贏十幾萬，他們寧願這樣花費，要他拿出一點錢幫助作家就不成了。」

「這一次能這麼順利，足見有認識、有魄力的人還是有，他一聽到我說，毫不猶豫的撥出 15 萬給我存在銀行，如此我可以不必顧慮生活，稿子完成由他去出版，現在我只要把手邊幾篇較好的稿寫好，就全心全意著手這部東西了，預計每天以寫 2000 字的速度，大約需要兩年的時間。打算這部分大小說完成後，從此退休了。」

姜貴先生早期的作品如《旋風》、《重陽》、《碧海青天夜夜心》等幾部書，都是借債自費出版，當時無人賞識，直到前幾年才引起國外學人的重視，認爲是了不起的傑作，遂引起四方的評論。他是受到外國人注目、研究的少數中國作家之一。

我在書桌上看到一本英文書，姜貴先生告訴我，這是一位美國學人爲他所寫的傳記著作，對他個人和作品都有詳細的資料和批評，是紐約圖文出版社所列，「環球作家叢書」第 320 冊，書名爲《姜貴》，我打開扉頁，上面有作者「羅體模」的中文簽名，還打著印子，很中國的味道。

姜貴先生奮鬥了大半生，他不再受到「冷遇」，且能獲得社會人士的支持鼎助，這不應是一件意外。

我起身告辭，因爲算算時間，下午四時是他晚餐的時候，不好再打擾，但他卻不慌不忙的說：「不，不，現在才兩點鐘吧。」

兩人都笑了，他送我下樓，一路與我談著一些中國的舊小說。

幽暗、不見天日的梯階這時好像麗亮了起來。

天並沒有晴，出了騎樓，這才猛然記起了傘，我將它遺忘在姜貴先生的房間。不敢再去撳鈴，匆匆穿過馬路，近暮色的街市永不疲倦的囂鬧

著，走在五光十色裡，此刻我反感到一種被澄清的滌然。

　　雨絲細細的飄到臉上，我忘了應該撐傘，忘了招計程車，一路想著住在樓上的長者，也許我並不了解他，但我知道，他的身世、他的生活、他的成就，即使在殘酷的現實中也永不墮落，永不枯萎。

　　回到家，家人告訴我，姜貴先生打電話說，他帶了我的傘追到馬路，又追到車站，怎麼也看不到我的影子，他說清明節那天，他將親自來送還。

　　我又錯了，如果當時就去撳鈴，也不至於讓他跑上跑下的，啊，我真是太罪過了！

——選自心岱《一把風采》

臺北：皇冠出版社，1978 年 6 月

起旋風‧悼姜貴

◎童世璋*

　　姜貴兄約好幾位朋友 18 日在清真館吃「涮牛肉」飲白酒，客人到了，主人未至，我們等著，噩耗傳來：「主人走了，走得很遠很遠！」如一陣旋風，氣象突變，天下竟有這樣不幸的筵席，有人眼含淚，有人不信，我們不能散，隨即改為初步的治喪會，籌議如何為缺席的主人辦喪事。

　　臺中號稱文化城，但一向文化不景，文藝凋零，近幾年才振作活躍起來，有了人才與實際行為。寫作圈中，我曾說有一老一少兩才俊，令人可敬可愛，可敬者姜貴大兄，文名天下，老而仍富創作活力，一片赤子之心。可愛者尤增輝弟，文藝細胞特別鮮活，青年而具傳統美德，前程似錦。真想不到這一少一老竟在半月之內相繼謝世，乃文化城的不幸，亦文壇的大損失。

　　據姜貴長公子王為鐮來告，他的三弟到公寓省親，敲門不應，以為正在寫作，就出去轉了一圈，想想不對勁，奔回邀同管理人員敲門：「只見父親倒在地上，撫之已無脈息。」說到這裡，關心的讀者可能會問：「姜貴先生在臺中既有直系親屬，為什麼除住廟以外一直單身住公寓？」

　　同是天涯寫作人，才體會出他這種自選的淪落，他早將生命付予了寫作，寫作是苦事、是寂寞事，寫作時最好六親不認置身於寂寞環境中，才便於苦苦地靜靜地寫；太熱鬧了，甚至天倫之樂，子孫輩的哭與笑，可能產生共鳴作用，都會影響創作，驅除稍縱即逝的靈感。

---

*童世璋（1917～2001）小說家、散文家、文學評論家。湖北武昌人。發表文章時為《臺灣日報》主筆。

　　有一段不算短的日子，姜貴兄曾搬到霧峰深山小廟隱居，孤燈一盞，與一切繁喧隔離，可是，那兒只能看隔天的報紙，打電話得遠征，找資料要長途跋涉，入夜電壓不足，電視欠明，形同閉塞，那對一個作者豈非虐待折磨？如是他又回到了非所願也又不得不住的鬧市公寓。

　　姜貴兄所居中級公寓我拜訪過，窗明几淨，書香滿堂，但與週遭環境頗不調和；臺灣風氣，這類公寓唯多無德且有特種收入者居之，環室皆風塵也，聲訊上無隱密性，深夜擾人，情何以堪？我曾問他：「你如何適應？」他答道：「視而不見，聽而不聞，風塵於我何有哉！（不過又聽說他常在白天寫稿，正是公寓風平浪靜的時刻。）

　　這個道理我懂，記得和尤增輝弟相識，並未經人介紹，一咖啡館中，狄斯苛聲威下，雜有太保太妹，性格十足，喧鬧不堪，唯我二人奮筆苦書，（增輝正寫《鹿港斜陽》，比我有成就。）二人突相對一笑，就聊起來。我道：「這裡雖吵，但事不干己，辦公室內談人事升遷，加班出差，即有所干擾，因可由耳入心也。」二人會心，頓感耳中有聲，心中無聲，下筆如泉湧，由此結爲深交。推想姜貴兄獨居公寓亦是貪圖繁管急絃中的單邊寧靜。

　　他單身住公寓，顯示他獨來獨往性格，照他自己的說法：「人多熱鬧的地方找不到他。」有某君對他這種性格不以爲然——不喜參加社團，不樂於參與開會，不願意掛名，更別談打哈哈，鞠躬如儀了。我大略了解，他的感情充沛，性情奔放，言談風趣灑脫，不甚拘小節；愛飲，雖不至酩酊，但更心直口快。我推想他晚年之所以喜歡獨來獨往，蓋不得已也，怕引是非、添麻煩，對人對己都無益處；寧願與三五好友借著酒，縱談文章、天下事，自得其樂，自覺不亦快哉！

　　曾有某刊，稱他爲當今職業作家，說對他過往經歷資料找不到線索。我知他曾做過官，年輕時任職山東省政府科長，又曾爲一位方面大員掌機要，故其小說有深度厚度與廣度，可是他來臺以後從來不提，一向沒有「想當年」的習慣，形成徹頭徹尾的現階段職業作家——一不寫就沒有收

入，有幾段苦日子真虧他撐過的，譬如：臺南市公園路家徒四壁、妻病無告的時代（我去過），自費印《旋風》500 本送人的時代（因為無人敢出版），寄居北市博愛路一小旅館應付每天一結帳的時代。那時不虞匱乏之日少，口袋空虛之時多；他無論有錢無錢，均無隔宿之糧，天天外面吃，近年境況稍順，曾相遇於一粵菜館，他說：「廣州炒飯伴以粵式泡菜，用滾燙觀音沖下，乃天下美味。」最近我問他：「是否獨沽此一天下美味？」他大笑：「有了小變化，但鐵觀音仍然醇厚可親。」平日公寓中，獨開罐頭，小飲好酒，如此而已。我發現他飲酒持杯的手有點顫抖，但看其原稿卻鐵筆如有神而一絲不苟，足見其敬業精神。又感覺和他在一起，從不想當年，亦不誇現在，（例如他得獎，只輕描寫地笑笑）對人便無壓迫感，和他交往，就有這種輕鬆痛快，興來時意飛揚，痛快淋漓之至。

由於他是所謂職業作家，既無公保勞保，又無所歸依，治喪時有點困難，最初怕沒有機構出面主持，後聞已得有關方面支持為這位國之大才治喪，那就好辦了。他擁有無數讀者，但讀者如散沙，一時凝結不起來，我希望舉行追悼會時，讀者自動參與表達心意。姜貴兄生前為讀者忍受寂寞與痛苦，相信死後不會太寂寞的。

評論他的作品，非短文可盡，亦非我的能力可及，不過我間接聽一位評論家說過：「姜貴先生的作品了不起，但已定型。（記大意）」我讀他的作品，一步一步想突破，而文字的簡潔與不蔓不歧則似乎予人以定型的感覺，連載中的長篇小說〈奔流〉，他因誦杜詩而擬改名〈大河〉，可見他求新求行的性格。

最後我不得不敘說一件此處似乎很不得體的小故事：一日遇於臺中街頭，他說要理髮，指著一連幾家豪華超級的問：「那一家是純的？」就我所知，都屬馬殺雞，乃帶他到小巷一家純理髮廳，目送他胖胖的背影走進去，我奔上前開了一個玩笑：「純理髮小姐與純職業作家，倒也門當戶對；不過世風日下，蟬翼為重，千鈞為輕，黃鐘毀棄，瓦釜雷鳴，恐怕都要受些磨鍊。」他笑了：「但願濯淖汙泥之中，蟬蛻濁穢之外，善保一個純字，

兩純的際遇既相似，苦樂也該相同啊！」姜貴大哥，我流著淚問你：還想得起這些笑語嗎？

——民國 69 年 12 月 21 日

——選自《文學思潮》，第 9 期，1981 年 9 月

細說姜貴

◎墨人*

　　去年有兩位重要的作家去世，一是徐訏，一是姜貴。徐訏死於癌症，姜貴死於腦溢血。巧的是他們兩人都是 73 歲。

　　姜貴和我是屬猴的，但他長我 12 歲。

　　在臺灣作家中，姜貴和我認識不算最早，但彼此相處之久，相知之深，卻是少有。

　　來臺灣之初，我住在左營，他住臺南，我們都不相識。他自費出版《今檮杌傳》時，仍鮮為人知，我們仍不相識。民國 45 年我來臺北工作，遷家臺北之後，直到民國 48 年他的《今檮杌傳》易名為《旋風》，由明華書局出版，由於朋友們的推崇，他才聲名大噪，和當初他出版《今檮杌傳》的默默無聞，有天壤之別。

　　我和他的認識是我自己也沒有想像到的。

　　一天夜晚，大約六七點鐘，突然有一位長相和好萊塢的恐怖大師希區考克十分相似的人到我家來看我。那時我失業在家，住地又十分偏僻，白天都沒有人上我的門，他居然跑這麼遠的路，又穿過一條狹窄的黑巷，摸到巷子盡頭的最後一家來看我，真是非比尋常。他不等我開口就先自我介紹：

　　「我是姜貴。」

　　只要這一句話，就不必多說了。我請他坐下，他顯得有點焦躁不安，不想坐。只說：

*本名張萬熙。發表文章時為東吳大學中國文學系兼任教授，現已退休。

「我在這種時候來找你，是有一件事來請你幫忙。」

我是一個正走霉運的人，我不找別人幫忙那是由於一份太過時的自尊心支撐著，我那有力量幫別人的忙？但他既然找上了我這個倒楣鬼，我也只好問他：

「什麼事？」

「我欠了一位天主教神父的債，沒有錢還，他要告我，因此來找你說個情。」

「我同天主教沒有關係。」我實話實說。

「但是張秀亞和天主教的關係很深，我想請你向張秀亞美言幾句，緩衝一下。」

真糟！我和張秀亞雖然見過面，但彼此甚少交往，當初她住臺中，搬到臺北也不久，我又不善交遊，她雖是我尊敬的女作家，但私交不夠，我只好對他實說。和張大姐交情厚的作家很多，我甚至連她住在那裡都不知道？他怎麼不找別人去，那不是比我好得多？

他聽了我的老實話後，才說出找我的原因：

「墨人兄，我為什麼冒昧地來找你？因為章君穀告訴我，你的信用好，你去可能有效。」

那時章君穀編《作品》雜誌，我經常在《作品》寫稿，《作品》作者每月總有一兩次聚會，多半是在蔣碧薇家裡，我雖不打牌，章君穀、南郭、高陽的「高粱小組」，知道我還能喝幾杯，所以每次都要我參加，《作品》經理部的先生對我也很不錯。因為我從不借支稿費，答應寫的稿子一定準時交卷。大概是這些原因，章君穀才告訴姜貴來找我。其實他的交遊比我廣闊得多。

「既然你這樣說，我只好去試試看。有沒有效，我毫無把握。」

我一答應他就要我馬上去，同時把張秀亞的住址告訴我。我只好和他一道去臺北，到了臺北，才和他分道揚鑣。

我硬著頭皮去找張大姐，我從來沒有做過這種事，如果是我自己的

事，我情願坐牢，也不會去。

　　那時張大姐好像住在安東街，現在已經記不清楚了。我找到張府大概九點多了，幸好她在家，還沒有睡，她對我這位不速之客，很有禮貌地接待，可是當我說明來意之後，她淡淡地而又巧妙地說：

　　「我們不要談這件事，最近我出了兩本書，我送你兩本，請你指教。」

　　她一下就把我「封殺」了，我僵在那裡，不知道再說什麼好！我想如果我有章君穀那種能把樹上的鳥兒說得掉下來的口才，那就好了，但是我沒有。

　　張大姐雖然和我 500 年前是一家，我連這種閒話都不會扯，她從房裡拿出書來，簽好名之後送到我手上，說了幾句抱歉的話，我只好告辭了。

　　我連忙趕到姜貴住的「成功湖」旅社，向他道歉有辱使命，他顯得有點失望，但沒有什麼。

　　以後姜貴搬到臺北來了，長期住在「成功湖」旅社。我們幾乎天天見面。聊天，一聊往往是整個下午，有時在外面隨便吃點東西又回他旅社再聊，我住大直期間，他也是我家中常客，我吃什麼，他吃什麼，免除一切俗套，後來我找到工作，在中山堂上班，中山堂與「成功湖」旅社近在咫尺，一有空我就到旅社聊天，他也常到我這邊借書看報。

　　我們兩人聊天有一個好處，無所不談，他對我也無所隱瞞，甚至男女之私也暢談無諱。他告訴我勝利後他在上海湯恩伯總部任上校祕書時，曾與在淪陷時期和張愛玲齊名的女作家蘇青的豔事，他說蘇青的那本談她私生活的書（我已忘記書名，從上海來臺灣年長的讀者可能有人記得。）中的某上校就是他，他也以此自豪。至於其他男女間事，那就不足為奇了。他的身體好，太太去世後，仍然不廢人倫，住「成功湖」時期還有一位三十多歲的比較長久的女伴，我也見過。

　　他的稿費收入並不算少，但他總是鬧窮。有一次他向我借錢，那時我還沒有找到工作，恰巧正是連買菜的錢都沒有，我正好寫了一篇 13000 字

的短篇，在幾天前寄給當時《徵信新聞》副刊主編王鼎鈞兄，王和姜貴是山東同鄉，也是朋友，因此我通知王鼎鈞兄先將稿費給姜貴，由我蓋章補領。鼎鈞兄照辦了。這是我第一次預支稿費。

姜貴借錢很有辦法，甚至連算命先生的錢他也能借到。中國有兩句頗富哲理的古話：「窮算命、富燒香。」因為我們兩人都是倒楣鬼，又好此道，因此他常和我去找算命先生，他和他們都能交成朋友，但是他最後的結論是：「人是有命的，但是這些人算不出來。」也由於他的這種感慨，而觸發了我自己研究命學的動機，我才發覺這裡面的學問太大，不是一般人所能弄通的。他曾告訴我當他初來臺灣時，曾請某人替他批過命，說他那部丁壬合的運是「人生得此可以無憾矣。」他信以真，因此大膽做生意，結果一敗塗地，無以為生。一提起這件事他猶有餘恨。但由於長久一籌莫展，所以他常約我一道去找江湖先生一問休咎。

他住「成功湖」時期，幾乎靠借貸度日，有一次他要我向南郭兄調頭寸，其實他和南郭很熟，南郭兄也幫過他不少忙，「成功湖」離《中華日報》又近，他自己不去找南郭，反而要我去，我心裡十分清楚。南郭兄和我很熟，但我從來不麻煩他，姜貴要我找他，我毫不猶豫地去了。南郭兄等我一開口，非常爽快地替姜貴調了一張支票。我知道南郭自己並不富裕，但由於我們相知較多，他能賣我這個薄面，我覺得很夠朋友。

第二次姜貴又要我去找南郭兄調頭寸，我不便問他上次的錢還了沒有？我還是去找南郭。我一開口，南郭兄就說：

「墨兄，你不要再管這些閒事了。」

我就知道前賬未清，使南郭受累。當然，還不止這一件事。平良心說，朋友們對姜貴都是很不錯的。因為絕大多數的朋友都愛護他在文學方面的創作才華。

但是一談起文學，姜貴卻深惡痛絕。他說他家裡本來是做生意的，他自己也對做生意很有興趣，但是那次在臺南他把生意做垮了，就再也爬不起來，因此才再提筆。正如我養雞養垮了才再提筆的情形差不多。

　　一提起姜貴的作品，朋友們都稱讚《旋風》。可是他不止對我說過一次，他很後悔寫了《旋風》。這本書也使他招忌，有人暗中整他。為了稿費，有時他甚至故意作踐自己，我知道他化名寫了一些不三不四的中短篇。我很委婉地暗示過他愛惜羽毛，但是他不以為意，因此有些稿子他很便宜地賣給出版商，也因此引起某些出版商的輕視。這一點他和我不同，我情願餓死，情願永遠停筆，絕不寫別人喜歡而我不想寫的東西。我不作踐自己。

　　他在文學創作方面也走的是中國傳統文學的道路，和「現代」扯不上一點關係。因此有一個報紙連載長篇，據他告訴我就是受了某現代文學批評家的影響，說他的小說太舊而被腰斬。

　　有一次他先和我談起某一個被捧上了天的長篇現代小說，不禁感慨地說：

　　「連文字都沒有弄通，還談什麼小說！」

　　其實那篇「傑作」我當時並未看過，我只好說：

　　「現在興這個調調。」

　　「邪門，真是邪門！」他說。

　　不但對人、對事，我們兩人的看法有很多不謀而合的地方，對小說創作的看法更是如此。他從來不看什麼文學理論的東西，對西洋文學理論更無興趣，我雖然不信那一套，但我還涉獵一些。我們兩人都不是學文學的，他有他自己的創作方法，我也有我自己的。他不信邪，而一些邪魔外道也不容易唬住我。我們兩人之所以談得來，是基於很多共同點，而差別最大的是對金錢和女人的態度，但這不妨礙我們做為一對深談的朋友。由於十幾年的深談，所以我們相知最深。

　　他有他的缺點，他雖然很世故，我心中也很雪亮，但我們共同的缺點是：太不圓滑。

　　若論人情世故之深，作家朋友中還沒有誰比得上姜貴。但這種人情世故只利於他創作小說，卻不能使他成為一個八面玲瓏的人。不八面玲瓏的

人，在現實世界註定要吃虧的，尤其是看得愈深，益發無所作為。但他有一個自我逃避的方法，不和自己不歡喜的人見面。這點我很難辦到，因此我往往得罪人。

他搬到臺中以後，我們見面的機會自然少了，但他來臺北時還在東山旅社見過幾次。他得過吳三連獎金之後，就沒有見過面了。以後是永遠見不到了。

他的三位公子，老二、老三我都在「成功湖」見過。二公子是在復興劇學校鬚生的，藝名好像是王復為，後來從商。現在他們都已有成。

綜觀姜貴後半生，在金錢方面，很難獲人諒解，但在作品方面，卻為人一致公認。令人浩歎的是：最受大家推崇的《旋風》，卻是他自己最後悔的一部作品，而英譯本之糟，更是對他有害無益。

——載自《文學思潮》，第 9 期，1981 年 9 月

我思姜貴見性情

◎王鼎鈞*

　　到了 1960 年代，我和小說家姜貴的交往比較多。姜貴本名王林渡，原籍山東諸城，距離我的家鄉臨沂很近，諸城王氏和臨沂王氏都是大族，老一輩的人頗有往還，他的名著《旋風》裡面幾個重要人物，我的父親都能指出原型，主角方祥千就是諸城名士王翔千，此人當年和我父親都在濟南。姜貴長我十歲，因為有這些淵源，我和他成了忘年之交。

　　我對這位小說大家的第一印象：魁梧健壯，果然一名山東好漢，表情冷漠，好像城府甚深。那時他住在臺南，太太不幸病故，地方法院有位檢察官認為他疏於照顧，打算控他遺棄致死。那年代司法缺點多，「幸而」流行行政干涉司法，可以救濟，姜貴北上求援，十位走紅的小說家陪他去見司法院長王寵惠。

　　1960 年代中期，我接編「人間」副刊，開始和他交往。他經商失敗，恢復作家的身分，到臺北市賣文。他以長篇小說《旋風》一書，進入哥倫比亞大學教授夏志清的《中國現代小說史》，夏氏是這一門學問的權威，一經品題，國際知名，臺北的作家都歡迎他「歸隊」。我請他寫了一系列短篇小說，付給最高稿費，香港來的小說家南郭主編《中華日報》副刊，推出他的《重陽》、《碧海青天夜夜心》，經我安排，他的〈湖海揚塵錄〉上了《徵信新聞報》的綜合版，都是大部頭的作品，連載之後隨即出版單行本。寫長篇連載的收入很好，那時的說法是：「寫詩可以喝咖啡，寫散文可以吃客飯，寫長篇可以養家。」

---

*專事寫作。

求職曲折　性格所致

　　這位文壇先進的生活方式很特殊，他住在旅社裡，每天到飯館進餐。那時衡陽路有家旅社叫「成功湖」，房間不大，照樣有冷氣、有熱水浴、有「席夢思」床，他在裡面住了很久。由中廣節目部到「成功湖」，步行五分鐘穿過公園就到，我常去找他談天，旅社左右大小飯館一家連一家，我中午也常約他一同小吃。

　　他開支很大，一直鬧窮，連載談妥以後立即要求借支稿費，給編輯很大壓力，以致有些人不敢向他約稿，他對各報很有意見。他曾寫信向中廣公司的梁寒操董事長求職，寒老交辦下來，節目部主任邱楠無法安插，寫信轉介給中央電影公司總經理龔弘，龔總聘他爲編審委員，地位崇高，工作清閒，每月卻只有車馬費新臺幣 2000 元，（依當時匯率，折合美金 50 元。）徒然「禮聘」，並無「重金」。他也常向中影借錢，龔總請他寫劇本，那時中影的行情是，劇本費 40000 元，先支一半，（相當於美金 500 元），影片開拍時再付一半。他前後寫了三個劇本，都沒有拍成影片，他對龔總也非常不滿。他的性格也特殊。

　　他對職業的看法也出人意表。起初，國民黨中央黨部有人安排他去做中學教員，他斷然拒絕，認爲簡直是對他的侮辱。後來他的知音、哥倫比亞大學教授夏志清，聯合聖約翰大學亞洲研究院院長薛光前，寫信給中國文化學院創辦人張其昀，張氏派人面訪姜貴，商量開課，我這位鄉賢只願意做那領高薪不上課的「研究教授」，據說張其昀說了一句：「那要魯迅來了才可以。」夏志清、薛光前兩個人的面子大，國際關係研究所出面聘姜貴做研究員，不過聘期只有一年，倒是根本無公可辦，無事可做。人所共知，當年這個研究所有一筆特別預算，養了許多賢才和「閒才」。

　　姜貴爲他的失業找到一個很好的理由，他說他的小說寫得太好，反共的力量太大，所以共產黨要迫害他，他認爲法院、報館、學校、黨部、政府各部門都有共產黨員潛伏作怪，這些人打算餓死他，他常常慨歎他一年

的生活費也不過達官貴人打麻將「胡」一把牌。我勸他節省開支，搬到郊區租房子住，他說住旅館有人換床單，洗衣服，若是去租房子，連做飯都得自己動手，那樣的日子沒法過。

混熟了，我有時候也能勸他幾句。我說報館有報館的經驗，他們請人寫稿，預付了稿費，可是作家爽約，他們怕了，你想一個編輯又能有多大擔當？我說中央電影公司對你很好，他請你寫劇本，根本沒打算拍攝，他把這半個劇本費當做對你的額外津貼，這已經算是另眼相看了。我說中學教員有薪水，有福利，有寒暑假，鍾肇政和七等生都是教員，照樣受文壇尊敬，中央黨部豈是職業介紹所？他們能為你操這份心，還真難得。至於受共產黨迫害，我表示懷疑，我說「咱們沒有那樣重要」！在他聽來，為了走過矮簷，先矮化自己，這成什麼話！他修養好，沒發脾氣。

另外有些話他倒聽進去了，有一天談起他的兩位公子，我說為今之計，你我只有好好的教養子女，我們既然心有罣礙，豈能「不事王侯、高尚其事」？也只有放下身段，為貧而仕。我說你的夫人去世了，令郎沒有媽媽，你只有格外操心，子女成材就是你的勝利。我引用名作家柏楊一句話：「總統把萬里江山給他的兒子，老闆把萬貫家財給他的兒子，你我都得想一想能給子女留下什麼。」他聽了頗為動容。

在我們有生之年……

有一天談文論藝，他認為夏志清不懂小說，我驚問何以見得？他說他最好的作品是《重陽》和《碧海青天夜夜心》，夏志清只知道捧《旋風》。我對他說：「彭歌、高陽、郭嗣汾都認為《旋風》是你的代表作，他們都是小說家，難道都看錯了？我也認為有了《旋風》，你一定可以名垂青史。好的長篇小說裡面總有可愛的人物，《旋風》有，《重陽》和《碧海青天夜夜心》沒有。」我接著補充：「所謂可愛是指藝術上的可愛，不是洋娃娃那種可愛。」他到底是行家，立刻接口：「那當然！阿 Q 也可愛，焦大也可愛。」有一天他和小說家亮軒見面，兩人談起我的近況，姜貴告訴他：「王

鼎鈞這個人，每隔一段時間要找他談談。」

　　我也覺得「姜貴這個人，每隔一段時間要找他談談」。他的小說寫得好，我很佩服，我佩服一切會寫小說的人。我一向主張找失意的人談天，那正是姜貴最失意的時候，跟得意的人談話是一件非常乏味的事情，失意的人吐真言，見性情，而且有閒暇。

　　有一次我約姜貴到一家新落成的大飯店喝茶，大樓和飯店都是臺灣本省的資本家投資，服務的員工也都是本省人。我倆離開那座大樓，回頭看見黨國元老于右任寫的招牌，姜貴對我說「我們有生之年，可以看見中華民國就像這座大樓一樣，一切屬於臺灣，只有中華民國這塊招牌是外省人的手筆。」

　　有一天，我倆從蔣介石的銅像旁邊經過，他說：「在我們有生之年，這些玩藝兒都會變成廢銅爛鐵，論斤出售。」

　　我和他常常一同看電影，有一次，散場以後，夜闌人靜，他說：「在我們有生之年，可以看見舞臺演宋美齡如演慈禧太后，演蔣介石如演張宗昌。」

　　他常說「在我們有生之年」，那時我四十幾歲，他五十幾歲。他總是在人行道上邊走邊說，抗戰時期他曾經為國軍蒐集軍事情報，有某些經驗，這樣談話不會遭人錄音。

　　有一天他鄭重告訴我：「有一天，臺灣話是國語，教你的孩子好好地學臺灣話。」他對我的做事和作文從無一句指教，這是他對我唯一的一句忠告。

　　姜貴先生何等了得！我寫這篇文章的時候，臺灣政治「本土化」成為現實，中華民國虛有其表。臺灣話列為「14 種國語」之一，為獨尊臺語做好準備。蔣總統千座銅像，民間任意棄置，政客任意敲罵，求為回爐原料而不可得。這位傑出的小說家業已去世（1980 年），有些事他看見了，有些事他沒看見，我依然耳未聾、眼未瞎，也不知道將來還會看見什麼。

好人壞命　天地常態

　　姜貴「喜歡」算命（他未必相信算命），臺北市有那些「命理學家」，他一個一個說得出真名真姓。有人居室高雅，門外常常停著晶亮的黑色轎車，有人藏身陋巷，主顧大半是滿臉倦容脂粉斑剝的酒女舞女，姜貴都去請教過。我在 16、7 歲「插柳學詩」的時候，我的老師擅長占卦算命，曾經給過我一些薰陶，《淵海子平》這樣的書我也摸過翻過，姜貴好不容易找到一個談命的對象，我倆的關係又拉近了許多。

　　這位鄉賢常說：「人生由命，可惜沒人能算得準。」

　　「算命的」裡面確有異人，我從姜貴口中得知，有一位「算命的」行走江湖，閱人多矣，他總結經驗，發現「好人多半壞命，壞人多半好命」。人的道德品質能從生辰八字看出來嗎？他說「一定」。有沒有例外呢？「偶然有。」他若是發見一個好人有好命，或者一個壞人有壞命，他會高興好多天，可是他明白這並非天地間的常態。

　　我回到中國廣播公司，把這一則「世說」告訴了副總經理李荊蓀，他忽然說：「你把我的八字拿去找他替我算一算。」我大感意外，那年代出人意表的事特別多。我得替荊公保密，特地把他的筆跡湮滅了，把八字抄寫在另一張紙上。

　　姜貴帶著我去找那個「算命的」，那人並沒有什麼仙風道骨，我微感失望。他指出：「你的這位朋友是子時出生，子時橫跨在兩日之間，前半個時辰是前一天，後半個時辰算是第二天，他是前半夜還是後半夜出生？」我不知道，恐怕李副總自己也未必知道。

　　我提出一個解決的辦法，請他大致說一說前半夜出生的人如何，他說了幾句，完全沾不上邊兒。他再說後半夜出生的人，「這人很有才幹，但是瞧不起別人，常常和人爭吵。」這倒是八九不離十了。

　　我請他繼續推算下去，他「哎呀」一聲，他說「這人沒有氣了！」沒有氣？什麼意思？他說可能死亡也可能坐牢。算命算出這樣一個結果，我

怎樣交代呢？罷了！罷了！

　　我請姜貴吃了一頓豐盛的晚餐，央他替「算命的」寫一段批語，我說久病知醫，算命的那一套你都懂，捉刀輕而易舉，他默然。我說「算命的」鐵口直斷，咱們不能照寫，可是也不能憑空編謊騙人，請你用「文學語言」來處理吧！他又默然。

　　兩天後走訪姜貴，他拿出一張字條來，大意說，照「貴造」看，您懷才不遇，有志難伸，處處因人成事，但時局動盪，努力往往半途而廢，風格高雅，處處留下很好的名聲。最後一句是：「50 歲後歸隱田園，老境彌甘。」我把字條拿給李荊公看，他淡淡地說：「教我退休。」

　　幾個月後，李荊蓀突然被捕，判了重刑（1970 年），這年他 53 歲，15年後出獄，又三年病逝。他被捕後第二天，我找出他的八字，約了姜貴（也許我不該約他），再去請算命先生看看，這一步好像叫做「覆合」，也許能「合」出什麼希望來。他只給我幾句敷衍，卻也沒有再收費用。辭出後，姜貴畢竟是老江湖，他低聲問我：「這是李荊蓀的八字吧？」

　　姜貴常說「思想即命運」，他也許沒想到，這句話對他對我對他都適用，我們都被自己的想法決定了行動，又被行動決定了境遇遭際，蹭蹬一生。眼看有些人順著形勢思想，跟著長官思想，或者只有才能沒有思想，一個個「沉舟側畔千帆過」，心向往之而不能至。

——選自《自由時報》，2008 年 12 月 23 日，第 13 版

河清海晏（節錄）

◎張放*

記姜貴

　　1960 年代末，我在臺北兼任《文藝月刊》編輯，曾和姜貴先生有一段交往。他住在沅陵街一家小旅館，房間約二坪，僅有一床、一桌，並無衛生間設備。每日租金 50 元。他在凌晨三時起床，開始寫小說，直到早晨八時，才換上衣服出去吃燒餅油條豆漿，然後回旅館睡覺。下午二時，姜貴起床，漱洗過後，才出門吃飯。

　　為了和姜貴約會，我總是在下午二時和他在博愛路一帶小飯館碰面，有時吃水餃、麵條，有時炒兩樣菜吃飯。飯後，我倆再去咖啡館談論有關寫稿的事情。

　　姜貴原名王林渡，1908 年生。他在抗戰時期寫過一篇題為《突圍》的小說，寫成後寄給了茅盾，茅盾轉給了巴人，巴人寫〈後記〉推薦出版。巴人在〈後記〉中說：「作者雖非名家，且很少作品發表，此篇想公餘之暇，隨手寫成，所用稿紙，係貨車間記噸位表格，足見無意為文，然而其文之佳亦在無意中。」從巴人的這段文字證明，姜貴和沈從文相似，他有了豐富的生活體驗，然後再去寫作，「無意為文」是從生活湧出來的，這是小說家難能可貴的潛在力量。

　　姜貴曾經告訴我，他從北平鐵道學院畢業後，分發到徐州鐵路局工作。那是抗戰前的事。那時他常打麻將、逛窯子，閒來無事才寫出長篇小

---

*張放（1932～2012）小說家、評論家。山東平陰人。發表文章時專事寫作。

說《突圍》。他在一篇文章中說：「《突圍》進行中，不免有人來湊搭子，或參加喝酒，更不堪的是妓女過訪，砸門……我始終不說什麼。如果我老實告訴他們，我在寫小說，那將是一個大笑話，要把他們笑死。」

姜貴比我大 24 歲。那時，他年近六旬，在我的心目中，姜貴真是一位嚐遍海鹹河淡的江湖客。他從舊社會走出來，對於舊官僚政客的嘴臉，瞭若指掌，對於中下層社會的語言、結構和生活習慣，如數家珍般地講出來。據一位作家朋友告訴我：姜貴隻身從臺南來臺北討生活，潦倒萬分。他在三餐不繼時，曾向公園內的擺卦攤的算命先生借過錢，而且人家竟然借他。試想，算命先生是何等精明狡黠的人！姜貴是作家，他能和這些跑江湖的成爲莫逆之交，沒有幾分本領行嗎？說來慚愧，即使到了滿頭白髮的今天，我也拉不下臉皮去跟別人借錢，這絕非我的長處，而是我的虛榮心太重。

姜貴是國民黨老黨員，他罵國民黨口無遮攔，激昂慷慨，而且聲音高亢，時常語驚四座。1960 年代，蔣公健在，在公共場所批評國事是非常忌諱的事，何況我身爲現職軍官，和這種牢騷滿腹的朋友在一起，確有惹火燒身的危險。不過，我總是耐心聽他的牢騷話，並且用適當的話來安慰他。

我主持那冊大型文學刊物《文藝》編務半載，卻發表了姜貴兩個中篇小說，大多是預支稿費，爲了解決他生活困難，我還替他向總政戰部申請了一筆作家生活慰問金。不過，姜貴先生仍然發牢騷，彷彿任何人都對不起他，他是摩西救世主，永遠應受到芸芸眾生的膜拜。

客觀地說，姜貴代表一部分 1949 年大陸撤退來臺的官僚政客的病態心理。心腸冷漠，怨恨過深，對於在臺上的妒忌，但對那些在淒風苦雨中顫抖的人，卻又視若無睹，而且怕人家向他伸手要錢。我曾想把他和他的典型性格，塑造人物寫進小說中。姜貴是傑出的小說家，他自己就是一位典型小說人物。

有一次，姜貴氣吁吁地拿著剛出版的《文藝月刊》來找我，指著他的

作品中的標點符號，突然出現了兩個驚歎號。

「這是誰給我改的？啊！」

當時，《文藝》的校對是包出去的，由某報校訂室的一位資深校對擔任。我心中明白，那位校對朋友把小說中的「。」改爲「！」，爲的是加重語氣。

「張放兄，我寫稿子有一個習慣，從來不用驚歎號。」

我向他道歉。看過他幾十萬字的小說原稿，我當然熟悉他的筆法和文風。做爲一個刊物的主編，我是難以推卸責任的。從此，我獲得一個教訓：凡是資深作家的作品，除非他的筆誤之外，我絕不擅自更動一個字，甚至一個標點符號。

姜貴來臺，原在臺南一個民營機關工作。家庭生活清苦，這大抵在他心理上埋下怨尤。1950 年代後期，他埋頭寫了一部長篇小說，題爲《今檮杌傳》。它以山東膠州灣方鎮做背景，描寫方式家族的興衰。主角人物方祥千，祕密參加共產黨，在家鄉進行活動。後遇到國民黨清黨，方隱伏下。等到抗日戰爭爆發，方祥千率同志東山再起，在當地組織了地方政府，和日人勾結，趕走了國民黨。後來方家開始覺醒，走反共的路。不料被方祥千的兒子方天艾告密，結果被共產黨一網打盡，逮捕入獄。這部小說表達了共產黨不過是「旋風，旋風，他們不過是一陣旋風」而已。姜貴這部長達 40 萬字的小說，寄了許多報刊雜誌，都退了回來。姜貴一氣之下，寄給了剛回臺灣接任中央研究院院長的胡適。胡適寫了一篇短文，介紹此稿，聲名大噪。後於 1959 年由明華書局出版。書名改爲《旋風》。

姜貴另一部反共小說《重陽》，描寫寧漢分裂時期，武漢地區共產黨員柳少樵和洪桐葉的故事。1960 年代起，他寫了長篇小說《碧海青天夜夜心》、《湖海揚塵錄》、《喜宴》、《烈婦峰》等。

姜貴有些作品商品化特濃，完全爲了賺稿費而寫，這是他文學創作史上的一大敗筆。儘管他有理由，家境生活困難，老妻又害病，但這並不是讓讀者口服心服的理由。姜貴的長篇小說《烈婦峰》，胡編了一個古怪離奇

的戀情故事。作者塑造了一個民國初年的女豪傑京默玲，爲了理想，她和丈夫黃漢升參加辛亥革命起義，她的兒子後來繼承父母志向，也參加了北伐戰爭。在小說中，作者插入一個風塵痴女山茶戀屍的故事。黃漢升死後，山茶女竟終身不嫁，卻在烈婦峰下苦練飛刀，還信誓旦旦地說：「我就每天到烈婦峰，守在黃大爺的墳上。他活著的時候，我沒有資格和他作伴，現在是陰陽兩界上的人，我來陪陪您，該沒有人有話說。」

做爲一個當代文壇上的知名小說家，寫出這種荒謬傳奇的小說，應該是值得檢討的事。直白地說，即使爲了賺一筆稿費，也不應寫這種商品化的東西，因爲太不划算了！臺灣作家在文藝商品化的衝擊下，若想出淤泥而不染，並不是容易的事。一個作家步向晚年，思想見解、生活體驗皆達到巔峰狀態，它是作家畢生創作的黃金時期，如果不把握此一機會寫出優美真摯的文學作品。多麼可惜！

孔子讚美顏淵「一簞食，一瓢飲」，過著清苦的文人生活，卻其樂無窮。這種優美的學人風範，雖相隔了 2000 年，但是顏淵的安貧樂道的形象，依然是我們學習的榜樣。列夫‧托爾斯泰到了晚年，雖牙齒動搖、目光昏弱，夫妻感情不睦時常吵嘴，他仍然寫出偉大的長篇小說《復活》，這才是小說家的模範。

姜貴在臺灣，比起其他資深作家，幸運得多。他的幸運來自胡適，胡適爲他的小說作評、推薦，使《旋風》獲得吳三連文學獎。同時，軍方系統的黎明文化公司，也爲姜貴出版自選集，以及華視出版社的《喜宴》等書，這都是通過作家田原和我的奔走幫助。姜貴鄉長既不知道，也不領情，他總認爲胡適先生說了話，政府應當牢記在心，對他尊重關照。而且他服務社會數十年，又是名作家，政府應該將他視作國家的瑰寶。姜貴是小說家，看穿了社會百態，但卻對政府存著浪漫主義的幻想和憧憬，這不是過分天真嗎？

其實姜貴生活比較浪漫，這是我後來才聽到的話。他只專心寫作，卻從來不關心家人。甚至他的老伴在重病期間，姜貴也沒有照顧她。因而招

致兒女的不滿。他在臺北曾任中央電影公司特約編劇。拿薪水，不上班。我曾納悶他為何長期住旅館？一位作家朋友幽祕地說：「住旅館找女人方便啊。」姜貴先生過世後，他有一個做機車修理工人的公子，跑來臺北拿版稅，曾抱怨他父親生前不顧家庭，只顧自己，讓人聽了心酸不已。

　　姜貴約在 1975 年去了臺中，那時他年老多病，但仍寫作不輟。為了村居養靜，為了避開外界干擾，他搬進一座清幽僻靜的寺廟去住，直到 1980 年 7 月病逝。姜貴真是一位看破紅塵的傑出小說家。

——選自《明道文藝》，第 381 期，2007 年 12 月

姜貴先生二三事
姜貴在護國寺的生活

◎洪醒夫[*]

一

民國 64 年春天，因爲經商失敗，不得不以寫作爲業，藉以維持生活的姜貴先生，得了一種叫做 Writer's Block 的病，臺大醫院精神神經科的醫生告訴他說：「這是一種職業病，叫做『寫症』。」姜貴先生自述症狀說：「只要提起筆來，面對稿紙，我便目搖手顫，精神恍惚，文思斷續，不能聯綴。放下筆，收起稿紙，離開寫字桌，出去走走，就恢復正常，其疾若失。」

那時他有個長篇〈錦瑟華年〉在《中國時報》連載，爲了支撐下去，他服鎮定劑，用藥酒，後來喝酒喝得半醉，雖勉強能寫，他說，寫出來的卻是「語無倫次」，於是〈錦〉文中斷，他需要休息。

這一年的 8 月 31 日，因爲小說家朱夜先生的介紹，他離開一住十年的臺北，移居霧峰省議會旁邊的萬佛寺養病，在這裡住了整整五個月。民國 65 年 1 月 30 日，他搬進霧峰南柳村護國寺右側廂房的第一個房間，繼續休養。住了三個月，他覺得病好了，便開始寫稿，寫一個半月，完成 14 萬字：《花落蓮成》105000 字，〈蘇不纏的世界〉35000 字。

「寫症」好了以後，不幸目疾轉重。他自民國 60 年患眼疾，雙目時時會無故自淚，看了好些年眼科，歷經各大名醫，始終沒有看出是什麼毛

[*]洪醒夫（1949〜1982）小說家、詩人、散文家、評論家。本名洪媽從。彰化人。發表文章時爲國小教師。

病。這次病發，就近走進臺中一家眼科醫院，一位年輕醫師竟然毫不費力的爲他找出病因——眼睫毛倒長，經過手術，總算治好了多年不癒的眼疾。

民國 66 年 2 月 1 日，他離開剛好住了一年的護國寺，搬到臺中市鬧區某公寓去，租了一個房間，繼續寫作，寫了五個月，他又搬回護國寺，這一次住了大約兩年，民國 68 年夏天，他又搬到那個公寓去住，一直到民國 69 年 12 月 17 日腦溢血突發，不幸辭世爲止。

這是姜貴先生移居中部五年又三個半月的生活大要。在這一段時間裡，他出版了《花落蓮成》、《蘇不纏的世界》、《雲漢悠悠》、《白棺》、《曲巷幽幽》、《曉夢春心》（姜貴自選集）等六部小說，還發表了一部預定有三十餘萬字自認超越《旋風》的未完稿〈奔流〉；爲了呼籲改建護國寺，出版了一個小冊子《護國寺開山記》。他得到目前國內最具聲望的「吳三連文藝獎」（第一屆），這是作家藝術家一生的成就獎。到現在爲止，得到這個獎的小說家有：姜貴、陳若曦、鍾肇政、黃春明、田原。

姜貴第二次搬出護國寺以後，跟臺中地區的三五好友頗有連繫，楊逵、耕心、胡萬川、徐秉鉞、陳篤弘，是他連絡最勤的文學界朋友，所以這時期的生活情形朋友們比較清楚，也會寫成文章向讀者朋友報告。但是，姜貴進出護國寺那一段，也就是從民國 65 年 2 月到 68 年夏天的生活情形，大家所知有限。然而，這一時期的生活，卻是姜貴晚年極爲重要的部分，在他的一生中，也占著相當重要的地位，他深居簡出，絕少與外界聯繫，比較清楚他的生活景況的，大約是耕心先生、鍾衍蕃醫師、如虛法師、他的家屬和極少數也許我們並不知道的朋友。司馬青雲先生是我們知道的，但因爲姜貴逝世的噩耗發生得太過突然，我們不知司馬先生「雲遊何處」，一時也無從聯絡，後來有個機緣使我們與他取得聯繫，我們決定去請教他，以便深入報導姜貴先生此一時期的生活面貌，讓敬重他關心他的朋友，能夠更進一步了解姜貴，所以我們做了這個報導。

二

　　司馬青雲是姜貴護國寺時期一起寄籬的鄰居，兩人鄰房而居大約有兩年之久，姜貴先生住右側廂房第一間，司馬住第二間。民國 67 年 8 月，司馬先生離開護國寺之後，兩人還有書信往來。姜貴先生不幸逝世，司馬從報上得到消息，寫了一篇短稿〈天涯咫尺〉寄給《臺副》，記述他與姜貴在護國寺相識相處的一段「殊勝因緣」，字文樸實，感情真切，內容也彌足珍貴；但因文稿太短，用的又是「寫意筆墨」，對於敬仰姜貴先生的讀者來說，實在意有未盡。因此，《臺副》編者特別安排我去向司馬先生請教，希望對姜貴此一時期的生活情形能夠有更深入的了解。

　　民國 69 年 12 月 28 日下午一點多，我在雲林縣林內鄉林內公園一座幽靜雅緻的住宅中，拜見了司馬先生。姜貴寫過一篇〈護國寺的燕子〉，文中曾經提到這位先生。姜貴說：「外來寄居的『在家人』，我之外，還有一位文先生是位畫家，筆名司馬青雲，去年夏天曾在臺北國軍文藝活動中心開過畫展，頗獲好評。他精研佛學，佩服太虛大師。這方面我外行，實在無話可說。」文先生四十餘歲，原籍廣西，是個溫厚儒雅的書生，瘦瘦的，中等身材，很有精神，人很客氣。他曾在中學教過國文和美術。目前隱居鄉間，閉門讀書作畫。他自己一個人過日子，喜歡自由自在的清靜生活。現在住的房子是他一位朋友的，室內擺設異常簡單，進門一間原本應是客廳的地方，無一桌一椅，無任何家具，只有牆上地上分別懸掛或擺放十來幅已經完成裱好的作品及書櫃。壁上有一聯：「春欲暮，思無窮，應笑我早生華髮；語已多，情未了，問何人會解連環。」知主人心境。

　　文先生我把引進隔壁一間窄小乾淨、看似客房的臥室裡，室內一張單人木床，一桌、兩椅，床上桌上整齊的擺些文件資料畫冊。他的臥室書房想必在另一間，想必除了書畫之外，其他一切陳設也都簡單，這是一個隱居的藝術家的冰清風格，我曾到過姜貴先生租居的公寓房內，他屋內的「家當」也極其簡單，他們豐富的地方不在於住所的擺設，而在於他們的

內心,他們的精神境界。當然,「生活」也是一個極為重要的因素。

在此之前,我不曾來過林內,要找一位隱士的住居也的確頗費心神,我有他的地址,可是這裡的門牌編號亂得奇怪,問路數次,最後,一位熱心的太太告訴我:「門前有聖誕紅的,便是文先生的住處!」其實,除了聖誕紅,還有許多樹,屋前還有個小亭子,我叫了幾次門,沒有反應,心想我來早了,文先生也許還在午睡,我便坐在屋外亭子邊等候,不久,文先生起來開門,把我引進室內,我們便開始談論姜貴在護國寺的生活景況。

三

姜貴先生還在萬佛寺的時候,司馬青雲已在護國寺有些日子了。根據司馬的回憶,姜貴住進護國寺,是鍾衍蕃中醫師引介的。鍾醫師每逢農曆初一、十五,都要到護國寺燒香,有一次,鍾先生帶著姜貴去,與那裡的住持談了一陣,沒多久,姜貴便搬了進來。

姜貴也奇怪,他那住在臺中市的長公子為鐮兄為他準備了臥室與素靜的書房,他偏不去住,一年到頭難得去個三五回。為鐮兄是個監理所的小職員,收入自然有限,但奉養尊親的孝心與能力,都極懇切盡力,並有具體行動,卻不為姜貴接納,想來姜貴是有許多特殊的想法與脾氣,不同於凡人,為鐮兄嫂自然無能為力,便順著他去。

這時姜貴又窮又病。他搬進護國寺以後,Writer's Block 未癒,無法寫作,沒有收入。初進護國寺時,曾繳了一次象徵性的饍宿費用,以後很久都沒有繳,護國寺也不計較。他一文不名,窮得真是徹底。這時的生活雜用,有時向鍾醫師借,有時向寺方借,數目極小而又時間緊迫的,便找他的鄰居司馬青雲——姜貴當然知道,司馬也是沒幾個錢的窮朋友。——這時,姜貴的三公子考上某大學,不滿意,決定重考,在補習班裡「儲備戰力」,姜貴還要負擔他的生活費及學費的大部分,這樣他才安心。後來,三公子考上臺中中國醫藥學院,教育費用大部分還是姜貴負擔,如此,姜貴在臺中這一段「煮字療飢度小月」的生活窘境,便不難想像了!

　　初進護國寺的姜貴，吃藥、靜養，並持誦〈大悲咒〉。他是喜歡護國寺的，更難得的是，在他又病又窮的時候，還能保有寧靜致遠的性情與寬大慈悲的胸襟，看天地萬物都有情，都有生趣。〈護國寺的燕子〉裡，有這樣一段：

　　「南柳村清靜，護國寺更清靜，晨鐘暮鼓之外，下雨的時候有雨聲，颱風的時候有風聲，而自晨至暮永不間斷的是鳥聲。燕子迎面而來，就要撞到你臉上了，你急忙要躲它的時候，它已調整方向，從你的肩頭一掠而去，它對你並無畏懼。贏得它們的信任，知道你不可怕，是一大愉快。……」

　　養病三月以後，寫下《花落蓮成》與〈蘇不纏的世界〉，共計 14 萬字，只花去一個半月時光。

　　司馬青雲告訴我，這兩篇小說原本只是一篇，題目就叫做《花落蓮成》。稿成之後，寄給某報，編者說，兩頭不好，中間一段極佳。稿子退回來。再寄另一個報社，這一回，編者說，兩頭極佳，中間不好。於是姜貴先生，將原稿大動手術，兩頭切掉，拿出中間部分，把它整修成一個首尾呼應體制完滿的獨立中篇，寄給說它極佳的某報連載，題目叫做〈蘇不纏的世界〉，去頭去尾，倒也真是「不纏」了。再把剩下的頭尾修飾一番，連接起來，使它成為一個結構健全的長篇，寄給它很好的另一個報紙連載。於是皆大歡喜，各取所需而去。

　　我想，這件事至少說明了姜貴先生的屈就，也說明一個職業作家在國內謀生的困難及辛酸，編者說什麼，就是什麼，這才有飯吃。賣稿子這回事兒畢竟也是一種商業行為，必須賓主盡歡，才能銀貨兩訖的。但是，如果你因此以姜貴先生的創作態度不夠嚴謹，那倒是誤會了，你最好看看《花落蓮成》和〈蘇不纏的世界〉，它們在姜貴的所有作品中雖不是最出色，卻也頗有可觀。姜貴對寫作最無興趣，卻不得不以寫作為業，其中滋味，不難想像，他曾以妓女自況，讀過〈曉夢春心〉的朋友都知道。姜貴說：「神聖的性行為淪落為買賣，實在是蠢事之尤，人類的最大污點，奇恥

大辱。」又說：「自況的問題，假如你知道我這二十多年的日子是怎麼過的，你就知道爲什麼我要用他們來自況。這方面的話，我只能說到這裡爲止，因爲我真正的目的還是在替他們『伸冤』。」——也是爲他自己伸冤的吧？我想。就不知道他是〈曉夢春心〉裡的桓雪娘還是樊三春？還是兩者都有一點影子，忘了問他，現在卻已經來不及了！

司馬青雲還告訴我，姜貴先生寫完《雲漢悠悠》，寄給某報，很久都沒有消息。有一天，信來了，編者說，名字不好，要求改一個。姜貴自己想，也有道理，自己寫那麼多年了，時常長篇連載，這邊也姜貴，那邊也姜貴，姜貴來姜貴去，怕沒有什麼新鮮，提不起讀者興趣。改就改吧。於是他改了個筆名，給編者寫了回信去。不幾天，回信來了，才發現這原來是個誤會，編者要求更改的，是小說的名字，不是作者的名字。這部小說稿，原來的題目，司馬青雲說，好像叫做什麼樓記的。——於是姜貴欣然改題名爲《雲漢悠悠》。

爲小說改個新名字，這在姜貴不是難事，筆名都可以改了，給小說改個題目又有什麼困難？何況，這又不是第一次！既然有了經驗，便可以駕輕就熟，約莫是不費事的。姜貴有一本長達 846 頁的著作《碧海青天夜夜心》，也是改了題目的。他在一篇文章裡說：「這本書原題『海誓』，副刊編輯奉老闆之命光臨寒舍，指定改用七個字。我因以此爲生，生意做得十分將就，縱然心裡極不以爲然，也還是作狀欣然同意，照顧客的定貨規則出貨不誤。等到出書，我折衷擬了一個三個字的書名，建議出版社改名。出版社說：『我有幾本三個字書名的書，銷路也不好。』於是多數占勝，再無話說。」

這是小事一件，卻也可以看出姜貴是如何小心的、謙卑的，過著他的鬻文生涯。畢竟，人總是要吃飯的，要過日子的，這些都非錢莫辦。

錢之一物，曾經困擾姜貴大半輩子，奇怪的是，他好似從來不曾把錢看在眼內。仲正先生在本刊寫過一篇〈記姜貴〉的大文，說姜貴有些時候花錢真兇，不知錢從哪裡來。他的意思應該是指姜貴不善理財，視錢財爲

身外之物，如果開支方面稍作計畫，應該不至於時時一文不名。這話的深一層意思是說，姜貴胸中自有天地，名利權勢實在擺不進去。

稿費以外的收入，據我所知，姜貴先生的確有這樣的機會，而且不止一次，數目也都不小，但都被他拒絕了。國家主辦的文化機構，曾經不止一次的要補助他的生活，支持並要幫助維持他的文學事業，使他能夠安心創作，但是，這些善意的安排，都遭到婉拒。民營的出版事業公司，也有幾家曾提出優厚的條件要出版他的作品，只要他點頭，便有大把鈔票可花，他也沒有答應。

這方面，他是硬守他的原則不放的，也因為如此，他的貧窮便成為一椿天經地義的事了。加上他不願拖累他的子女，不接受子女為他安排生活的一番孝心，也婉拒子女的孝敬，如此一來，我們的姜貴先生，有時候便窮到讓我們吃驚的地步了。下面是司馬先生提到的一些事——

在護國寺的時候，他的三公子有時騎著單車來看他，三公子臨走時，姜貴有時需要去敲司馬青雲的門，借個五十一百的小錢。有一次，曾英譯《旋風》，並寫下英文版《姜貴傳》在美發行的美國學者羅體模來訪，告辭時，姜貴先生要送他出去，臨時向寺方借錢應急。

日子難過時，姜貴先生曾有意到大學兼課，托人介紹，沒有成功。後來在臺中近郊找到一家私立中學，決定聘他兼課，課本都寄來了，可是他算算待遇，認為划不來，便沒有去，把課本退還人家。

在護國寺裡，姜貴的生活是頗有規律的，他睡得早，睡到半夜，起來寫稿，有時候早上還要睡一下。近午時分，是姜貴與司馬青雲見面聊天的時候，他們一起坐在院子裡等郵差，那郵差每天這個時候來一次，送報紙啦，送信啦，這些他們都需要，也都盼望，所以便提早出來等，在等待的時候，隨便聊些什麼。護國寺有一隻黑狗，非常靈敏，郵差遠遠來了，身影被樹遮去，還看不見時，牠便吠叫起來。

司馬先生說，他從未到過姜貴房裡，姜貴初到，他也不知他是作家，後來才知道的。平時大家各忙各的，一個寫稿，一個作畫，等郵差的時

候，便一起坐在院子裡。

　　姜貴寫完《花落蓮成》不久，便搬出去住公寓，那公寓十分嘈雜，男男女女，打打鬧鬧，不過對他並無妨礙，他有足夠的「定力」推開室外的嘈雜，不去聞問，雖身處鬧市，心中卻仍有護國寺一般的清靜安適。

　　在公寓裡住了五個月，又搬回護國寺，要回來前，曾經問司馬先生是不是還要住下去，司馬說是，他才搬回來。司馬先生說：「大概總要有個可以談話的人吧！」

　　民國 67 年 8 月，司馬青雲離開護國寺，姜貴還留在寺裡，不久，姜貴得到吳三連文藝獎，但他不久就把錢花光。大約是民國 68 年的夏天，姜貴也離開護國寺。

四

　　下午三點多，我向司馬青雲先生告辭，承他好意送我到車站。在等車的時候，司馬先生提起一件事，使我對姜貴先生懷念不已。司馬有個教書的朋友，在某個機緣裡，也與姜貴相識了，以後略有往來。這位朋友不幸去世，姜貴先生在司馬那裡看到訃聞，嘴裡直說：「這怎麼辦！這怎麼辦！留下太太和那麼小的孩子，這怎麼辦？」後來，姜貴帶著錢去找那位太太，想給她一點幫助，結果到那裡之後，才發現他找錯了人，發生事情的，根本不是這一位。他把經過寫信告訴司馬，說差一點把牛頭跟馬嘴湊起來，鬧出尷尬的場面。

　　這不僅是一個窮人的故事，也是一顆高尚心靈的故事。難怪姜貴寫小說每寫到悽慘處，總是不忍心下筆。〈曉夢春心〉裡，桓雪娘北走之後，再也沒有她的消息，姜貴告訴我說：「我不能讓林總再見到桓雪娘，那太悽慘了，我寫不下去！」，〈奔流〉寫到最高潮也是最悽慘的時候，他告訴陳主編說：「當時的社會就是這樣悽慘！我不忍心寫，我畢竟是老了，寫不下去了。」誰會想到這話講過一兩天，他便遽然離去？

　　辭別司馬先生，我在北上客運車的擁擠乘客中，想到文學這個辛苦而

又困難的事業，想到姜貴的一生，內心特別感到寂寞和清冷，對這位長者的追念，也就特別哀戚了。（本文有關姜貴在護國寺的生活點滴，由司馬青雲先生提供，說明的部分，是我的意見。因為受到時間的限制，稿成之後未及送請司馬先生過目，若有錯誤，當由報導者負責。）

——選自《文學思潮》，第 9 期，1981 年 9 月

寂寞長途
悼念姜貴先生

◎司馬中原[*]

　　和姜貴先生訂交，轉眼 20 年了，眼見他在多風雨的人生長途上走到終站，緬懷往昔，不禁感慨萬端。我第一次見到姜貴先生，是在女作家童真的家裡，沒有別的客人，我們煮酒聊天，談得異常投契。他是耿介的人，有著他特殊的人生觀點，社會一般人也許會覺得他有些古怪，但少數和他相知的朋友，都知道他坦誠無隱，一點也不孤高。他的生活經驗非常豐廣，他不但汲取那些生活，收入他的記憶，並且能感悟它們在表相之外的真實意義。按理說，一個對生活認知度很深的作家，應該能夠輕鬆的處理他本身的生活，但結果恰恰相反，他能侃侃而談天下事，但對本身的生活卻一直處理不好，因此我們可以斷定，他是屬於藝術型格的人。

　　我無論和他見面談天也好，相互通信也好，總覺得他內心懷有一種極深的孤憤，給人一種濃烈的悲劇感覺，這種悲劇感，一半是屬於他個人性格的。或可說他太愛中國，太愛北方廣大的土地和人民，他眼見人為的大悲劇侵襲而來，人們多半愚懜，除了怨歎命運而外，只有逆來順受，為認命而堅忍，這形成他內心痛苦的根源。

　　他不像年輕熱情的生命，在作品中輕易的去肯定什麼，發出一陣盲激的吶喊，他對生活深度透視之後，看法也較為廣闊深沉，他撥開浮象，牢牢的掌握住人性的根鬚，冷靜的、平實的去抒寫，寫一些人的保守頑硬，一些人的私心私欲，一些人的興風作浪，無不寫得生動精妙，這不光是靠

[*]本名吳延玫，專事寫作。

才情所能達致的，多半靠作者經驗老到，對人、對事、對物、對歷史文化和時代的推移，都有他的觀點和見地。小說作品，能寫到客觀冷靜、平實無華的地步，看來簡單，實非易事，姜貴先生作品的最大特色正在這裡，他看得深，想得透，見人之所未見，但在表達方面，卻能做到真正的客觀，絕不用主觀的意旨去籠罩他筆下的人物，《旋風》如此，《重陽》如此，其它作品也莫不如此。儘管表現上是客觀的，但作者的思想性卻揉融在表現之中，透過他對時代生活的敏銳洞察所產生的思想，是深邃的、超常的，這就是他的作品在國際上深受矚目的主要原因，因為他懂得中國，懂得中國人最深的精神層面。

他體認到人性是複雜的，因為他本身就很複雜，在現實生活裡，橫逆、挫折、一連串沉重的打擊，不斷降落在他的身上，使他奔波勞碌，活得像一隻無歸的漂鳥，他一陣子想浮升突破，過一陣子又心灰意冷，這種反覆浮沉的矛盾心理，不斷折磨著他，他像平常人一樣的牢騷、怨苦，承認安定的工作和適量的金錢是重要的，每談到這些，他就因不能得到這些顯得有些自卑，但在精神領域中，他卻顯露出一身傲骨，並有著充分的自信，相信他作品的價值和他思想的價值，絕不向世俗妥協低頭。

精神和現實參差太大，使他原本特異的性格更加古怪，除了極少數的朋友之外，他幾乎把自己封閉起來，盡可能的不在公共場所露面，不做公開演講，不接觸一般的社會人，尤其是官場上的人，他覺得任何湊熱鬧的事，如不是出自本心，就是極為無聊的、時間上的浪費，哪怕是幾分鐘他都不很願意。他這種近乎孤僻的心理狀態，我是深知的，因而，我每次和他見面，幾乎都是單獨的，最多也只是兩三個談得來的朋友，我本身從事專業寫作，知道作家需要閒與靜的創作環境，可惜我的性格開放，冗務纏身，不能像姜貴先生那樣堅持著生活上的孤獨，其實在內心裡，他的單純生活倒是我深深嚮往的。

通常，一個人在一生當中，總有一段意氣風發的光風歲月，姜貴先生的前半輩子，也許有過短暫的風光，但來臺後這幾十年，他是貧窮、寂

寞，活得沉重艱難的；他寫的書，不管國際間有識之士，對他有怎樣的推崇和評價，但在國內書刊行銷的市場上，他是曲高和寡的冷門作家之一，卻是不爭的事實。他的稿費和版稅收入極其微薄，和通俗流行作家，根本無法相比，人常說：時也、運也、命也，印證在他身上，最適當不過了：他對作品的本身具有信心，並不等於他對發行、銷售、推廣、收益有信心，因為這純粹是兩碼子事。對於後者，他自承不懂，他只是一個繼古代文士餘緒的、保守的人，他常認為自己上了年歲了。對新的文化企業的經營和拓展，他不願再去花費腦筋了。他寧可因擁抱他自己的觀念，繼續潦倒的生活下去，也不願在這方面使用作品之外的因素，去獲致他一向卑視的名和利，他這種堅持，事實證明他至死都不曾改變。單就這一份堅持到底的精神，就夠令人敬佩的了。

他養雞養失敗了，想幹旁的工作又缺少適當的機會，到生活窘迫到無法撐持的時刻，他只是回到他的老本行，靠煮字賣文換取微薄的待遇，結果是付給社會的都是現的，而收入和他寫作賺錢，也都是苦多甜少，他始終突不出貧困的範圍。這為錢財爭逐的社會，對姜貴先生這樣稱得上國寶的作家，是不夠公平的，姜貴先生的作品，沒有一部是娛樂大眾而寫的，大家不踴躍買他的書，他能不窮半輩子，苦半輩子嗎？有些有心人常為此呼喊：作家是要全社會去關心培養的，我們培養了姜貴先生什麼呢？

一年夏秋之間，我到臺南東郊，他的住處去看他，那屋子狹小而破舊，連一張像樣的待客的椅子都沒有，我只好坐在一張小圓凳上和他談話，那是他最灰黯的，走霉運的一年，他的太太病餓而死，死時他不在，到北部找朋友張羅生活費用無著，鄰舍不知情，眾口同聲責怨他，報紙上，內幕雜誌上，更繪聲繪色的栽誣糟蹋他，演成一場莫須有的官司，打得他身心交疲，情緒鬱勃而低落，那時他的第一部作品，也是最重要的一部作品《旋風》出版不久，由於那是一部對共匪邪惡本質透視得最深，對中共匪幫打擊很大的書，他懷疑是有人為虎作倀，存心藉此打擊他，證諸後來破獲的匪諜案，使人不能不考慮他懷疑的真實性，因為共匪一向是無

孔不入，他們對於生活在自由世界裡的反共文化人，一向使用造謠、分化、中傷和多種卑污的方法加以打擊和傷害的。他們用這種方法，打擊一個喪失老伴、困居陋室，又饑寒交迫的反共作家，實在令人齒冷，並憤慨萬端。

喪妻後的姜貴，又失去了職業，不得不父兼母職，照料孩子，煮字療飢，他的一部一部作品，不是在安適環境中寫出來的，而是在艱苦煎熬下逼出來的，真不知有多少血淚，灑在深夜攤展的稿箋上。

其後不久，我先遷來北部，和他相聚的機會便少了，而且各人都為生活忙碌，偶有書信往還，我的信寫得很短，他的來信卻都很長，而且都餘意未盡，彷彿有太多的話要對我傾吐。

數年後，他的孩子長大了，他也離開臺南那塊傷心之地，到臺北來寄居，有位朋友告訴我這個消息，說他住在城中區一家設備簡陋的小旅館裡，我去了幾次他都不在，最後總算見了面，在昏黯的燈光下談到深夜，我覺得那間旅館環境嘈雜，投宿的旅客流品複雜夜來時更是一片喧嘩，並不是理想的寫作處所，勸他另外租棟房子，他說要等小兒子北來再設法租屋，他認為租房子要自己洗衣、開伙、打掃、整頓，有利有弊，住旅館便沒有這些麻煩，洗衣有人包洗，打掃由清潔婦負責，附近攤位多，隨時可去吃小吃，時間節省下來，作寫稿之用，有它經濟之處，再說嘈雜，他表示習慣了就好，關起房門來，充耳不聞可也：我覺得他的話不無道理，也就沒再說什麼了。

民國 62 年，我到華欣文化工作者聯誼會服務，忽然接到他一封長信，信裡說他已在泉州街附近租了房子，打算確定他爾後的寫作計畫，最先打算以黃河流域數十年中國的動亂與災劫為背景，寫一部跨越幾個時代，篇幅異常巨大的長篇，並且附上作品的計畫大綱，當時我覺得也只有他真正夠資格寫這部史詩般的大書，內心非常的興奮，他在信末特別提到他的困難，那就是在動筆到完稿這段時間——預計兩年左右，他缺乏基本生活費用，而且這部篇幅巨大的作品，在當時出版界，誰有魄力出版的問題？

　　我本身毫無直接協助他的能力，便和當時主持華欣文化中心出版事務的尹雪曼兄商量，雪曼兄正好也收到姜貴先生寄到中心的信和大綱，和我有相同的贊助熱忱，在會報上，對華欣文化中心的蔣主任提起這件事，詳細陳明了姜貴先生生活上艱困的情形，和他雄偉的創作構想，蔣主任一口承應贊助，表示在姜貴先生寫作這部書期間，發表的稿費仍歸作者，中心願意取得出版權，每月給付新臺幣萬元的生活費用，算是無條件的贈予，該書出版時，版權費照付，並不從其中扣除，以當時的物價指數而論，每月萬元贈予，並非小數目，蔣主任鼎力協助文學發展，照顧作家生活的苦心，既真誠又有氣魄，30 年來，以這樣關切的心胸來照顧一位優秀作家的，真還不容易找到其它的例子。

　　幾天後，華欣的祕書方興華兄陪我一起去看姜貴先生，好不容易才找到他租賃的房子，那房子緊鄰著陸橋，來往車輛的噪音刺人耳膜，我怨姜先生為什麼租這個房子？在這種噪音震耳的環境裡，怎能安心寫稿呢？他表示一來房租較便宜，二來已經租了只好面對現實，同時租賃時間也快到期了，我建議他換租一處清靜的房子，好安心寫他的巨著，同時，把華欣文化中心對他支援的心意也表達了，姜貴先生表示異常感謝，只是換租房子的押金他一時拿不出來。後來他覓妥吳興街松山寺對面的瀶陽山莊一處二樓房屋，押金由華欣代付，同時按月支付他的生活費，這樣過了三個月，姜貴先生又寫了一封信來，表示經他慎重考慮，這本書他很難下筆，因為依據當時的史實，共匪固然罪大惡極，而政府的地方官吏，也陋習重重，他不願掩過飾非，但寫來顧忌太多……。我把這意思轉達給蔣主任，蔣主任說：「我們尊重姜貴先生的風骨，過去的歷史應該檢討，是就是是，非就是非，帶著許多老毛病去反共是不成的，姜先生大可不必有任何顧慮，歷史的忠言正可以使我們得到警惕和激勵！」

　　這番話，我也和姜貴先生當面說了，但姜貴先生審慎思考了許久，最後說：

　　「這樣罷，我仍然覺得這部大書要稍為壓後再寫，如果華欣要出書，

我可以給一部另外的長篇，因為我改變了計畫，華欣送我的生活費，也不必再繼續送了，對華欣支助我的這番盛情，我會永遠感謝的。」

　　這之後，他遷離了臺北，我們就很少連繫了，聽朋友說起他的生活景況，也都是零零星星的，有人說他寄居在廟裡，無論如何，他並沒輟筆，後來，《幼獅文藝》還刊載了他以桐柏山為背景的長篇，在這悠長的六、七年裡，我只在報社所舉辦的酒會上見過他兩次，由於人多嘈雜，只能略作寒暄而已。我記得他曾以無限沉愴的語調，談起黃河兩岸人們艱苦的生存，我期望總有一天會讀到他那部大書，直到他辭世的消息傳來，使我的希望成為夢影，我有著最深的痛惜和悲哀，這部大書沒能問世，實在是無可彌補的損失，我想，在姜貴先生彌留之際，也會引以為憾的。

　　姜貴先生真的是性情古怪嗎？不！他是以在野的胸懷，吸納歷史，最著重人民生存和生活的人，是一個堅守民族文化本位，在寂寞中潛心創作的人，他不是古怪，是看得比我們更遠，想得比我們更深，他認為許多意識的根蒂所造成的問題，絕不是口號和吶喊所能解決的，年輕一些的人看來，也許會認為他比較消極，事實上他非常積極的要從歷史和現實中，尋找出路，他現存的作品，已足使我們感悟，並隱隱的得到一些靈性的指引。

　　在他走過的寂寞長途上，我想，還會有人繼續走下去的，一個理想的中國，理想的社會，是我們共同的夢，我們呼吸著，就必會向此前進，用筆尖耕耘去實踐理想，用愛心去覆蓋一切痛苦的生存。

　　陰陽相隔的只是我們的形體，卻阻隔不了融合無間的精神，願姜貴先生安息，並在天國默佑我們民族中繼起的才人。

——選自《中國時報》，1981 年 1 月 11 日，第 8 版

論姜貴小說的主題

◎Timothy A. Ross[*]
◎陳森譯[**]

　　姜貴是一位中國小說家，自 1948 年起，即卜居於臺灣。他生於 1908 年，反映在他小說中的生活經驗包括：在一個式微的大地主家族中消度童年、在濟南和青島接受中學教育、參加北伐、在中日戰爭期中服務軍旅八年、遷居臺灣以及生活窮困。雖然，就年齡而論，姜貴乃是一位跟諸如沈從文、巴金和張天翼等著名作家——他們在 1930 年代就已卓著聲譽——同一時代的人，但他直到 1949 年以後才在臺灣開始認真寫作。他的作品係受這一事實的影響：他所隸屬的那個社會業已永遠消失；而他的兩部最佳的長篇小說也的確是在專一闡釋那種瓦解的原因。另一方面，他的年齡與他的文學見解也使他跟臺灣的年輕一代的作家隔離開來。

　　姜貴出生於慈禧太后去世的那一年。在他四歲時，他的伯父爲鎮壓革命黨人起義的清軍所戮。1927 年，他目擊武漢的國共分裂；1940 年，他遍歷日軍的後方。他是他家族中逃離大陸的唯一成員。就他所親睹的歷史來說，時代與變遷、傳統與反傳統之成爲他主要的著眼點，原是不足爲奇的。

　　本文試圖陳述我對姜貴小說中的重要主題的看法：過去的重擔、革命與孝道之辯以及對於革命各方面的批判。

[*]中文名羅體模。發表文章時爲阿肯薩斯州立大學副教授。
[**]陳森（1912～2002），評論家、翻譯家。發表文章時爲業餘翻譯。

過去的重擔

在 1936 年，姜貴極度關切他國家對於即將來臨的浩劫之毫無準備，便寫了一個名爲《突圍》的中篇小說。這部小說表達了夏志清教授所謂的「被中國所纏住」（"Obsession with China"），「一個得了精神病的國家，因而也就無法自強或者改變它那固定的、違背人道的方式」【見夏氏所著，*A History of Modern Chinese Fiction*, 2nd Edition（New Haven: Yale University Press, 1971）pp.533–534】。書中的主角林杜感到中國是在過去的重擔下壓倒了。

他親自體驗到這一點，認爲它把各種機會都堵住了，當他想出一個雋句以便作成一首詩，隨又不得不把它放棄的時候，因爲他得知杜甫在一千多年以前就已用過同樣的句子。（姜貴也曾有過類似的經驗，斷言假如有中國舊詩的傳統的話，那就幾乎不可能寫出一個創新的句子來；那也許就是他轉向小說的一個原因。）此外，當林杜在 1932 年從南京前去洛陽時，他發現了中國的「過去」擋住它的「現在」的證據。他在洛陽的女房東依然堅持給她那個尖聲銳叫的女兒纏足。在久旱不雨時，他又看到當地的黨政重要人物在膜拜一尊土神——化身爲一條金色的小蛇——祈求天降甘霖。最糟的則是那些有權有勢的人物的橫行霸道的作風以及弱者的孤立無助。被中國的落後情形所嚇呆，林杜自個兒喃喃地說：「我們一事無成，我們一事無成。」（見《突圍》，1939 年世界書局出版，頁 84。）

中國的家庭制度乃是姜貴的過去的重擔的主要象徵。當《旋風》中的共產黨主角方祥千回到他的原籍方鎭時，基因於家庭制度的林林總總的悲慘情景便展開了。在方族的本宅中，老太太——那個女族長——折磨著她先夫的姨太太。在另一個家裡，方八姑則以輕蔑的態度對待她的庶母，因爲那個女人是妾而不是八姑父親的明媒正娶的妻子。而在另外一個家裡，一個繼母的虐待把一個未出閣的前房女兒逼得發瘋而至於自殺。這些大戶人家的腐敗促使一個女人說：

「……我還沒有出閣的時候，聽說這鎮上方家大戶，多麼高的門第。誰想到他裡邊這樣爛污！像那冬天的西瓜一樣，表皮雖還好，瓢子已經不行了。……」

——《旋風》[1]，頁 125

在另一部長篇小說《重陽》中，一個湖南商人為他的兒子安排親事。柳先生所選中的媳婦是一戶歷代書香的人家的女兒，而為了要贏得她長輩的應允，他只好送他們一筆厚禮。柳先生覺得他已訂下了一門理想的親事。可是他的兒子，他只是勉強完婚的，認為他的新娘是買來的，就待之如娼妓。這個年輕女人被她丈夫的輕視所屈辱，就設法自殺。柳先生是宣告失敗了。

閒坐了一回，老先生自覺對於管教孩子已經無能為力，任何言辭、任何方法，都不能使他們歸於正途。他一直不明白他們到底如何想法，而自己的想法好像也不能為他們所了解。他想，莫不年頭兒變了？30 年前，當他的少年時代，他覺得他並不和他的父親甚至祖父曾有什麼歧異，他們的想法、看法，往往一致。

現在呢，父子、兄弟、夫妻之間，都有了很大的距離，簡直沒有希望攏到一起來，這究竟是什麼緣故呢？

——《重陽》[2]，頁 78

姜貴的小說世界中之最最迷戀過去的人物乃是耿自修和姚六華，長篇小說《碧海青天夜夜心》中的男、女主角。這部 840 頁的長篇小說是篇詳盡的心理研究，臚述一個本質上未脫稚氣的年輕人為了要扮演男子漢、大丈夫而做的努力。耿自修，一個富有而英俊的年輕人，首先被他意志剛強

---

[1]姜貴，《旋風》（臺北：明華書局，1959 年）。
[2]姜貴，《重陽》（臺北：作品出版社，1961 年）。

的母親所支配，而後又被他那意志更爲剛強的妻子所左右，於是就逃離上海，前往徐州，他希望在那裡能卓然自立。他在那裡邂逅了一個叫姚六華的妓女，她那柔順溫存的氣質恰巧跟他那個想在一種羅曼蒂克關係中充當一名較強的對手的願望相吻合。她成了他的情婦，這是徵得他妻子的同意的，因爲他的妻子實感到她的丈夫在離家以後是需要人照顧的。姚六華在她跟耿自修的關係中發現了一個擺脫她自己的不名譽的過去以及獲得尊敬與愛情的機會。耿自修，一個樂觀主義者，經常勸她忘卻過去以及恢復自尊。可是那些醜陋的、使她憶起過去的事物卻出來困擾姚六華，她的心頭經常縈繞著那則唐代娼妓的傳說，那個娼妓遭受到批評，因爲她沒有追隨她的情人於九泉之下。

　　戰爭給了這對情侶以一個短暫的、追求幸福的機會。耿自修做了戰地記者，而且在他獨力走遍中國內地的時候獲得了自信。跟他同行的姚六華也很高興人們承認她是他的妻子。然而耿自修那種要與士兵共艱苦的浪漫味兒的強制力卻導使他去做一種不必要的冒險，然後，他受了重傷。他一死，姚六華也就舉槍自殺了。

　　過去是不易消逝的（The past dies hard）。《旋風》在快結束時，共產革命來到了方鎮。曾爲這種革命賣力了 20 年的方祥千頗具信心地期待著一個除盡過去種種不平等的新社會。當他的一些親戚、甚至共黨夥伴，被新黨當局處死時，他默認了下來。他高高興興地忍受著新政權下的物質上的貧乏。但是當私人關係——過去的重大特徵——的型態重新擡頭時，他就漸漸感到不安起來。許多對於革命不曾有過貢獻的自私自利的人經本地的共黨當局的一意孤行而躍居要津。一個獲得省委會代表青睞的老妓女被封爲「方鎮革命之母」。方祥千在看到革命被一些寡廉鮮恥的人所歪曲時，他變得絕望了。的確，方鎮的革命把社會搞得一團糟，而且使從前的那些落拓小人得了勢。但正跟以前沒有兩樣，那些善於適應的人以及肆無忌憚的人都能經由私人關係而攀登高位。無法接受他的期望與革命實況之間的差距，方祥千終於藉向本地的共黨當局挑戰——爲了「真正的」共產革命—

—去決定他的命運。

革命與孝道之辯

　　雖然姜貴小說中的若干人物爲過去的重擔所控制，但另一些人物卻對它反抗，並且追求不受束縛的自由，往往把人類的基本義務都犧牲了。在《突圍》中，還有，在《重陽》中，姜貴提出了這個問題：一種獻身於「大眾」的革命行爲是否可以免除一個人的行孝的義務。

　　汪晉支是《突圍》中的一個人物，一個漂亮卻沒有頭腦的年輕色狼。1932 年的某一天，他的朋友林杜得悉汪的老母——她在一家工廠裡工作多年去撫養她的兒子——在上海市的閘北被捕了，這時，日軍跟中國的第 19 路軍正爲這個都市而戰。當林杜問汪爲什麼不設法營救他的母親時，汪溫和地回答說是在閘北受苦的不止他母親一個人，而且，不管怎樣，正如汪所說的：「現在是什麼時代？如今，這是一個大眾的問題。」（見《突圍》，頁 29）汪像這樣地乞靈於「大眾的問題」去卸脫嚴重違悖孝道的責任。

　　在《重陽》中，這一主題被以更多的篇幅提了出來。洪桐葉，一個在1926 年逡巡於國民黨與共產黨之間的年輕人，竭力使自己相信他一定得拋棄他在上海的那個害病而貧困的寡母，前去武漢參加革命。

　　「老人接近死亡，屬於過去的世界。我們年輕的一代，卻有創造未來的責任。雙方是背道而馳的。」

——《重陽》，頁 114

後來，他把這一見解傳授給他的妹妹金鈴。

　　「她老了，做不動了。」
　　「那就活該沒有辦法。」洪桐葉搖搖頭，苦笑一下，「將來革命成功了，國家會有養老院。現在是青黃不接的轉變期，自然不免有許多小悲

劇。」

「你說這是小悲劇？」

「是的，我們有更多的正在受難的無產者！」

「連自己的母親都不能照顧，我們還有資格設想那許多人的事嗎？」

——《重陽》，頁 133

在後來的一次談話中，金鈴譴責她的哥哥，因爲他不再照顧他們的母親。洪桐葉抗議：

「我怎地不要母親，我在為普天下的母親打出路！」

「不要說著玩了，你連自己母親的死活都不顧，你還關心別人的母親？」洪金鈴氣往上一撞，不哭了，「放著眼前的人你見死不救，你說你去救十萬八千里以外的人，你說你去救三千年以後的人，你是什麼心肝，你是人嗎？」

——《重陽》，頁 150～151

我認爲這是金鈴在爲作者說話，姜貴顯然不是一個舊秩序的衛護者，但他也不立即排斥它的各方面。他的論點，稱它是儒教的也好，基督教的也好，或者單是人道主義的也好，乃是：對別人的迫切需要的關切一定得優先於對抽象事物的關切。獻身於某一理想的行爲並不使一個人免除通常的行爲標準。

對革命的批判

姜貴最重要的兩部長篇小說《旋風》與《重陽》——是意圖做爲姊妹篇的——分別談到鄉村與都市中的共黨革命。兩者都想說明那些引誘人們參加共黨的因素。兩部小說都生動地描繪了中國的分崩離析的社會，充滿著好色而貪婪的上流人士、娼妓、土匪、軍閥以及無依無靠受苦受難的小

民。明顯地，這兩部小說所揭示的社會是亟需改變的。但呈現在書中的共產革命——這是姜貴所想加以闡釋的——卻不是一種解救，而是一種達於絕頂的災禍。

在姜貴的小說中，哪一類人被吸引到共產主義的運動中？

方祥千是《旋風》的主角。當這部小說開始時，他是一個四十左右的知識分子，一個無師自通的共產黨徒，他似乎是被他對金錢以及金錢在社會上的重要性的憎恨心理所激發。縱使他對共產主義以及俄國革命的理論上的知識極為淺薄，但他卻知道中國需要某種不僅僅止於表面的政治改革的東西。一如他所說的：

「自從太平天國以來，我們什麼都試驗過了，都沒有效驗！我們只有最新的也是最後的一條路了，那就是共產！」

——《旋風》，頁 73

方祥千猜測共產主義，一旦實現，將會提供一個黃金時代。如他對他的遠房姪子所解釋的：

「俄國經過十月革命以後，社會革命成功了，大家做工、大家種田、大家喫飯、大家一律平等，大家都有自由。結婚自由、離婚自由，老婆不如心，馬上離掉，再換新的，國家設有育兒院，孩子養下來，往育兒院裡一送，你就不用管了，一點也不牽累你！病了，國家設有醫院，免費替你醫治。老了，國家有養老院，給你養老送終。總之，人家俄國是成功了。」

——《旋風》，頁 105

做為一個共產黨徒，方祥千贊同這個法則；但達目的，不擇手段，同時，為了要促進革命，他犧牲了任何道德方面應予考慮的事項，默然接受

親戚與往日同志的毀滅。但他也是一個有原則的人,並且同樣樂於為革命而去犧牲他自己的生命。最後,他對自己那套共產主義的構想的忠誠卻使他無法適應新的情況,在這種情況下,一些新的掌權人物竟然跟老的掌權人物同樣專制跋扈與毫無操守。在最後一頁,做為一個「反革命」而面對處決時,他才體會到他一直在追求的原是一個幻想。

《重陽》中的共黨角色柳少樵,是個比方祥千來得年輕的人,而且是被一些稍微不同的原因所策勵的。他所憎恨的倒不是金錢的力量,而是傳統社會加於它成員身上的社會桎梏。他是一個極端的個人主義者,同時,他的個人主義又優先於他跟共產黨的交往。他決心爭取自由,而且要使別人跟他一樣自由,不管他們要不要。

柳少樵在厭棄並侮辱了他父親為他挑選的妻子以後,就愛上了她的丫頭,當他得知那個丫頭也是一個強烈的個人主義者的時候。在他妻子設法投水以後,那個丫頭就責怪柳少樵,而他的回答則清楚地闡明了他的態度:

> 「你這樣恨她,太狠心了,她實在是個好人。」
> 「我也並沒有說她是個壞人,我只恨她所代表的那種傳統和社會。任人宰割,甘作犧牲,竟一點不反抗。不反抗,就犧牲,那有什麼辦法?她要能像你,那就好了。」

——《重陽》,頁 79

在下面的引文中,柳少樵說明他反對舊社會。他在對一個年輕女人說,為什麼她的父親——他跟他的妻子已經分居多年——必須跟她的母親離婚,然後娶個寡婦。那個男人並不想離婚,而那個寡婦也希望依舊是個貞節的寡婦。但在柳少樵看來,他們兩個都是舊制度的俘虜,一定要強使他們自由。

「……這個制度已經實行了幾千年。但實行的結果，擺在我們面前，人
人能夠看得見的事實是：少數又少數的特權人物擁有資金和土地，剝削
大多數貧苦人民的勞力，坐享其成，窮奢極欲，那些被剝削的貧苦人
民，則流汗流血，不獲一飽。而沒有一個特權人物的資金和土地，是用
勞力換來的，他們來自剝奪，來自不正當的手段。這個制度保障專事剝
奪的少數特權階級，這個制度是廣大貧苦人民的吸血鬼、催命符。除此
之外，這個制度迫使多多少少的怨偶必須維持著他們的夫妻名義，終身
痛苦，不許脫離，這個制度也限制無數相親相愛的青年男女，硬生生地
分開他們，要他們心懸兩地，永受相思之苦！……」

「也許你說得對。」錢守玉打斷柳少樵的話說，「但你們使用了以暴易暴
的方法，變是變了，問題並沒有解決。譬如我的爸爸和媽媽，他們自己
何嘗願意離婚來？你們逼著他們，豈不反而造成他們的痛苦？」

「他們不願意，正是多年來因襲的結果，是非不明了。他們處在一種昏
迷狀態之中，是非常可憐的。我們的第一個責任是要他們醒覺。」

——《重陽》，頁439

　　把革除舊俗的要求推展到可怕的極端，柳少樵建議他的一個信徒藉強
奸他的母親和妹妹而把她們從傳統的貞節觀念中解放出來。但那個信徒卻
無法如他所說的做得那麼絕，於是，柳少樵就親自把她們兩個都奸污了。

　　方祥千和柳少樵雖都憎恨舊社會，但他們兩個對革命的看法卻各不相
同。就方祥千來說，革命意味著犧牲；革命者為革命而犧牲自己。就柳少
樵來說，革命意味著從一切社會束縛中解放出來。

　　每一類型都有少許例子。在《旋風》中，方祥千的小型共產集團中的
人物之一是尹盡美，一個縱然患了肺病卻不肯求醫的布爾塞維克。作者對
他的評語是：

　　所以嚴格分析起來，尹盡美這個布爾塞維克，是有著濃厚的浪漫氣息

的。他以小資產階級的悲觀主義，尋求刺激，消磨生命，無異把革命流血當雅片煙抽。早期的共產黨人，像這樣的不在少數，尹盡美僅其一例而已。

——《旋風》，頁 37

跟這完全相反的類型是張嘉，一個心地卑劣的詩人，他企圖藉勸導一個女孩說是性緘默乃是政治落後的真憑實據而去誘姦她。

「蓮，你不能再猶豫了。現在是一個大變動的時代，這是有史以來最偉大最劇烈的變動時代。在這個變局中，跟得上去的便跟上去了，跟不上去的便被刷下來，歸於淘汰。我們應當有進步的理想，追求進步的生活。」

——《旋風》，頁 438

做爲一個諷刺小說家，姜貴對他大多數的人物——共產黨員和非共產黨員一視同仁——的自欺與自負加以調侃。但他也說明了共產主義的強烈的吸引力。下面的一幕揭露了武漢婦女軍政學校學生間的群眾心理與革命熱：

「你的奶子這樣大了，怎麼還不束胸？」
「束胸？」光著上身的學生反問道：「你怎麼還不纏腳？」
「纏腳戕害身體，那不一樣。」
「難道束胸對身體有益？」
她把衣服穿好，擄起袖子來，大聲叫道：
「束胸是封建落伍的！我提議，我們隊上要解放束胸，一個一個打開來看，從她開始！」
她手指著剛才說她還不束胸的那個學生。大家一陣嚷嚷，一窩風把那個

學生包圍，七手八腳，剝去了她的上身，把那件束胸用的緊身馬甲撕得片片碎，那學生捧著臉哭了。

「收起你的眼淚來！」

另一個學生就指責她。

「我們革命，要流汗、流血，不要流眼淚！」

「流眼淚是弱者！」

「是林黛玉！」

「是姨太太！」

「是娼妓！」

「是反革命！」

「打倒反革命呀！」

——《重陽》，頁 346～347

這時，那個指導員，一個叫做錢守玉的年輕女人就走進來了，勸導那些學生應該由辯論而不該恃暴力去解決困難。但她馬上成了群眾的新靶子：

「指導員不革命！」

不知是哪個學生這樣一叫，大家又鬧起來。

「指導員不革命。」

「指導員反革命！」

「打倒不革命！」

「打倒反革命！」

「打倒指導員！」

「打倒錢守玉！」

「打倒反革命的錢守玉！」

——《重陽》，頁 348

　　那些沒有被共產主義吸引的人又是怎樣呢？姜貴的大部分人物畢竟都是一些沒有政治色彩的人，他們只求別人不去打擾他們。茲姑就那些對於政治真正抱有見解的人們中間的若干觀點加以說明。

　　假如允許我挑選的話，《旋風》中的文人方通三乃是不愛政治的。用他自己的話語：

> 「……我看寧可殺下幾條人命，倒還可以想辦法打官司，只有牽涉到政治，就永遠跳入黃河洗不清了。你或許知道，我是從小就不喜歡政治的，我總覺得這不是我們這種人幹的事情。我現在親眼看看這種鬥爭的情形，對於政治是更加厭惡了。有人說，政治就是黑暗，我想是不錯的。」

——《旋風》，頁 304

　　可是，正如方祥千指出的，方通三的態度也代表著一種政治選擇。

　　另一種是由錢本三來代表，他是《重陽》中的一個角色，做為國民黨的一個地下工作人員，在 1926 年跟共產黨徒一起工作，意在幫助革命軍奪取武漢。錢本三是個中年人，聰明，但卻相當自命不凡、裝腔作勢。他的那種不要被人認為「落伍」的濃厚的強制力——一種導使許多年輕人加入共黨的強制力，根據作者的觀察——原可以把他吸引到共產主義那一邊的。但他曾在十月革命的饑荒時期訪問過蘇聯，不相信中國人民甘於做如此重大的犧牲。他之站在國民黨一邊，是因為他相信它會勝利。不過，在錢本三看來，革命不是一種犯罪而是一種事業。在 1927 年服務於武漢政府時，他讓自己被共黨所利用，因為他深信他能夠用謀略取勝他們。他的弱點是，由於他不願為任何原因犧牲自己，所以他低估了共產黨徒鼓動別人犧牲的能力。在姜貴的構想中，錢本三似是代表那些低估共產主義力量的人，而且相信他們能夠利用它來達成自己的目的。

　　在另一方面，朱廣濟這個人物卻是孫中山先生的忠實革命信徒。朱廣

濟的革命經歷要追溯到同盟會時代，他要比錢本三更了解共產主義的危險。但在武漢他原可以跟錢本三合作來對抗共產黨徒的，因為兩人都是在武漢的國民黨官員，但他卻讓自己跟錢本三做個人的競爭，同時，他的畛域主義（朱來自湖北，而錢則是北方人）也妨礙了他們的合作。

在《重陽》快要結束時，朱廣濟獨個兒在先前的軍政學校裡行走。這是 1927 年的夏天，清共的行動業已展開，而共產黨徒也已逃到江西去。朱廣濟看見一個約莫 12、3 歲的不良於行的孩子，他的一隻爛腿使他無法跟其他的共產黨徒一同逃走。他驕傲地告訴朱廣濟他的新姓名，這是共產黨徒給他取的。原先是李達志，他已變成了「列打資」。「列」代表「列寧」，而「打資」則代表「打倒資本主義」的縮寫。他是徹頭徹尾地給口號標語灌滿了。列打資是 1926 年革命熱的一個悲慘的附筆（postscript），同時，他也是一個未來的表徵。

在《旋風》中，姜貴對共產主義的主要批判是借方天茂之口說出來的。天茂是方祥千的姪子，從小就給送到蘇俄去。他受了十年訓練，在西伯利亞的蘇俄砲兵隊裡服過役，理應成為一個頑強的共產黨徒的。方祥千曾對天茂寄予很大的期望，可是當天茂一回到中國就投效官府時，他沮喪了。方祥千訓斥他：

> 「不想你從小受訓練，還克服不掉小資產階級的劣根性。你說的一切，全是小資產階級的劣根性在作怪！」
>
> 「我不這樣想，六伯，」方天茂坦白地表示他的意見，「我以為這是現實。現實的力量比什麼都大，現實是能夠戰勝一切的。你老人家幹共產黨，是離開現實的，你所憑的只是一種理想。像修仙的人學著打坐辟穀一樣，為了一種永遠不能實現的想像去吃苦，實在是沒有意義的。」
>
> ——《旋風》，頁 376

正如方祥千用來跟它相比的旋風，它具有可怖的摧毀力，但它的持續

時間，用歷史的用語來說，將很短暫。

　　概括地說，姜貴的主題反映出他做爲 20 世紀中國的一位藝術家和編年史家的見解。他知道過去以及它的傳統，雖然承認它的一些沉悶面，卻仍堅持它的某些價值，例如孝道，應該給保存下來。他知道中國在內憂外患下的苦難，但卻認爲在人類的歷史中，共產主義乃是一種落後的運動而不是一種進步的運動。而尤其重要的是，他的小說描述了那些由時間所造成的變化，並且堅信中國人民的持久活力。

譯者註：

本文作者羅體模（Timothy A. Ross，羅體模是他自己取的中文姓名），美國人，現任阿肯薩斯州立大學副教授，1936 年 3 月 25 日出生於愛荷華。1957 年入愛荷華大學就讀，1959 年，開始學習中文並選修中國文化暨歷史等課程，1961 年得學士學位。1962 年秋，入愛大研究院，專治遠東史，翌年二月，獲碩士學位。1964 年，曾攜眷前來臺灣進修中文一年。1972 年，以〈姜貴：一位當代中國作家〉（"Chiang Kuei: A Chinese Writer in His Time"）一篇論文獲得愛大博士學位。在論文尚未完成之前，羅先生即應「杜尼全球作家叢書」（"Twayne World Authors Series"）的編者之請，撰寫《姜貴》（*Chiang Kuei*）乙書，該書業於去年脫稿，不日將由「杜尼出版公司」（"Twayne Publishers"）刊行。他所譯的《旋風》（*The Whirlwind*，全譯本）亦將由「中文研究資料中心」（"The Chinese Materials and Research Aids Service Center"）出版。本文係羅先生在本年 4 月 1 日美國麻州波士頓舉行的亞洲學會（The Association for Asian Studies）第 26 屆年會「臺灣文學討論小組」（"Panel on Literature in Taiwan"）中宣讀的論文——原名 "Themes in Chiang Kuei's Fiction"。譯文因匆促付印，不克寄請羅先生親自校閱，至以爲憾，倘有謬誤，當由譯者負其全責。又，譯者沒有《突圍》一書（連原作者姜貴兄亦無存書），文中所有該書引句，均係依據英文迻譯，故容與原著略有出入，特此註明。

——原載中華民國 63 年 6 月《書評書目》14 期

姜貴附註：

羅體模先生此文，有兩處記年有誤，特附註明指明如下：

一、在《重陽》快要結束時，朱廣濟獨個兒在先前的軍政學校裡行走。這是 1927 年的夏天，清共的行動業已展開，而共產黨徒業已逃到江西去。按國民革命軍在民國 15 年（1926 年）7 月出師北伐，當年年底收復武漢。次年（民國 16 年），武漢鬧劇發生，共黨稱之為「1927 年大革命」。又次年（民國 17 年），武漢始實行分共。據此史實，朱廣濟在先前的軍政學校裡行走，應該是 1928 年的秋天，而非 1927 年的夏天。

二、列打資是 1926 年革命熱的一個悲慘的附筆，此處之 1926 年，應為 1927 年。

——選自姜貴《無違集》

臺北：幼獅文化公司，1974 年 8 月

關於《旋風》的研究

◎高陽*

一

十年來在臺灣和海外出版的小說中,《旋風》不但是本好書,也是本大書。所謂「大」,不一定是指字數多,人物多,情節複雜,背景廣大;而是說它能夠反映時代,尤其是反映動亂的大時代。「反映」兩字或許用得不太恰切,反映只是鏡子的作用:表象的再現,難以察及內心。一本偉大的小說,其功用絕不止於讓讀者看到它所記述的時代的生活型態,而是引領讀者進入此一時代,產生某種與作者同樣的思想和感情。這也就是所謂「共鳴」,作者和讀者之間的「共鳴」。姜貴先生的《旋風》,差不多就是這樣一本書。

《旋風》32 開本,五百餘頁,估計約四十萬字。我第一次一口氣看完,只花了兩天一夜的功夫,真如〈代序〉中胡適之先生所說:「讀下去毫不費勁。」,但第二次讀,卻花了我整整一個星期的時間。

我寫這篇文字,不敢說是書評,僅是一種研究。因為研究的範圍,容或有超出《旋風》之處,所以名之為〈關於《旋風》的研究〉。

《旋風》的時代,自五四前後到太平洋戰爭以前,約為二十年。故事中的大部分,在山東「方鎮」這個地方發生。故事從 T 城開始,T 城自然是濟南,因為其中提到「大名湖」(大明湖),而且照羅馬字拼音,濟南的第一個字母應是 T。由此類推,C 島必是青島。

*高陽(1922~1992)小說家。本名許晏駢。浙江杭州人。發表文章時專事寫作。

「方鎮」這個地方，應該在濟南和青島之間。照書中說起來，「向南距海邊只有百十里路，喫海鮮魚類極其方便。」（頁 142）[1]又距出產十幾二十斤重淡水魚的微山湖有一千餘里（頁 143），想起來大約是屬於「諸城」的一個大鎮。書中提到「吏部寶尚書」的墓園（頁 437），「寶尚書」據我們知道是「諸城」人。「方」和「王」、「張」都是同韻字，不知「方鎮」是不是「王台」、「六王」或「張營」？

「方鎮」或是假托的地名；但「方鎮」上的「方」姓隱射「王」姓，應無疑問。因為胡適之先生在給作者的信中說：「此書中寫方通三，兩次提及胡博士批評他的話。你的小說裡的方通三，難道是王統照嗎？」王統照是諸城人。書中提到和方家做親的詩人「張嘉」，應該是臧克家，他也是諸城人，彷彿和王統照還有親戚關係。諸城王氏為有名的大族；而《旋風》中所寫的方家，正好也是大族。我所以不憚煩的做這一番研究，是為了想說明一點，我懷疑《旋風》的故事必有所本。說不定作者就是「方」氏家族的一員。

用 A 城 B 市這樣的地名，原是 30 年前新小說中的舊套。在「寫實主義」的技巧已發展得相當完備的現代，一般小說作家都希望盡量喚起讀者的真實感，因此不但摒棄這種符號式的地名不用，而且非常注重背景的介紹。據我們的經驗，這種「地名」確實，地方「特徵」顯著的小說，常常出於虛構。因為小說作家的心理，有一種很有趣的矛盾：虛構的故事，願意讓人信以為真；而真人實事，又唯恐讓人識破真相，尤其作者本身是局中人時，顧忌更多。最明顯的例子是《紅樓夢》。《紅樓夢》中的賈寶玉是作者曹雪芹自己，或者自己的影子，已為各派紅學家所共同承認。姜貴先生在書中是哪個角色，或書中哪個角色有他的影子在內，不得而知。姜貴先生對中國幾部著名的章回小說似有極深的研究（後面要談到），自然懂得怎樣偽裝和隱瞞。

---

[1] 編按：此文所引《旋風》，為臺北明華書局於 1959 年 6 月出版之版本。

這是個懷疑，也是個啓示。前面談到方通三的問題，胡適之先生的話，雖是一個問句，但因有很有力的證據（方通三兩次提到，胡博士說他翻譯不行，勸他少買二畝田，多買部字典。照胡先生的問句中看來，他的確這樣勸過王統照）。所以已不是一個「大膽的假設」。既然方通三「呼之欲出」，其他人物自然也都是有根據的；如「居先生」之爲居正；藍平之爲藍蘋，那簡直就叫明了。

這是很重要的一點。有助於讀者對《旋風》的欣賞、了解和評價。

二

《旋風》的整個故事，照胡適之先生的話來說：是「寫方鎭的天翻地覆」。但是我說：是寫中國共產黨何以會得勢？

近十年來，多少成名的作家，有志向的作家，都企圖表現「共產黨怎樣發展」這個主題。可是，都未得到成功；一言以蔽之，沒有搔著癢處！甚至連鏡子的作用，僅是忠實地反映表象，都沒有做到。以反共爲題材的小說，叫人佩服的，只有張愛玲女士的《赤地之戀》和《秧歌》。論技巧，張氏兩書容或勝過《旋風》，論深度亦可相侔，但是論廣度，論氣魄，兩書似乎都不及《旋風》。

先簡單地介紹《旋風》的故事：

膠州灣附近的一個大鎭叫方鎭，相當富庶。

方家是當地的巨族。其中有個有抱負的中年人方祥千，認爲共產主義是解決一切問題的好主張，結合他的族姪方培蘭，以江湖義氣爲資本，採取綠林政策，勾結官兵（軍閥時代）和日本駐屯軍，發展成爲一個土共集團。

國民黨清黨以後，形勢不利，他們便隱藏起來，而且隱藏得很好。此時，山東在「韓青天」治理之下，漸漸地民不聊生了。

抗戰開始，方祥千叔姪乘機復起，組織了非法的地方政府，勾結日軍，合力驅逐國軍。共產黨的「省政府」，在山區成立，派了「省委代表」

來指導方祥千叔姪所建立的武裝勢力。方鎮於是開始了「天翻地覆」的時
代。

方祥千叔姪大權傍落。兒子背叛了父親；「開山門」的徒弟背叛了師
傅。經過一場鬥爭以後，他們被押解到不知道什麼地方去了。

方鎮雖是一隅之地，可是極富代表性，因為它是民國初年一個典型的
農業社會：有地主，有佃戶；既為舊有的禮法所籠罩，也為近代的物質文
明所影響（因為靠近青島）；有內憂（軍閥和「韓青天」），也有外患（駐屯
的日軍）；總之，近代中國人所能遭遇的問題，幾乎無一不備。

方祥千叔姪所發展起來的武力，是許許多多土共集團之一，也極富代
表性。因為從中國歷史來看，任何想取得政權的活動，不管是革命還是叛
亂，或者稱它為造反，若要有所成就的話，一定是智識階級與農民結合；
一為領導，一為群眾。方鎮的土共，差不多也是如此。

然而，武裝政治活動中的領導階層與隨從的群眾，他們的目的，在本
質上是有差異的：前者希望取得政權，以實現其主張；後者則是不滿現
狀，希望變一下。大多數的人，並不知道這個「變」是變好還是變壞；但
是少數思想激烈的人，甚至認為即使變壞，也比不變好。

人心思變，正是五四前後，《旋風》剛開始的那個時代的特徵。至於變
到共產主義那條路上，雖說是適逢其會，卻也並不偶然的。且看書中兩個
主要人物的想法：

> 「自從太平天國以來，我們什麼都試驗過了，都沒有效驗！我們只有最
> 新的，也是最後的一條路了，那就是共產！」
>
> ——《旋風》，頁73

是的，太平天國沒有變好；變法維新沒有變好；民國產生應該可以變
好，結果國民黨讓袁世凱壓得擡不起頭來，終於也沒有變好。在北洋政府
時代，智識階級中持方祥千那種想法的頗不在少，像陳獨秀就是。

方祥千一心搞共產，自然還有其他的因素在刺激。這在後文要提到。讓我們先談方培蘭的苦悶。他有個「一點也不喜歡的妻子」，可是「只要碰一碰，靈得很，她準得養個孩子出來」，以致於 30 歲不到，有了十個孩子。他向方祥千訴苦說：

> 「說起孩子來，有時候大人心情好，小孩子原是很好玩的。無奈我這個做大人的，少喫無穿，心情好的時候太少，所以總覺得他們討厭。我喜歡把家裡弄得整整齊齊，乾乾淨淨的，他們偏要翻騰得亂七八糟，腌腌臢臢，有時候我精神不好，實在需要清清靜靜地休息一會了，他們偏要吵吵鬧鬧，你打我罵，亂成一團。總之，他們的需要和我的需要是完全相反的。⋯⋯」
>
> ——《旋風》，頁 103

雖說如此，方培蘭認為自己沒有盡到責任，所以對於子女不打不罵，採取放任政策，結果家裡搞得一團糟，不由得發生疑問：

> 「六叔，照這樣子，你老人家說說我聽，人活在世界上到底有什麼意思？娶妻、生子、做牛馬、不死不休，這算幹什麼？⋯⋯」
>
> ——《旋風》，頁 104

叔姪倆談來談去，談出下面這樣一段對白：

> 「俄國經過十月革命以後，社會革命成功了。大家做工，大家種田，大家喫飯，大家一律平等，大家都有自由。結婚自由，離婚自由。老婆不如心，馬上離掉，再換新的。國家設有育兒院，孩子養下來，往育兒院裡一送，你就不用管了，一點也不牽累你！病了，國家設有醫院，免費替你醫治。老了，國家有養老院，給你養老送終。總之，人家俄國是成

功了。」

「好呀，天地間有這種好地方？」

「這就是孔夫子所理想的大同世界。大道之行也，天下為公。……」

「六叔，我們打算打算著，能不能搬家到俄國去。我不知道別人，我自己實在過得太苦了，需要到那種好地方去休息休息，也不枉人生一世。」

「人家怎要我們！你要想過那種好生活，得自己幹。我們中國也正需要像俄國那樣，來一場大革命！……」

──《旋風》，頁105

從此以後，方培蘭死心塌地地追隨他「六叔」，禍福相共。

書中這一段文字，稍嫌冗贅，不過立意非常高明：

第一，方祥千的說話，是當時一般急進的智識分子的理想；方培蘭的苦悶，是落後社會大多數人的苦悶。這兩個人代表了領導和被領導的階層，描寫這兩個人對共產社會的憧憬和思變的心情，應該算是經濟的手法，而且是一個必要的「凝結點」。

第二，「自然主義」的小說，比較不重結局而重動機。這兩個人一心一意搞共產，直到最後才完全覺悟，要說明以後的故事，就必須把他們的動機解釋清楚。理想愈完美，擺脫苦悶的心情愈迫切，追求的勇氣和毅力也愈大，這是很淺顯的道理；但仍有人忽略，往往以獅子搏兔之力，渲染現場的強烈動作和情感，而漏寫了「強烈」從何而生？這是忽略了讀者和觀眾的「排斥心理」；不生根的情感愈強烈，排斥得愈厲害。

第三，作者對書中人物的態度，也就是作者研究問題的態度，有力的表現了出來。

要說明最後這一點，得先引用夏濟安先生的話：

一本小說裡面，假如善惡分明，黑白判然，這本小說不可能是一本好小

說。小說家所發生興趣的東西，該是善惡朦朧的邊界，是善惡難以判別
常被混淆的這點事實，是「浪子回頭金不換」、「一失足成千古恨」善惡
之易於顛倒位置的這種人生可寶貴的經驗。

　　　　　　　　　　　　──夏濟安主編，《小說與文化》[2]，頁 4

一個頭腦冷靜，道德的同情心活躍的小說家，在任何平凡或不平凡的場
合，都可以找到他的題材；他所認識的纔是真正的現實，他有了這種認
識，纔可以進一步的「反映現實」。

善惡問題的認識和動機分析的把握，是造成大小說家重要的條件。

　　　　　　　　　　　　　　　　　　──《小說與文化》，頁 5

　　這些話正好用來讚美《旋風》和它的作者；同時我們可以了解，許多
以反共為題材的小說，不太成功的基本原因，即是做不到這些條件。對那
些幻想破滅，以及誤上賊船的人，出之以幸災樂禍、冷嘲熱諷的態度，固
非所宜；甚至不得當的憐憫，也常常令人生厭。只有「頭腦冷靜，道德同
情心活躍」的人，才能精確地分析動機，深刻地認識善惡。作者寫方祥千
的論據，方培蘭「入夥」的動機，並無褒貶，可是褒貶自見；作者對方祥
千方培蘭之類的人，並無憎恨，亦無憐憫，而「同情心」直透紙背。唯有
「頭腦冷靜，道德的同情心活躍」的人，才能適切的處理善惡問題，得到
最好的效果。

　　「頭腦冷靜，道德的同情心活躍」這一句話，由姜貴先生用他的作品
提供了很好的說明。

---

[2]夏志清主編，《小說與文化》（臺北：文學雜誌社，1959 年）。

三

《旋風》的主題是：中國共產黨何以會得勢？

首先得說明，在這個大題目之下，我所要討論的，以《旋風》所涉及的為限。即或有所引申補充，也無非闡釋《旋風》作者的觀點。

歸納起來，共產黨之所以得勢，應歸功於：1.有方祥千、方培蘭這種堅忍不拔的核心分子領導。2.現實生活裡，有各種各樣的腐化現象，正好成為培養赤色細菌的溫牀。3.共產黨政治鬥爭的手法高明，善於利用矛盾，並能製造矛盾供自己利用。

關於第一點，方祥千、方培蘭除了他們「誤入歧途」這一點之外，一般說來，不能算是十分的「壞人」。從他們的家世、教養、社會地位來看，對方鎮地方上的人，是很有影響力的。

至於第二點，書中有關的描寫，隨處可見。現在，且來說明第三點。

共產黨所利用的矛盾，《旋風》中寫得很多，最重要的是「綠林政策」。綠林怕官府，共產黨便由方培蘭設計「招安」，投到保衛團來；然後利用綠林跟官兵（軍閥時代）搞亂，再由他們出面解圍，於是官兵亦為所用。他們看到形勢有利，盡量發展綠林；形勢不利，即以綠林為掩護。

其次是利用國軍和日軍的敵對關係，暗中勾結日軍，打擊國軍。

共產黨對付日軍的方法，有一段寫得異常生動微妙：

> 日軍有個小的巡邏部隊，開到城外了。海東縱隊就以數十倍於日軍的實力，對他完成了包圍。康小八派人告訴日軍：
>
> 「城裡已經準備盛宴，歡迎皇軍進城休息遊覽。請皇軍暫時卸除服裝器械，以免誤會。」
>
> 來人帶著便服，日軍在迫不得已的情形之下，放下武器，便服進城了。康小八躬自在城門上迎候，滿街上貼著歡迎皇軍和表示中日親善的標語，日軍小隊長面無人色，對康小八行一個 90 度鞠躬禮。說道：

「我是巡邏部隊，並沒有侵犯貴城的意思。」

「我知道，我知道。」康小八熱烈地握著日軍小隊長的手說：「你的部隊人數已經告訴我，你沒有惡意。我請你進城，是為了聯歡，已經準備了一點小禮物送閣下回去。請寬心在這裡住兩天！」

縣府的大堂上擺好了盛宴，賓主落坐，彼此懷著不安的情緒，舉杯互祝健康。

另一個場面：海東縱隊把日軍的服裝器械做道具，扮演起來，照了許多相片，內有骨瘦如柴，光頭赤身的日軍戰俘，戰利品，戰鬥的火海，兩軍肉搏等等真刀真槍的表演。

——《旋風》，頁 481

這是幹什麼呢？說出來真是匪夷所思了：

……中共黨省委宣傳部根據康小八送來的資料，編成一個「海東大會戰」的新聞報導，附以照片……。據這一報導，海東旋風兩縱隊聯合擊潰來攻日本的兩個整師團，擊斃五千人，生俘五千人，完成了「百團大戰」以來的又一次大勝利。……

——《旋風》，頁 482

類似這樣的描寫，還有好幾段，不蔓不枝，冷雋動人。然而這都還不難；最難能可貴的是，寫共產黨如何把握人類某種心理的弱點，製造其為一種矛盾，然後加以刻毒地運用，彷彿在變魔術似的。

四

《旋風》中，對於人類的一種心理弱點——「補償心理」描繪得特別細緻。

人類在感到有一種不能忍受的缺憾時，必然要求逾分的滿足，這就是

所謂「補償心理」。與補償心理相應而起的，常是委屈、憤懣的情緒。這些情緒，稍加刺激，便可轉變爲報復的力量。

報復可分爲兩種：一種是，你笑我窮，我偏要努力掙大錢，爭口氣給你看。一種是，你笑我窮，我殺了你；有時害命之外，還要謀財來補窮。

姜貴先生有四處地方寫補償心理，都顯得非常凸出。其一：

> 方培蘭從口袋裡摸出每張十元一疊的鈔票來，一張一張地擦著火柴燒掉。一邊說：
>
> 「六叔，現在我們有錢了，把鈔票燒著玩兒，『有錢的大爺喜歡這個調調兒』，一點也沒有可惜。可是，六叔，你不知道我一向常常爲了極少的錢，一元、一角，甚至一個銅板，作極大的難。逼得我有時候竟想上吊，想跳井。你想，錢是好東西嗎？」
>
> ——《旋風》，頁 165～166

這樣的補償心理，雖然有點變態，還礙不著別人。像方鎮首富方冉武的老太太就太離譜了。

> 她（指方冉武娘子）走到前上房院子裡，預備穿過東甬道回自己住的後上房去。卻見前上房東間燈光明亮，靜悄悄地沒有聲音。她湊到窗子上去一看，見老太太正靠在大紅木頂子牀上抽鴉片，替她燒煙，服侍她抽煙的是一個二十多歲的小跟班。他名字叫進寶，從他父親一代就在方家爲奴。他身穿藍布罩袍，玄色光緞小馬甲，頭上瓜皮小帽，帶一個珊瑚紅帽結。他隔煙燈靠在老太太對面，一隻腳架在牀欄杆上，腳上穿著粉底緞鞋。他裝好一口煙，老太太呼呼吸了。
>
> 「你想著那時候，」老太太把最後一口煙，用濃茶嚥下去，「你跟著老爺子在任上過得好舒服。教他把我放在家裡守了 12 年活寡！現在老爺子去世了，你怎麼不跟了他去？」

方冉武娘子聽了老太太這個罵人的口氣，再注意一看，老姨太太正直挺挺跪在床前裡呢。原來老太爺當年由進士分發江西新淦縣知縣，因為太太正懷孕，沒有能隨行赴任。他經過上海，討了個姓西門的蘇州姑娘做姨太太帶到任上去。西門姨太太善伺顏色，頗得老太爺的寵愛，因此他在新淦連做四任，沒有接太太隨任。女人家的心情，那惡劣是可以想見了。

老太爺卸任回來，仍然一直偏寵西門氏，對於大老婆取一個敬而遠之的態度。老太太這口氣一直悶在心裡，沒有發作的機會。……

——《旋風》，頁121

但到老太爺一死，發作（補償）的機會到了。西門老姨太太「從此跌入老太太報復的陷阱中，望不見一個可以出頭的日子」。

她需要補償的，還有那「12 年活寡」，且引一段《紅樓》筆法的好文章：

「好個蘇州美人兒！」老太太冷笑了一聲說，「上 C 島進醫院，你也跟著。莫不是你害了他的命！你這不要臉的浪蹄子！」

進寶再上好一口煙，他用手捏一捏老太太的手腕子，又用腳勾一下老太太的腳。不耐煩地說：

「你快抽煙罷！別囉嗦了！我說，老姨太，你也去罷，老跪在這裡幹什麼！」

「既是進寶給你講情，」老太太說，「你起來去罷。」

那西門氏默默地爬起來，孤魂似地走了出去。

老太太向進寶一笑，接過煙槍去吸著。

——《旋風》，頁123

這樣的報復，也還在情理之中；可怕的是方培蘭的徒弟許大海。他原

是一個牧童，拔了邢二虎所栽的一棵柳樹，讓邢二虎「在屁股上，狠狠地
抽了幾下」。結果，他引領了方培蘭來捉邢二虎。邢二虎藏在地洞裡不敢出
來，他就在外面大罵。結果，把邢二虎罵出洞來，讓方培蘭捉去砍頭剖
心，供在他父親的遺像面前。隔了一夜，供著的人心忽然不見，方培蘭自
然要追究下落：

> 這時候，許大海從看熱鬧的人群中走出來了。他湊到方培蘭跟前，輕聲
> 說：「師傅（方培蘭因他引領報仇有功，才收的徒弟），不要打他們。刑
> 二虎的心教我偷了！」
> 「你偷了去幹什麼？」方培蘭倒覺著有點奇怪。
> 「教我喫了。」
> 「你喫它幹麼？」
> 「邢二虎打了我恁一頓，我要報仇。」
> 「你怎麼喫的？」
> 「我生喫了。」
>
> ——《旋風》，頁 100

於是，「許大海得了個渾名叫做許大膽」。以後許大海賣師求榮，那是
必然的。姜貴先生寫人寫事，頗重其代表性；許大海所代表的，自然是標
準的共產黨的氣質。

最後一處，是「方冉武娘子的下場」，胡適之先生認為寫得「很有力
量，所以能動人」。照我看來，豈僅是「動人」，簡直是驚心動魄。

方冉武娘子在後文還要談到。關於她的遭遇，牽涉到好幾個深刻的問
題，特別是變態性心理。在我的意見，《旋風》中僅是寫她的故事，就可以
成為一部不凡的小說。

她的故事開始在 109 頁，結局在 501 頁，氣脈極長，即此一端，可以
想見作者的刻意經營。

故事先從方冉武娘子的鞋子開始（中國幾部章回小說中，寫男女關係，常從繡花鞋著手）：

有一次弟兄兩個（指陶祥雲、陶補雲）在居易堂方冉武大爺家裡替他們粉刷上房。……有一張長條的腳凳上，擺著大奶奶各色各樣的繡花鞋。陶祥雲一邊做著活，抽空兒偷眼看，他心裡很喜歡這些繡花鞋。中午歇工回家的時候，趁人不見，順手拿了一雙揣在懷裡。不想被方冉武大爺在東廂房裡看見了。他氣哼哼地趕出來，伸手到陶祥雲懷裡，把那雙鞋摸了出來，就打了陶祥雲好幾個嘴巴子。一邊罵道：

「混帳東西！你反了！這是什麼，你可以偷得？叫你老子來，打死你這混帳東西！」

——《旋風》，頁112

可想而知的，儘方冉武打罵完了，他父親陶鳳魁還得來賠禮。而陶氏弟兄，因為「那點不平的念頭」的影響，「就落水了」。以後招安當了保衛團的隊附，方冉武以副團總身分，盛宴招待。後來決定由他們送方冉武娘子到娘家去，方氏夫婦有這樣一段對話：

「聽說土匪綁票，不綁女人。」
「那也不一定，女人有女人的用處。我告訴你，你路上要加倍小心，不要再教陶十一偷了鞋去！」

等到動身的那天，大少奶奶說：

「勞動你們多跑些腿。」
「應當伺候大少奶奶。」陶祥雲說著一笑，眼睛不由自主的瞥了大少奶奶腳上的繡花鞋一眼。但僅僅是一瞥而已，他沒有敢多看。

但是偷鞋這件小小的事，誰都沒有忘了。特別是陶祥雲：

……原來他自從偷了方冉武娘子的繡鞋，被方冉武打了幾個嘴吧子之
後，對於女人漸漸有點變態，他喜歡年齡比自己大的女人……

　　　　　　　　　　　　　　　　　　　　　　　　──《旋風》，頁 173

方鎮有兩個名妓，是母女倆：龐月梅和龐錦蓮。龐月梅外號叫小狐
狸，可是喜歡別人叫她大仙娘。女兒外號小叫姑，跟陶祥雲「建立了極深
的愛情」；但因陶祥雲「變態」的緣故，「覺得小叫姑沒有小狐狸那樣子更
富刺激性，更能激動自己的欲愛。」於是有下列場景出現：

陶十一（祥雲）只管上上下下地打量那龐月梅。她穿一套月白竹布短
掛，撒腿長袴。頭上，明亮的黑髮，挽一個大大的高髻。額門上留一把
長髮，捋在右耳的後頭，不時地落下來，不時地捋上去。這一小動作，
增加了她的嫵媚之致。高高的前額，眼角上有幾條細細的皺紋。配了那
個瘦削慘白的臉，眼睛越顯得又黑又大。燒著鴉片煙，蜷臥在那裡，細
腰，長腿，儼然是一條蟠著的蛇。陶十一不由地衝口說道：
「大仙娘，你不應當叫小狐狸。」
「我應當叫什麼？」
「你是一條蛇。」
「狐狸會迷人，蛇會纏人，都不是好惹的。」龐月梅半睖著眼睛，似笑
非笑的說，「你莫打算在這裡撿到便宜。」

　　　　　　　　　　　　　　　　　　　　　　　　──《旋風》，頁 194

姜貴先生寫人，不大注重形態服飾，這一段是例外，寫得確是出色，
有種特異的氣氛，令人想到冷雨秋燈，女鬼私語的那種故事。能用這樣的
筆觸來寫陶祥雲的變態性心理，非關功力，乃是年齡閱歷使然。

再繼續他們的談話：

「只要那狐狸肯迷我，蛇肯纏我，我就算便宜了。」陶十一說著，一眼望到她的寶藍緞子繡花鞋，忽然想起在方居易堂偷鞋的事來。他說：

「我在這鎮上見到兩雙好腳。」

「誰？」

「一雙就是你，一雙是方冉武太太。你們這兩雙腳，可以算得是一對姊妹。」

「你也喜歡方冉武太太？」

「喜歡是喜歡，只是撈不到。人家是大財主，深宅大院，連影兒都望不到，可不是白喜歡！」陶十一不勝感慨的說。

「唉，我說你們男人呀，真是沒有一點用處！既然喜歡，就要撈到，才是大丈夫所為。她有錢，你不會讓她窮？她住大房子，你不會叫她住小草棚？教她樣樣不如你，自然你就容易下手了。」

「你倒說得輕鬆！辦不到的事。」

──《旋風》，頁 194

　　很顯然地，陶祥雲的「變態」和「補償心理」是一事的兩面：他需要從龐月梅那裡得到對方冉武娘子代替的滿足。年紀大和兩雙好腳的話已說得很清楚。忽然想起偷鞋的「忽然」，不過是下意識的覺醒而已。

　　這段對話中，也安下了一個伏筆：「你也喜歡方冉武太太」的「也」字，意味深長；可能讀者會輕輕放過，但一個作家起碼得對自己負責，這個「也」字即令孤芳自賞，作者仍可感到欣慰得意的。

　　到方鎮「天翻地覆」的時代，方冉武家早已窮了，而且窮得悽慘萬狀；這時陶祥雲已死，有一個哥哥陶老六，原是龐月梅家「抗茶桿」的，因緣時會，當了旋風縱隊的伙伕班長。

……他記得陶祥雲為偷了方冉武娘子一雙繡鞋挨了打的那回事，他就報告了司令方培蘭，想要討方冉武娘子做老婆。方培蘭說：

「這不是我的事。你這件事情，要去問鎮委員會的革命婦女委員會才成。」

「我知道革命婦女委員會是誰呀！」

「我告訴你，是你的熟人。革命婦女委員會的委員長，就是你的老東家小叫姑龐錦蓮。」

………………………

陶老六一口氣跑到龐錦蓮的辦公室門外，大聲喊了個「報告」，裡邊叫聲「進來」，他便進去了，直挺挺立在那裡。龐錦蓮正坐在大方桌後的太師椅上，用旱煙袋抽白粉。

「老六，是你？有什麼事嗎？」

「我，報告委員長，我想討那方冉武娘子做個老婆玩玩，你看好不好？」

「哼，方冉武娘子？她教我剃了半邊頭了（按：因一上來時未去扭秧歌，才得到這個懲罰）。怪難看的，你要她幹什麼？」

「剃了半邊頭不要緊，我不嫌她。委員長，你不知道這個人，原是我們老十一活著的時候心愛的人。可憐我們老十一，摸也沒有摸到過她，就死了！我現在算是替老十一———。」

——《旋風》，頁 450

方冉武娘子從此變成陶六嫂。住在龐家外院，順帶伺候龐錦蓮：

龐錦蓮說一句，陶六嫂應一句。龐錦蓮對於她的馴順，發生了極大的好感。她說：

「大戶人物的女眷們，要都像你這樣坦白改過，接受新生活，革命婦女委員會的工作，就好做的多了。」

> 從此，陶六嫂的生命展開了新的一頁。實在的，所有鎮上大戶人物的婦
> 女，方冉武娘子的結果，算是最為幸運的了。
>
> ——《旋風》，頁 456

其時做為「革命婦女委員會委員長」的龐錦蓮，還是在做她的「本分生意」：

> 另有一種嫖客，想著她原是全鎮第一富紳方冉武的老婆，就動了好奇
> 心。拿著大捲的鈔票，和龐家母女商量，指名要和她「落交情」。陶六嫂
> 在這種環境中，也就難以保持清白了。
>
> ——《旋風》，頁 479

她的客人中包括「下三等貨」孟四姐的前夫，連龐錦蓮都嫌他「骯髒貨」的劉斗子。於是有人興奮地叫道：

> 「我們不吹牛，真正是窮人翻身了罷？像劉斗子這種人，一樣抱著大戶
> 家少奶奶睡覺，天地總算是恢復正常了。」
>
> ——《旋風》，頁 501

原諒我引用這麼多原文。我是希望讀者能充分領略這裡面極深極深的深度，及作者悲天憫人的偉大的同情心。凡是有小說創作經驗的人都知道，作者往往對自己所創造的人物有一種主觀的情感，或則深惡，或則偏愛。方冉武娘子，在 30 年前的中國社會中，幾乎是個十全十美的女人，可以博得任何人的敬愛。一般作者處理這個人物，絕不忍心讓她如此下場；而姜貴先生一層深似一層地寫她受辱，一個人只有沉痛到極點，才能產生這樣堅強的情感，也只有看穿了共產黨那個「思想魔術箱」的底蘊，才懂得那樣寫。

　　陶老六能夠娶方冉武娘子，在他個人是得到超物欲的補償了；可是在共產黨那方面，絕不是單純地爲了籠絡人心才這樣做。共產黨若事事要滿足群眾，就不成其爲共產黨了。

　　佛洛依德把人類的心理分爲：本能（Id）、人性（Ego）、超人性（Super ego）三種。本能只講利害，可以受外界的約束。人性有控制本能的作用，是人與動物的分別之處。本能和人性都在意識之中，極易受外力的影響。超人性在下意識之中，是人類自幼至長道德傳統的訓練，對人類有不自覺的約束力量。一個人受超人性的約束，常常自己管不得，旁人更難作主張。本能和人性的控制，對共產黨講，是非常輕而易舉的。共產黨只要管住各人的肚皮，利用各種「制度」、「組織」，做出許多殘暴的行動來，也就解決了。但是要想控制超人性，可不那麼單純。共產黨並不因爲不單純而不做，相反地，他們想出各種「釜底抽薪」的辦法，要從根裡去改變人的「超人性」。方冉武娘子，「深宅大院，連影兒都望不到」，現在竟讓劉斗子那「骯髒貨」都能跟她「落交情」，自然人們就會想到，大戶人家有什麼了不起？好，宗法社會訓練成的那種超人性，不復存在了。

　　你不是有倫理觀念嗎，共產黨想出種種方法來，讓你鬥爭親生父母；父母鬥倒了，當然你也不會重視父母的教訓了。

　　共產黨鬥爭清算，一方面是爲了滿足與補償心理相應而起的報復心理，另一方面正是消滅「殘餘的封建意識」的方法。共產黨知道，僅僅鼓勵仇恨是不夠的。假如不將舊社會的根，從下意識中拔掉，要人常久恨舊社會，那是不可能的。共產黨固然要製造仇恨，讓人報復；更其重要的，還是要人擺脫舊社會的一切影響。所以說，對於舊社會，共產黨要人「恨」，更要人「忘」。這就是所謂「洗腦」、「挖根」。

　　共產黨的理想，是要把人們原有的超人性挖空，然後依照它的道德規範來訓練，重新建立超人性；等到這個訓練成功，被訓練的人便有一種下意識的約束力，約束自己不去做任何不利於共產黨的事。毛澤東所做的是上帝的工作：「造人」。他不但在向歷史和科學挑戰，而且是在向宇宙中的

奧祕——生命的意識挑戰。這種挑戰是註定要失敗的，正如方祥千的姪子，留俄十年的方天茂，對方祥千說：

> 「現實的力量比什麼都大，現實是能夠戰勝一切的。你老人家幹共產黨是離開現實的。你所憑的只是一種理想。像修仙的人學著打坐辟穀一樣，為了一種永遠不能實現的想像去喫苦，實在是沒有意義的。」
>
> ——《旋風》，頁 376

胡適之先生評論這段話說：

> 修仙的人為了一個永遠不會實現的想像去喫苦，那還是自己叫自己喫苦。共產黨則是為了一個永遠不會實現的想像去屠殺生靈，去叫整千萬的生靈喫苦！
>
> ——〈代序〉，《旋風》

毛澤東這個「造人」的工作，比修仙還要困難。屠殺生靈，還只是消滅人的肉體；「造人」，則是要消滅人的靈魂。

我以上所述的這點淺薄意見，本是題外之文；但願意順便寫出來，請教高明的讀者。倘若還有些創意的話，應歸功於《旋風》的啓示。任何一本大小說，必能令讀者在大問題上的看法有所變動。對共產主義和共產黨人的了解，能從小說中獲益的，在我只有《赤地之戀》、《秧歌》、和這本《旋風》。

五

政治腐敗，老百姓遭殃，姜貴先生寫了不少，這裡我們且舉三個例子：一是「韓青天」問案，不管原被告，一律拉出去槍斃；一是駐軍營長康子健誣指曹老頭「勾匪」，讓曹老頭立下字據，自願把女兒送給方冉武大

爺做妾；一是方祥千的弟弟方珍千的一場「麻黃官司」。其實方珍千罪有應
得，只是縣長受了賄，將方珍千「交保」於先；及至方八姑一鬧，方珍千
又再度入獄；最後又以「過失殺人致死，罰洋 30 元示儆」的判決而恢復自
由。反反覆覆，純出私意，所以「方祥千對當前政局的印象更加惡劣」是
無怪其然的。

> 他想，無緣無故地把人一再下在獄裡，硬加上一個罪名，不由你分說，
> 這還成什麼話！這些統治階級的走狗們，作威作福，「看我打倒你！」方
> 祥千把煙槍向空中一揮，重重地放下去，就不耐煩安靜地躺著了。他
> 想，我一定要共你的產。要不，我就法你的西。總之，我和你勢不兩立
> 了。
>
> ——《旋風》，頁 331

　　方祥千如此，別人當然也是如此。中國善良的老百姓，對腐敗的政
治，往往敢怒而不敢言；及至忍無可忍，揭竿而起，其決心卻又常常是堅
定果敢的。

　　歷史上任何反抗行動，都由於對統治不滿而起。政治腐敗，是造成叛
亂的原因，但不一定是共產黨得勢的原因。共產黨得勢，有其特殊的主觀
和客觀的因素。主觀的因素中，有一點極少為人談到，姜貴先生替我們指
了出來，那就是共產黨員差不多都有很好的「政治節操」。譬如方祥千，他
告訴方培蘭說：

> 「……要緊的是我們要堅定信心，站穩立場，不要朝秦暮楚，變成一個
> 無所謂的沒有骨頭的人。」
> 「你老人家放心吧！」方培蘭拍拍胸脯說：「我跟著你老人家跑定了。那
> 怕赴湯蹈火呢，我也絕不含糊。……」
>
> ——《旋風》，頁 297

　　方培蘭跟他「六叔」跑，是要跑向那個「天地間」的「好地方」，所以實質上仍是對理想的嚮往。

　　其次，方祥千的「托派」女兒方其蕙，有這樣的決心：

「不，我不自首！一個人的政治節操是非常要緊。從來沒有變了節的人，受到人家重視的。我從小加入共產黨，我就一生一世做共產黨了。像舊時代的女子一樣，雖然嫁了一個不成器的負心漢，也只好從一而終了。」

——《旋風》，頁490

再次是董銀明，他說：

「我倒並不一定非幹共產黨不可，共產黨的許多作法，都和我的理想不合。但現在正是共產黨失勢倒楣的時候，在這個時候教我脫離共產黨，有失做人之道，我是萬萬不肯的。……」

——《旋風》，頁335

這純中國式的氣節，出之於共產黨員的口中，真是悲哀的滑稽。

還有尹盡美：

……尹盡美這個布爾塞維克，是有著濃厚的浪漫氣息的。他以小資產階級的悲觀主義，尋求刺激，消磨生命，無異把革命流血當鴉片煙抽。

——《旋風》，頁37

　　不管他是「浪漫氣息」，還是「悲觀主義」，表現在政治上的那種「埋頭工作，哪一天累死，哪一天算完」的態度，總是可敬的。

　　最可怕的是投降過來的共產黨員，仍舊照顧著他從前的「同志」，如方

天茂願意掩護方祥千；汪氏弟兄掩護董銀明；甚至膽子奇小的詩人張嘉，因為左傾喫過許多苦頭，好容易憑藉裙帶關係，脫去麻煩，卻仍然「一直同情共產黨」。

這裡面的原因，姜貴先生並未作充分的說明。像這樣的事實，書中常常提到。研究作者的用意，或者是在反襯反共的努力不夠，反共陣營裡不少人的「政治節操」有問題。

第一、對共產黨的認識不清。如早期的史慎之敲詐董老頭，大家只認為史慎之是「強盜」，忽略了他也是共產黨。以後的董銀明誤殺他父親，只著重其「弒父」一節，不細究他行為的起因。因為缺乏此種警覺，方鎮的土共才能以綠林為掩護。

其次，反共的方法不對。不從根本上去改善足以培養共產黨的環境，僅用捕肅的手段，不知道這只有加強共產黨員的同仇敵愾之心。最壞的是肅共的原則並不絕對堅持，從第 28 章開始，作者花了相當的筆墨來寫董老頭救他兒子。有一段說：

> ……銀明是他的獨子，他又有點怕，怕這個獨子被捕，被「肅」掉。在這種又氣又怕的情緒之中，他也還得為了兒子各方奔走聯絡。嘴裡雖不便說，目的是很明顯的，希望各有關方面不要太和他的兒子為難，和緩點。
>
> 董銀明之所以能長期不被捕，汪氏弟兄掩護的力量少，老頭子奔走聯絡的力量大……
>
> ——《旋風》，頁 335

很顯然的，「各有關方面」早知道董銀明的底細，只因受了董老頭的「聯絡」，不好意思下手逮捕。如果當局處理的方法開明合理，而原則又能堅定不移，董老頭不一定不會同意他兒子採取逃亡的途徑。最後手槍走火，誤傷董老頭，令人興起莫名的感慨，可以說只有在政治不清明的環境

中，才有這樣的悲劇發生。

　　不過作者寄託遙深的，也許是這兩句話：

> 用不著費事，憑了方慧農一封八行書，張嘉被當局承認他已經脫離了共
> 產黨，恢復為一個自由人了。
>
> ──《旋風》，頁310

　　方慧農是「國民黨元老」，在國民黨方面是極有力量的。張嘉經過方通三的拉攏，娶了方慧農的妹妹方八姑，就可以「把那頂紅帽子洗了去」。這說明了什麼？說明了國民黨領導階層的人物中，有人把親戚關係看得比政治立場重要。這就無怪乎共產黨要得勢了。

　　國民黨的元老如此，年青一輩的又怎麼樣呢？且看與方慧農極有淵源的程時怎樣出場：

> ……縣長姓程，單名一個時字，大約三十歲左右，穿一身灰布中山裝。
> 這個打扮，給人一種新鮮之感。原來在方鎮人士的記憶之中，縣長應當
> 穿長袍馬褂，坐四人藍呢轎。程時縣長卻是坐騾車從高家集來到方鎮
> 的。
>
> ──《旋風》，頁298

　　短短幾句話，把一種新氣象和當地人士的新希望都寫出來了。若是這位新縣長能把摒棄長袍馬褂、藍呢大轎的新作風，放到實際的政務上去，起碼像方祥千那樣的人物，就不致對「當前的政局」，產生「更加惡劣」的印象，搞成「勢不兩立」了。由「我一定要共你的產。要不，我就法你的西」。這兩句話來看，國民黨的官吏若有良好的政績，滿足部分人「思變」的心理，對於共產勢力的遏制，必然可以發生不小的作用。可惜的是：「做官的人，在任何情形之下，都是註定了要做官的。」程時由國民黨的縣

長，一變爲大日本皇軍的縣知事，再變爲共產黨的旋風縱隊副司令。這樣的人物，姜貴先生雖只寫了一個，實際上可是不少。在本質上跟認小狐狸爲母的方天艾，同樣是最無恥的機會主義者。

　　大陸時代的國民黨中，混有不少的機會主義者，《旋風》中所提到的自首的共產黨，除了方天茂以外，汪大泉汪二泉弟兄，方天艾，張嘉，也都是機會主義者。國共的政治鬥爭中，國民黨所以居於下風，這不能不算是重要原因之一。細心的讀者，都可得到這一種印象。

六

　　共產黨一時得勢是一回事，共產主義對中國社會是否需要又是一回事。

　　這是《旋風》必須予以解答的重要問題。姜貴先生的寫法令人叫絕，我們可以稱之爲：不寫之寫。

　　任何一部寫共產勢力成長的小說，背景是城市，必定要寫「工運」和「勞資關係」；背景是農村，必定要寫「土地問題」和「地主佃農的關係」。方鎮是農業社會，姜貴先生提到土地問題，只有這樣幾句話：

> 方鎮有許多大地主，也有更多的佃戶。地主是過好日子的，但太平時候，佃戶過的日子也並不壞。那個時候，地主是含有一點慈善家的意味的，因為有許多佃農，仰賴他的田地，才有飯喫。
>
> ──《旋風》，頁 75

說到佃農和地主的感情，曹老頭有這樣幾句話：

> 「我一共種著他 30 畝地。我一家大小，倒是靠著他這幾畝地才過得今天這個日子。居易堂對於我一家，可算得是天高地厚。要是別的事，我沒有不答應的。無奈要女兒做妾，我是真辦不到。」

——《旋風》，頁256

以後居易堂方冉武家落魄了，曹媽媽入鎮探親，有一段類似劉姥姥最後一次進大觀園的描寫：

> 曹媽媽只聽說居易堂衰敗了，打諒著船破了有底，不過日子不如從前了罷了。沒有想到當真地沒有飯喫了。她露著憐憫而又疑惑的眼光，把曹小娟看了又看，直看得曹小娟哭了。她便老老實實的問道：
> 「你們今天喫過飯嗎？」
> 「沒有呢。」曹小娟說。
> 「那麼，讓我來給你們弄頓飯喫罷。」
> 曹媽媽這時候也就不客氣了，說著，走了出去。問推車的身上有沒有帶錢，她把自己身上的錢也給了推車的，教他一總買成麵粉。
> 「買了，妳就送進裡頭去。等著下鍋喫呢。你只管進去，不要緊。我看這個人家，鬧不的什麼排場了！」
> 她自己把雞和雞蛋先帶了進去，教小娟下廚房弄去。

——《旋風》，頁413～414

此外再不談什麼土地、地主、佃戶有什麼衝突。對這問題等於是一片空白。

這「不寫之寫」，即表示共產黨所強調的土地問題和鬥爭意識，在農村中完全不存在；至少，不如共產黨所想像的那樣尖銳。從這一點看，共產主義的主要內容，完全落了空。這不但是最經濟的手法，而且足以顯示作者對共產黨的極度蔑視。不過，粗心的讀者，很容易忽略。

其實，方祥千的政治態度，只是想變換一種政治制度。「要不，我法你的西」，這就是說他並沒有非共產不可的意思。方培蘭的苦悶，事實上也僅由於「少喫無穿」和有一個他「一點也不喜歡」的妻子而起。他說過，「說

起孩子來，有時候大人心情好，小孩子原是很好玩的」。如果境遇改善，社會福利事業辦得還不錯，孩子能夠送入幼稚園、學校，他的苦悶自然減輕，也並不是非共產不可；若是他們夫婦的感情親蜜些，把孩子視爲愛情的結晶，彼此合作著來管教，孩子雖多，亦不會以爲苦的。

不過，中國雖然不需要共產主義，並不表示中國社會不需要改革。姜貴先生花了很大的氣力來寫方家兩大支——「居易堂」和「養德堂」——腐化和頑固的情形，足以看出作者的見解，認爲那才是《旋風》時代真正的問題所在。

七

舊時有錢人家，最顯著的特徵是婢妾成群，所以姜貴先生寫這兩家，筆觸集中在這一點上。

婢妾制度是中國舊式婚姻制度的一部分，最爲凸出的一部分；所以放開來看，姜貴先生是在寫中國的婚姻制度。婚姻由性關係進化而來；所以更進一步，可以說姜貴先生是在寫性心理。不合理的舊禮教，造成不和諧的婚姻和變態的性心理。變態性心理是變態心理之中最複雜最主要的一種。寫變態性心理即所以寫變態心理。有了變態的心理，才有變態的行爲。

一部 40 萬言的創作，溯本窮源，只是一個「性」字。性表現爲婚姻，愛情，貞操，肉欲。性得不到合理的解決，就變成麻煩的問題。沒有力量的人，要受苦犧牲；有力量的人，便轉變爲對現實的反動。

我提出這一點，自然有根據。姜貴先生寫人物，差不多總要提到他們的婚姻和愛情。《旋風》書中的人物在「性」的方面，幾乎沒有一個是美滿而有好結果的。我曾做了一個簡單的統計：
1.婚姻不美滿：董銀明、方其蕙、方培蘭、方其菱、張綉裙、方八姑、張嘉、李玉瑛、方天芷。
2.變態性心理：陶祥雲、方老太太、羅如珠、「省委代表」。

3.為女人而致禍：張柳河、方冉武、進寶、史慎之。

4.為女人而受共產黨利用：康子健、鄭祕書。

5.舊式婚姻制度中的犧牲者：西門姨太太、謝姨奶奶。

6.性苦悶：方二姐、方天艾。

（以上董銀明、陶祥雲亦可列入第三類；方天芷亦可列入第四類；謝姨奶奶亦可入第二類；方二姐亦可列入第五類。）

　　其中如方其蕙，先跟一個姓薛的「托派」結合，亦被目為「托派」；及至跟姓薛的離婚以後，又到了延安；她的政治路線，全以婚姻關係為轉移。方二姐因為繼母自私，一直不肯出嫁，兄弟姑嫂間感情又壞，只有上弔自殺。這個老處女之死，大大地刺激了方祥千，認為舊家庭罪惡太深，更加強了他的「革命情緒」。許大海叛師是符合「黨」的利益的；但許大海叛師的動機，起於方培蘭在互惠的條件下，促成許大海的戀人張繡裙成為方天芷的新寵，因此由懷恨而反叛。這些都是男女關係直接影響政治傾向的明顯例證。

　　最凸出的例子是龐月梅。這個「方鎮革命之母」，是變態性心理的鮮明象徵。方祥千曾公然對她攻擊：

> 「這個老而不死的賣淫婦，她除了知道抽鴉片、吸白粉、弄錢，玩年青的男人，她又懂得什麼？這個完全是地主資產階級的玩物，和地主資產階級利害一致的反動分子，她和方天艾一樣，有暗暗勾通國民黨，腐蝕無產階級革命運動最大可能性。」

　　　　　　　　　　　　　　　　　　　　——《旋風》，頁 507

　　這一段話罵得真痛快，無奈五十開外的小狐狸，有比她小了 20 歲還不止的「省委代表」熱戀著，所以方祥千的憤慨，除了召禍以外，一無作用。

　　姜貴先生提供了龐月梅與「省委代表」這個例子，讓我們看到變態性

心理對於共產黨革命行動的支配力量；同時，讓我們認清了共產勢力內涵的特徵。作者的精到深刻，在社會科學方面留有研究不盡的餘地。

　　前面所列統計表第五類，在舊式婚姻制度中的犧牲者，西門氏和謝氏都是姨太太，她們的境遇，姜貴先生以充分同情的筆觸，有極其生動的刻畫。

　　居易堂方老太太與西門姨太太的仇恨，前面已概略說過。西門姨太太受了這種虐待，是怎麼個想法呢？

> 那西門氏忍著淚，咬著牙，接受這種種摧殘。從來不叫一聲饒，也從來不曾有一句怨言。她世故已深，她知道那都是多餘的。
>
> ——《旋風》，頁 122

　　賢惠的方冉武娘子去安慰她，並憂慮著「這種人家能夠長久嗎？」西門姨太太把一切歸之於氣數：

> 「看罷，真要到那一步，也沒有辦法。我自己從十歲到上海，落到堂子裡，這裡老爺拿四千銀子給我脫籍的時候，我才 15 歲。我跟老爺三十多年，也算享過福的了。他事事讓我著，從來沒有高聲高氣地說過我一句。自從他去世了，這幾年，我過的哪裡是人的生活！不過想著自己命薄，福享到過了，該當受受折磨，也修個來世。真要是將來的日子還不如今天，那也沒有什麼，尋個自盡罷了。我五十多歲的人了，難道還去拋頭露面。」
>
> ——《旋風》，頁 125～126

　　這種命中註定，因果報應，將來世今生併在一起算帳的人生觀，是一般性的；特殊之點在濃厚的浪漫氣息，以受苦提高老爺對她的愛情價值，從而獲得滿足。帳房馮二爺和老太太的第二個小跟班進喜，在方家敗落

時，居然調戲這個「真不像是已經過了 50 歲的人」。西門氏將這件事吞吞
吐吐告訴了老太太，老太太照臉吐她一唾沫。罵道：

> 「老不要臉的！進喜他會調戲你？必是你調戲他，碰了釘子罷！不要
> 臉，你的小主人死了不到三天，你就不安分了！呸，呸！」
>
> ──《旋風》，頁 407

西門氏摀著臉，退到自己房裡。她從「雲彩眼裡」看見老爺「笑嘻嘻
地向她招呼」，「她愉快地把房門關上，一條袴帶吊死在牀門上」。

在西門姨太太主觀的看法，她一所無憾地跟著她「老爺」去了。但是
我們要問：愛是不是罪惡？如果不是罪惡，她為什麼該受那種虐待呢？這
是一。老太太的報復，是為了「守了十二活寡」，說起來應該也是情有可原
的。只是西門氏並未奪愛，老太太報復的目標不該是她。那麼該向誰報復
呢？這是二。

這筆帳算來算去，只有歸結在可惡的婢妾制度上。

姜貴先生寫這個故事以前，必已顧慮到讀者可能發生一種意見：中國
舊家庭母以子貴，如果她有個掙氣的兒子，老太太必不敢這樣對待她。因
此，姜貴先生用另一個情況來補充，那就是養德堂的謝姨奶奶。

> ……當年老太太是吏部尚書竇家的最小女兒，自幼患「羊癇風」。方八姑
> 的祖父為了貪圖竇家的勢力，情願結這門親事。竇家自己覺得對不起
> 人，買了個又漂亮又伶俐的丫頭陪嫁過來，收房為妾，這便是謝氏。老
> 太爺仰仗竇家的提拔，做了一輩子官，很弄了一點家當。七個兒子和一
> 個姑娘都是謝氏所出。老大早年留學日本……他的弟弟當中，兩個留
> 美，兩個留德，還有兩個畢業於北大，都在外面做事，各自成家立業，
> 有相當地位。
> 只有八姑娘，因為老太爺去世，剛剛中學畢業，就回家來相伴著謝姨奶

> 奶料理家務。他家的田地，由莊頭曾鴻全權管理。前後十年不到，養德堂也一步步走下坡，眼看就要成為破落戶。而曾鴻雖則名為莊頭，實際上卻是一個新興地主了。
>
> 方八姑因此心裡恨極了曾鴻，常當面叫他小曹操。……
>
> ——《旋風》，頁215

曾鴻熟讀《三國演義》，又通一點歧黃之術。而謝姨奶奶呢，自老太爺去世，「弄上了一個喫湯藥的習慣。她天天要找曾鴻按脈，開方喫藥。」

按說，謝姨奶奶的境遇比西門老姨太不知好多少倍，既無嫡室在上，又有一群兒女，應該可以享福了。誰知她精神上的痛苦比西門氏還要深。矛盾的產生，是因爲方八姑恨極了曾鴻，而謝姨奶奶少不了曾鴻。

也許謝姨奶奶先前從他「老爺」所得到的，只是欲，沒有愛；所以，稍微有一點居易堂老太太的那種補償心理，亦未可知。不過姜貴先生既未明點，也就不必深究。我們只看方八姑對她母親的稱謂和態度：

> 「我說，姨奶奶，我看你飯也喫得，覺也睡得，你到底生的是什麼病呀！你天天把曾鴻叫到屋裡去，按著你的手腕子，一按就是大半天，那像什麼樣子。你要真有病，那曾鴻醫得好妳？他得了個懷心病，自己都醫不好，還能替人治病！」
>
> ——《旋風》，頁217

以後方八姑因租屋得罪了日本浪人，讓日本駐軍逮走，謝姨奶奶倒是哭了又哭，準備罄其所有救她女兒。但重回方鎮的方八姑，一到家就給她母親下不去，說她母親是老太太的「陪房丫頭」。

這以後，作者反覆強調妾在舊家庭地位的卑賤，甚至親生兒女都以奴婢視之。孝道爲中國五倫的中心，而宗法觀念竟凌駕其上，成爲美好的倫理中不可思議的反動。到後來，刺激得謝姨奶奶向自己的女兒告饒：

「姑娘，再也不要提曾鴻了。」

——《旋風》，頁 319

　　無奈謝姨奶奶一身不得勁，非得找人來治不可，方八姑硬作主張，請了方祥千的弟弟方珍千來看。抽足了鴉片，談了一回詩，開始治病。姜貴先生這裡這段文字，寫得十分冷峭，極像《儒林外史》的筆路：

談過詩，方珍千這才問到謝姨奶奶的病。方小姑說：
「她其實沒有什麼病，不過是抱藥罐子抱慣了，三天不喝那苦水，就自己覺得過意不去。七叔，你隨便弄個方子敷衍敷衍她，她就好了。」
試過脈，方珍千知道方八姑的話並沒有錯，她確實沒有什麼大毛病。他近來正在看張仲景的《傷寒論》，記準了一個古方，就照寫了下來。說道：
「先喫一帖，看看有什麼變化，我再來斟酌加減，管保就會好了。……」
當晚，臨睡之前，把藥服下。第二天，日上三竿了，謝姨奶奶沒有動靜。她房裡的老媽子上去，叫著不應，手摸摸，渾身冰冷。原來不知道什麼時候已伸了腿，「駕返瑤池了」。
全家一時忙亂起來。方八姑呼天搶地地哭了一回。要辦喪事，這不得不教曾鴻回來了。趕著派人下鄉去送信，當晚曾鴻趕到，大略問了幾句話，便一頭跪在謝姨奶奶的靈前，哀哀哭了。隨你怎麼勸他，拉他，他只是哭個不停，再也不肯起來。最後，還是方八姑不耐煩了，罵了他幾句，他才算爬起來。一邊擦著眼淚，一邊說：
「到底喫的什麼藥？拿方子來我看。」
方八姑叫人把方珍千的處方取了來。曾鴻接過去一看，首位藥是麻黃四兩，就不由地跳起腳來。
「姑娘，老姨奶奶是活活被人藥死了！留著這個藥方，這就是證據，好

替老姨奶奶伸冤。這場官司是打定了。」

「是喫錯了藥嗎？」

「這不是喫錯了藥，這是明明的殺人！姑娘，這個藥理上，我說了你也
不明白。我們現在先辦事罷。等老姨奶奶出了殯，我們就打官司！這個
藥方是頂要緊的證據，我收起來，免得遺失了。」

曾鴻說了，不由地恨聲不絕，大罵方珍千庸醫殺人。

——《旋風》，頁 319～320

直接殺人是方珍千；間接該由方八姑負責。這真是「喫人的禮教」
了。

謝姨奶奶與西門老姨太合起來看，舊家庭的妾唯一的希望是「老爺」
能愛她。但是這樣，必又引起嫡室的妒嫉，不知道何時噩運當頭？若是色
衰愛弛，早早打入冷宮，又無兒女可以寄託，那簡直是人間地獄。

女人要講貞操，男子可以納妾，這自然是不合理的。但在男子統治的
社會中，為了滿足其本能，除了宋儒講「不二色」以外，沒有一個男子願
意廢除這個制度。另一方面，因從一而尊的宗法觀念，於是有嫡庶之分。
照中國傳統的道德來說，婢妾制度有違恕道，完全是古代中國男子基於自
私的動機而造成的。

然而，現在這種情況不存在了——即使還未完全消滅，但已不足為
害。

這是《旋風》時代需要改革的社會問題之一。在人權思想和一夫一妻
的婚姻制度，為近代中國男子所接受以後，這種改革的實現，輕而易舉。

但這種改革與共產主義無關；共產主義也不能發生什麼作用。共產黨
大喊大叫，等於慷他人之慨，掠他人之美。總之，共產黨只會別有用心地
投機取巧——把握性心理的特質，從中製造矛盾，挑起鬥爭。

姜貴先生花了大力氣寫「居易堂」和「養德堂」的悲劇，他所要告訴
讀者的，就是這一點。

八

《旋風》的寫作技巧，有傑出的優點，也有嚴重的缺點。

很顯然地，姜貴先生受舊小說的影響是極深的。前面已屢次提到《紅樓夢》。《紅樓夢》寫世家巨室中不正常的曖昧行為，非常精細、含蓄；寫婢妾問題，也很微妙、深刻。《旋風》和《紅樓夢》時代不同，觀點相異，但寫作的手法和技巧，仍有很多相似之處。從這一點來看，足見《旋風》的作者，紅學功力之深。《旋風》中寫進寶和方冉武老太太之間的那段孽緣，不由我們不想起《紅樓夢》中的賈蘭和王熙鳳，賈珍和秦可卿。《旋風》中寫方冉武娘子偷看陶十一、陶十七（兩個投誠的土匪），不由人不想起《紅樓夢》中尤氏偷看賈珍聚賭。《旋風》中寫到方天艾認龐月梅為母以後，有種人故意說到他母親「如何如何」，方天艾說：「你快別亂說！誰是我母親呀？北街上龐月梅纔是我的母親呢。我的姐姐龐錦蓮現做革命婦女委員會委員長，你不知道嗎？」這和《紅樓夢》中，探春代王熙鳳當家，趙姨娘的兄弟趙國基死了，探春開發了 20 兩銀子，不及襲人媽死的時候給得多，趙姨娘埋怨她女兒不照看「舅舅」，探春氣白了臉，哭著說：「誰是我舅舅？我舅舅早陞了九省的檢點了。那裡又跑出個舅舅來？」一個是力爭上游，自高身分；一個是受了田元初的指點：「要命不要臉」。（見頁 496）

《旋風》中第九章方培蘭報殺父之仇，第 11 章陶氏弟兄鑽門路受招安，頗有《水滸》筆意。第 13 章居易堂過年找方祥千弟兄寫春聯那段，頗似《儒林外史》。第 12 章寫方老太太罵的話：「不來也好，沒的教我看了生氣。什麼好蹄子，浪像兒東西！這是方家祖傳的家法，什麼香的，臭的，一概討回來，現世活報。」以及大少奶奶的話：「你看，孩子們連一頓如心的飯都喫不到。把這大家大業白白糟踐了，有什麼意思？」擺在《醒世姻緣》裡面，簡直可以亂真。第 17 章寫康營長剿匪、慶功、犒賞等等，令人想起《官場現形記》胡統領嚴州剿匪那一段。但《旋風》中也有套用舊小

說，而寫得很俗氣的，如故事一開頭寫「大名湖」，無疑地受了《老殘遊記》的影響；可是筆調上寫得比《老殘遊記》差多了。

我們必須了解作者寫作技巧上的基本修養，才能正確地評斷《旋風》文字上的得失。作者並非刻意在仿何書，而是不自覺地吸收了那些書的優點和特質。大致寫大家庭的曖昧微妙學《紅樓》；寫草莽英雄以及腐敗的官吏養匪縱匪學《水滸》；寫智識分子之中可笑可悲之事學《儒林》；但格調上大致還能統一。就一位受過現代小說技巧的訓練不多，而又不是職業作家（恐怕太武斷）來說，這已是難能可貴的了。

《紅樓夢》和《水滸》這兩部書，都以描寫人物見長，《水滸》是 108 將，個個不同（魯智深和李逵都是粗魯、豪俠的人物，可是粗魯、豪俠得不同）。《紅樓夢》則是「未見其人，先聞其聲」，對於隱喻、比照的技巧，運用得非常成功。姜貴先生寫人物，頗得兩書的神髓。姜貴先生在寫作原則上，重視人物的代表性，很少有多餘的人物。小說不是說理抒情的散文，更不是純粹以表達情感為目的的詩歌，它是人類活動的紀錄和闡釋；所以無論古今中外的小說，都著重在寫人；積極的是想創造典型，消極的亦得寫出類型。可以這樣說：某篇小說的人物站得住，這篇小說才算站得住；人物寫得好，是成為好小說的首要條件；人物多，並且所代表的類型多，那就是大書了。

可惜的是姜貴先生學曹雪芹的手法所寫的場面不太多；許多該寫的場面用敘述的文字代替了，雖然敘述的文字很乾淨、老練、生動，頗有《水滸》筆意；但從文學的效果上看，不能不算是失敗了。我要說一句公平話，姜貴先生不是沒有這種能力，實在是一種粗疏，或者是一種懶惰。近代小說之重視場面，有愈來愈甚的趨勢（尤以自然主義的小說為然）。一方面是由於電影和舞臺劇的影響，不，應該說是交流；另一方面，小說所要求的是人的活動，及由活動而產生的有因果關係，這只有應用場面。寫某人在考慮一個問題，可能變成論文；寫一個人的心境，對月長吁，澆愁無計，「結果往往成了一篇『抒情散文』」（夏濟安先生的意見）。但寫心境如

能適可而止，亦可成爲一個「場面」，那得看整篇的結構而定。寫兩個人冗長不休的對話，即使機智風趣，精采百出，也只是舞臺劇的對白。寫場面就完全不同了：它有靜態的與動態的兩面；有內心的與外在的兩面；有主與從交替刺激反應的關係；有言語與動作相互配合襯托的好處。總之，是在動，在變化，在進展，讓讀者自己從場面中去了解，而不是由作者評述，或作者借書中人的口來說明。所以冗長的獨白，在小說中是最要不得的。

　　《旋風》就有這個缺點。方培蘭自述家庭情況那一段，長達 1200 字之多，讀者對他的苦悶是知道了，但不易留下深刻的印象。如果這一大段話的內容，改寫成方培蘭家的場面；首先安排方培蘭妻子這樣一個人物，庸俗而欠缺營養的臉型，有永遠做不完的家務，永遠在窺伺丈夫的眼色，這是農村社會中絕大多數的主婦的寫照，恰也正是《旋風》中該有而未寫的一個類型。然後，不妨寫他的十個孩子，「翻騰得亂七八糟腌臢臢」，大的打架，小的哭著要喫奶，有的在地上爬，有的在拆手搶玩兒，有的剪被面子試試剪刀快不快，有的把大廳方磚地掘開灌水養金魚等等，都是很好的素材。這時，方培蘭打也不是，罵也不是，逼得他都快發瘋了。於是讓方祥千提一隻他的「拿手菜」燒雞來訪，叔姪倆煮酒談心，然後轉入另一明快的場面，寫寫豪情勝慨的本性，再寫寫各人的牢騷，結果可以由方祥千以酒後必有的樂觀心情來描敘俄國那個「好地方」（書中原說他「是照他自己的理想，順口加以描繪」的），使方培蘭嚮往不置；也可以由方祥千借題發揮，引人上路。這樣的場面寫起來並不太困難（因爲人物的心理狀態易於明瞭，行爲動機不必解釋），但效果不知道要好多少！

　　另外又有一段很長的「自白」；方天茂追敘在西伯利亞的生活和感想。胡適之先生認爲作者「沒有用同樣的氣力去描寫方天茂」，是「最可惜的」。這話在我看，只能同意一半。方天茂確是值得花一番氣力去寫的一個人物，但那是另外一回事，因爲方天茂留俄以後的環境，與其週遭的人物，跟《旋風》毫無關係；他的心理與行爲，跟《旋風》的情節發展，也

無關係；所以處理這個人物，頗有點「有力使不上」的遺憾。當然，專門關一兩章來寫方天茂，在姜貴先生的腦中，可能也轉過這個念頭；但恐一兩章寫不盡，即使寫得盡，那也是在長篇中硬插入一個短篇，不成其為長篇小說中的一部分。

不過，方天茂這個人是必須有交代的，只是這樣結論式的交代，實在欠高明。如果化整為零，多留幾個伏筆，前後呼應，處處有脈絡可尋，然後等到方天茂突然出現，就不顯得生疏了。方天茂在西伯利亞、北滿的生活，若能分開來插在前面，到後來，即可略去這一段不談，對白自然精鍊得多。

不過比寫起居易堂來，那些都還不算是大缺點。作者之重視「居易堂」那個「表皮雖還好，瓤子已經不行了」的「冬天的西瓜」，可以在文字的量上看出來。對這個方鎮的首富之家，讀者期待著能看到許多場面：莊嚴華貴的，和厚道慷慨的（好的表皮）；窮奢極侈的，外強中乾的（不行的瓤子）。尤其是方冉武這個人物，寫得不夠生動有力，他應該是個聲色犬馬，樣樣俱全的紈袴子弟，是賈珍、賈璉、和薛蟠的綜合，有多少可寫的題材，作者都輕輕放過了。

場面的重要性，我還可以從《旋風》本身找到證據。在《旋風》中，最動人的地方，差不多都是場面，如史慎之誤入陷阱就是。

寫居易堂的情況也是如此，母女間的矛盾，過分強調，形成單調的重複。同時，我不了解作者為什麼不用錯綜表現的方法？居易堂和養德堂既是同族，且地位相等，兩家既無仇恨，何以不通往來？若是方八姑去居易堂看看方老太太，跟方冉武娘子談談心；由馮二爺談到曾鴻，由謝姨奶奶談到西門姨太太（或許談不到此，但可乘機描寫方冉武娘子的感想），豈不是生動活潑得多？

結構不夠嚴密，調子不夠統一（前慢後緊），是《旋風》的兩大缺點。然而寫得好的部分，也不在少。作者因為人情透達，所以能寫得微妙細緻；因為頭腦冷靜，所以能寫得冷峭雋永；至於具體的例子，書中比比皆

是，不一一列舉了。

最後要談到人物的刻畫，這是姜貴先生在藝術上最大的貢獻。

姜貴先生確已做到人物個個不同的要求，而且不太有多餘的人物。照我看，只有方培蘭的親叔叔方光斗是完全不必要的。

有一點是容易看出來的，姜貴先生寫人物常是一對一對地互相比較，或者互相補充。如居易堂的賬房馮二爺和養德堂的莊頭曾鴻是一對，舊詩人方天芷和新詩人張嘉是一對，西門老姨太和謝姨奶奶是一對等等。這一對對的人物，作者既能把握其類性，又能刻畫其個性。以同中見異，來說明其本質和環境造成的影響；以異中見同，來說明何種本質為環境所不能改變。這樣的寫法，頗值得從事小說創作的人借鏡。

有一點或許不容易看出來，那就是《紅樓夢》特有的方法：「影子人物」。《旋風》中泥水匠陶鳳魁是方培蘭的影子。他有 18 個兒子：夭折的兩個，殘廢或有痼疾的五個，流亡的兩個，要飯的一個，在窯子裡打雜的一個，流氓兩個，只有兩個務農，一個幹保衛團，兩個跟他老子幹了本行泥水匠。這家人家要綿延下去，差不多就等於左拉筆底下的「馬爾他家族」。方培蘭三十歲不到，也有了十個兒女，如果他不是風雲際會，發達到可以燒鈔票玩兒，必然是陶鳳魁第二。

除了「影子」的寫法以外，姜貴先生還有一個非常巧妙的隱喻。前面曾談到方珍千的麻黃官司，這一節在情理上是不大通的，但正是作者匠心獨運的地方。中國以良相良醫並稱，能活人亦能殺人。哥哥方祥千有良相的抱負，弟弟方珍千有良醫的魄力。但這個「良醫」記準了張仲景《傷寒論》中一個古方來治病；就跟那位未來的「良相」方祥千，憑一本《資本論入門》來治國是一樣的道理。憑藉書本上得來的不完整不成熟的智識來救人，反而是要殺人的。

「蒼苔黃葉地，日暮多旋風。」現在，不由自主翻滾在旋風中的，不但是辭枝的黃葉，甚至有壟中的白骨。這個順流中的回漩，方祥千說它「偶然」，實非偶然！凡是出生在《旋風》時代的人，似乎都應該看一看

《旋風》這本書。唯一感到遺憾的是，《旋風》晚出了十幾年。不過當黃葉在旋風中飛舞時，又怎能知道自己是在順流的回漩中呢？或許，這就是《旋風》晚出的原因。

——民國 48 年 8 月 18 日，夜 11 時

——選自《文學雜誌》，第 6 卷第 6 期，1959 年 8 月

《旋風》人物考

◎方以直[*]

　　姜貴的長篇小說《旋風》問世後，引起各種討論和讚美。我也讀了此書，結果是：佩服此書的人又多一個。

　　高陽先生在《文學雜誌》發表考證，認為《旋風》中所寫的「方鎮」，屬於山東諸城，我看很對。方鎮很像諸城以北 40 里的相州鎮，鎮上王姓是大族。而《旋風》中的方通三，業經胡適指為王統照，王統照正是相州鎮人。

　　相州鎮有一個王翔千，北京譯訓班出身，通德文，好飲酒，著有食譜，民國 8、9 年間加入共產黨，曾送兒子赴蘇俄留學，凡此種種，活像《旋風》的主人翁方祥千。方祥千做國文教員，王翔千又恰恰在莒縣縣中教過國文，方祥千善做燒雞，王翔千又恰恰賣過鹵菜酒肴。越看越像！

　　高陽先生說：《旋風》中的張嘉，就是左派詩人臧克家，信然。臧克家雖不先在相州鎮，亦只相距數里而已。如《旋風》中所寫臧克家（張嘉）確是王統照（方通三）一手提拔的。張嘉的太太方八姑，必是影射王深汀女士無疑！王女士抗戰時在大後方改適李氏，她還有個哥哥如今做匪偽「山東省政府委員」。書中替張嘉說情免罪的「黨國元老方慧農」，是影射王景檀還是影射王樂平呢？兩人都夠格。

　　在山東，諸城、安邱兩縣文風最盛，出過許多不同凡夫的人物，姜貴先生以相州作背景，——聚而寫之，教山東老鄉看了，有說不出的親切，更有說不出的感歎。然則姜貴又是誰呢？高陽懷疑他也是相州王氏的一

---

[*]本名王鼎鈞。發表文章時為中國廣播公司節目部編撰員，現已退休。

員，並親見當地滄桑變遷者，這種推論有十足的理由。雖然山東諸城姓姜
的人才也不少，但是，寫《旋風》這樣完全影射時人時事的書，作者恐怕
也不可能用真姓真名吧？

——選自《徵信新聞》，1959 年 9 月 9 日，第 6 版

再談《旋風》

讀完姜貴先生的長篇小說《旋風》，我一連幾天寢食不安，只要是對文藝具有感受能力的人，都會被本書撼動心靈。

《旋風》的內容，是寫地主的腐化與共產黨的惡化。（腐化、惡化兩詞，都是原書中有的。土共的重要角色方培蘭在抽鴉片時自云以腐化掩護惡化。）作者寫出：地主好比「冬天的西瓜，表皮似好，無奈瓜子已經不行了；共產黨則是個「玩魔術的」，一頂帽子變出許多花樣，最後摸出個要人命的傢伙來。腐化、惡化兩條線交互起伏，織成 40 萬字的大塊錦繡，既細膩，又雄渾，既沉鬱，又磅礴，既痛苦，又冷靜，既徹底發揮，又有餘不盡。在同樣的主題上，此書的成就是前無古人。

可憐我們張羅了一、二十年的反共小說，今天總算有了著落。這本蘸血寫、和血讀的《旋風》，可以代表我們的小說家，也代表我們「鐵聚九州難鑄錯，酒傾五斗不澆愁」的流亡地主，向時代交出一份卷子，立為後世存照。《旋風》也有小缺點，後半部有幾個人物的下場失之粗略，它至少該再延長十萬字，始能做到長篇小說中萬流歸海的格局。不過，一件藝術品總得靠欣賞者有幾分諒解才可成立，我們不是一直諒解著比《旋風》猶有遜色的一些書嗎？

《旋風》問世，顯示今天的小說家已握有極大的創作自由，藝術家要有成就，先得忠於藝術，做為藝術家之一的小說家要忠於藝術，先得不偽造人生。像《旋風》這樣忠實的描繪，在五年前會被公認為不合時宜，然而今日究竟強如昨日了。

　　對「文藝獎」有發言權的人，注意這本小說罷，同時，作家們，注意
這日益擴展中的取材範圍吧！

——選自《徵信新聞》，1959 年 9 月 11 日，第 6 版

論姜貴的《旋風》

◎夏志清*
◎劉紹銘譯**

「蒼苔黃葉地、日暮多旋風」

一如高陽先生在他的長文〈關於《旋風》的研究〉（載於《文學雜誌》1959 年 8 月號）所言，《旋風》是近代中國小說中最傑出的一本，同時也是一部能夠發人深省的研究共產主義的專書，與張愛玲的《秧歌》和《赤地之戀》占著同樣重要的地位。較少爲人注意的是，《旋風》實在是中國諷刺小說傳統——從古典小說到近代作家如老舍、張天翼和錢鍾書（**以上三人均曾受共匪利用現已遭清算—編者**）——中最近一次的開花結果。張愛玲的短篇，無論人物與背景，多出自中國小說的傳統。姜貴對西方小說的技巧，在訓練上雖不能和張愛玲相比，但野心卻大，因爲他的《旋風》是揉合著中國傳統小說和西方「浪人小說」（"picaresque novel"）技巧的產品。由此看出，今天嚴肅的中國和日本作家，爲了希望能在世界文壇一顯身手，迫著自己去發掘本國的固有傳統，日見成功，這真是一個可喜的現象。

《旋風》早在 1952 年就脫稿，可是要到 1957 年才有單行本面世，而且只印了 500 本（原名《今檮杌傳》）。書出之後，馬上引起臺灣文壇廣泛注意。這可能是胡適先生在讀完作者送給他的贈書後，馬上寫了一封信給

*發表文章時爲美國哥倫比亞大學東亞語文系教授，現爲美國哥倫比亞大學榮退教授，中央研究院院士。
**發表文章時爲新加坡大學英語系高級講師，現爲香港嶺南大學榮休教授。

作者，熱烈捧場（「五百多頁的一本書，我一口氣就讀完了，可見你的白話文真夠流利痛快，讀下去毫不費勁，佩服！佩服！」）。這封信，後來製版刊了出來，成了新版本的〈代序〉。胡適這麼給姜貴熱烈捧場，理由不難理解，蓋臺灣出版的反共小說，多屬八股之作。而《旋風》卓然而立，以錯綜複雜的中國生活（裡面恐怖腐敗，兼而有之）做背景，從五四時期開始到抗戰初期止，把共產黨在中國竄起之來龍去脈，有非常扣人心弦的交代。除此以外，再找不到一本現代中國小說對現代中國的各種不同面貌，報導得這麼詳細，這麼引人入勝的了。

小說開始的 60 頁，描寫早期共產黨在山東 T 城（濟南）內的組織活動。以後的全部篇幅，就集中在描寫方鎮中方家的故事。方家也就夠品流複雜的了，既出了共產黨的陰謀家，也同時是生活腐化的當地望族。主角方祥千（就是上面所指的共產黨陰謀家，讀書人出身），對中國前途，極為關心，把心血全用在栽培當地共產黨的勢力上。在這方面，他的主要搭檔人是他的一個遠房侄子方培蘭。方培蘭是個舊小說中「俠盜」之類的人物，疏財仗義，很得當地老百姓的擁護。這兩個人物，實在可以說是作者用來做為衰頹的中國傳統中，受侵蝕最少的兩個代表：一是儒家哲學思想，二是一直受流行小說頌揚的黑社會人物的俠義之風。可是，即使憑著這兩個人，也抗拒不了共產黨裡外的腐蝕勢力，因為小說結尾時，共產黨勢力，已經在山東穩定起來了。在他們的控制下，那一帶區域，搞得亂七八糟，而兩個在這地方搞組織的領導人物也被出賣了。

以姜貴的看法，這兩人的失敗，是因為他們把對中國社會不滿的對象弄錯了。他們厭惡的，看來是人類所處的情況居多，而不是所謂中國的國恥。做人的責任，本來就是「常懷千歲憂」，搞革命的人，如果連這種做人的獨特負荷也要消除，就沒有成功的希望。方祥千提倡共產主義所犯的錯誤，與康有為和其他許多晚清的學者一樣，是一種烏托邦理想主義的錯誤。他們企圖以一種抽象的、自以為是更快樂的、更公平的社會秩序來替代傳統的家庭與社會的組織，真是愚蠢不過的事。在游說方培蘭入夥時，

方祥千採取攻心之術，處處提到他侄兒的「家庭痛苦」，也充分的表露了他對社會主義無知的悲哀。

> 「俄國經過十月革命以後，社會革命成功了。大家做工，大家種田，大家吃飯，大家一律平等，大家都有自由。結婚自由，離婚自由。老婆不如心，馬上離掉，再換新的。國家設有育兒院，孩子養下來，往育兒院裡一送，你就不用管了，一點也不牽累你！病了，國家設有醫院，免費替你醫治。老了，國家有養老院給你養老送終。總之，人家俄國是成功了。」
>
> 「好呀，天下間有這種好地方！」
>
> 「這就是孔夫子所理想的大同世界。大道之行也，天下為公。……」

　　方祥千這番話，用意當然是以不負責任和人類自私的天性去打動方培蘭：老婆一不如意，離掉她；孩子既是你性活動的副產品，不請自來，往育兒院裡一送，不就了事？蘇俄政權用來壓抑人性自由發展的種種措施，竟被方祥千一本正經地解釋為孔夫子大同世界之實現，真可說是滑稽之尤。不過，這種想法，居然能在民國時期的知識分子中立足，足證道德價值之早已淪亡。（雖然方祥千這類人，確可在某些儒家經典中找出一些片段來支持他的烏托邦理論，可是，值得注意的是儒家處處重「禮」。那就是說，儒家對人類境況的看法是很實際的：人畢竟是個社會動物，應該在修身上下功夫，以防止道德行為的敗壞。）如果共產黨的超道德的社會福利制度，對方祥千這一類與自己切身利害並無很大關係的領袖已經有吸引力，也就難怪共產主義一為社會上更為自私的階層所接受後，社會秩序顯得這麼混亂，人民的表現，顯得那麼貪婪可怕了。在這方面看來，《旋風》實在是一部以諷刺手法來描寫色欲、貪婪與欺詐的書。

　　胡適在致作者的信中，只稱讚了本書的白話文流利，好多場面都處理得有力、動人，和對共產主義成功的分析細緻等。高陽在〈關於《旋風》

的研究〉一文中，叫我們進一步去注意本書所受傳統中國小說的影響。同時，他還以佛洛依德的觀點去分析書中幾個人物的性心理變態。可是，高陽先生讀得雖然細心，卻沒有注意到這一點：變態行為的描寫，通常是帶有諷刺作用的。而且，嚴格來講，這本小說大部分是喜劇化的（有些惡作劇的場面，令人笑不可抑）。《旋風》所創造出來的喜劇，是一種荒謬的喜劇。中國現代小說中，不乏這種成功的例子。借用歐文・何奧論杜斯妥也夫斯基《著魔者》（*The Possessed*）一句話，《旋風》是一齣「徹頭徹尾的滑稽戲」（"drenched in buffoonery"）、見何奧著作《政治與小說》。當然，《旋風》不是一本富有深奧哲學意味的小說，因此在這方面不能與《著魔者》相提並論。(《著魔者》營造了兩種強烈相對的氣氛：一種是因虛無主義與極權主義而引起的夢魘，一種是時隱時現的，代表著基督教愛心的靈光。）而姜貴也不是杜斯妥也夫斯基的信徒。可是，為了要把那一群自私的、執迷不悟、走向自毀之途的人好好的寫出來，姜貴只好採取與杜斯妥也夫斯基在《著魔者》中相同的冷嘲熱諷的態度，用以點出道德混亂狀態之可怕，肯定心智冷靜的重要。在《旋風》中的人物，沒有幾個逃得出作者對他們的嘲諷，因為在他看來，在這群人，共產黨也好，非共產黨也好，都腐爛得無可救藥了。

　　茲分兩點來說。第一，即使共產黨的目標不錯，但他們所用的手段，最後只會助長罪惡的勢力。方祥千大體說來雖然是個正直的人，但在他早期幹共產黨地下工作時，卻要不斷的妥協，為了掩護身分和增強運動勢力，他顧不了道德原則的奢侈考慮了。由此可見早期的共產黨，但求能夠增強自己的勢力，不惜採取敲詐暗殺的手段、不惜鼓勵罪惡與毒品的流通、不惜通敵（日本軍人）、不惜與任何惡勢力合作。共產黨人對土娼龐月梅、龐錦蓮母女（既是他們的「聯絡官」，又是姘頭）的唯命是從，只不過是他們在「力爭上游」時什麼事都做得來的荒誕例子之一。

　　第二，即使就人而論，共產黨也不見得比他們「反動」的、只會為自己打算的同胞好出多少。小說開頭不久，我們就看到了一齣由一個從上海

來的共方代表（史慎之）所演的活劇。這位代表先生，出盡了一切恐嚇與恐怖的手段來榨取財產，爲的並不是黨的利益，而是要維持自己和當地一個唱花旦的（金彩飛）一切吃喝開支。史慎之不久就被砍了頭。這是本書許多恐怖的活劇中的一齣。書快要到結尾時，我們看到許大海和方天艾這兩個土共「成功」的諷刺故事，既荒誕，又可怕。許大海心狠手辣，本是方培蘭的大弟子，要傳衣鉢的，可是爲了自己在黨內「吃得開」，不惜把師傅和方祥千也出賣了。而方天艾更表現得進步。他本是方祥千最早的一個弟子，可是爲了巴結龐月梅，不惜背棄了自己系出名門的姓氏，認了這土娼做母親，這兩件事實在有很大的象徵意義，因爲從許大海的叛師與方天艾的背祖，我們可以看到傳統中國社會結構的瓦解。這真是忘恩負義與「有奶是娘」的最佳寫照。反過來說，如果方祥千和方培蘭兩人不是受過傳統中國「忠義」觀念薰陶過的話，說不定在同樣欺詐瞞騙的環境下，他們的所作所爲完全與他們晚輩一模一樣。

《旋風》所描寫的道德混亂狀態，由頭到尾都非常緊湊。可是，值得注意的是作者在本書中的弦外之意，如果這種混亂的種子，不是老早就植根於非革命分子的中國人意識中，共產黨是不會得勢的。這就是姜貴爲什麼花這麼多的篇幅來描寫方姓各大家族的盛衰的原因了。他們毫不經心的自毀前途，正好與共產黨有計劃的製造社會暴動，成一諷刺性的比對。追求色欲享受的人，正如革命家一樣，是會對人類的狀況不滿的，所不同的是，他們要求的只是官能享受上無限制的刺激而已。就拿地主方冉武來說吧（他可能是現代中國文學中最冥頑不靈的一個浪子）：他把家財散盡，爲的只是想把土娼一類貨色的女人帶進家裡來。方老太太是另外一個例子。她在丈夫死後，對西門氏諸多虐待，只不過爲了報復，因爲西門氏當年甚得丈夫歡心。把她冷落了。而報復的心理，與淫欲一樣，往往是大動亂的前奏曲。

附記：本文譯自夏志清教授所著：《近代中國小說史》附錄之二，該書中

譯，現正由劉紹銘教授負責編輯、整理中。參加中譯的包括李歐梵、莊信正、思果、林耀福及劉紹銘等六、七位海內外知名的學者與作家，預計今年年底前印行問世。其中部分文稿，已取得譯者同意，將分別儘先在《中國時報》披露。

——轉載自民國 61 年 6 月 14 日《中國時報》「人間」副刊

——選自《幼獅文藝》，第 225 期，1972 年 9 月

蒼苔黃葉地，日暮多旋風
論姜貴《旋風》

◎王德威[*]

　　姜貴，本名王意堅，又名王林渡，1908 年生於山東諸城縣北相州鎮，1980 年逝於臺灣。

　　姜貴的一生堪稱曲折顛沛。他的嗣父死於辛亥年間地方的起義，他本人則早在 13 歲即離鄉赴濟南求學[1]。1924 年國民黨改組，姜貴以中學生身分入黨，之後赴廣州參加革命。中國現代史上的事件，從北伐、清黨，到抗戰、剿匪，姜貴都於役其中[2]。1948 年他舉家隨國民黨政府遷臺，原意從商，但短期內傾盡家產，後半生的潦倒這才開始。他一度甚至因虐妻致死的疑案，幾乎身陷囹圄[3]。姜貴的多數作品是在這樣不利的環境下，一一寫成。他的成就雖在晚年得到肯定（如吳三連文藝獎），但對遍歷榮辱滄桑的作家而言，這樣的肯定恐怕也有其來也晚的莞爾吧。

　　今天閱讀或評論姜貴的讀者已經不多了。當年「亞細亞的孤兒」們如今紛紛修成正果，由大陸來臺的孽子孤臣再也難逃原籍的原罪。未來臺灣文學史上，姜貴多半要在「反共作家」名下，聊備一格。然而如果我們正

---

[*]發表文章時為美國哥倫比亞大學東亞語文系教授，現為美國哈佛大學東亞語言及文明系 Edward C. Henderson 講座教授。
[1]有關姜貴的生平，請參看他的〈自傳〉，收於《無違集》（臺北：幼獅文藝社，1974 年），頁 239～245。另可見 Timothy A. Ross, *Chiang Kuei*（Boston: Twayne, 1974），chapters 1～3。
[2]同前註。
[3]抗戰期勝利時，姜貴是湯恩伯將軍總部的一員上校。他在戰後退役，轉業銀行，嗣又經商。1948年 12 月姜貴攜妻子遷臺，兩年間虧盡資金並因債務纏訟經年。姜貴的妻子 1953 年因腦溢血導致半身不遂，臥病八年後去世（1961 年）。姜妻逝後一月，姜貴被控忽視照顧而導致病人死亡；官司持續三年半之久，後以姜貴無罪結案。這場官司眾說紛紜，顯然使姜貴身心鉅創，他甚至懷疑是因為反共小說《重陽》出版後，為匪諜忌恨陷害所致。見〈題記〉，《無違集》，頁 2；又見〈「六月霜」自序〉，《無違集》，頁 227～233。

視半世紀以來臺灣文學駁雜多元的面貌，1950、1960 年代的反共作品，不論良窳，其實是不可或缺的因素。這不僅是因爲這些作品曾銘刻我們共同的生存經驗，也因爲「反共」的政治、文學論述內蘊複雜的動機與辯證，不宜以一句「八股」輕輕帶過[4]。我以爲姜貴就是一位最不八股的反共作家。更重要的，他的小說始於對共黨禍國的檢討，卻終能超出眼前的血淚控訴，轉而對近代中國歷史的嬗變，作出沉鬱的省思。

姜貴的小說最常被提起的，是《旋風》（1957 年）及《重陽》（1961年）二書。用姜貴的話說，這兩部作品一「重農村」、一「重都市」，「都旨在說明共產黨如何會在中國興起。」[5]他以文字記述、抗議紅禍的用心，自不待言。弔詭的是，在當年反共文學大行其道的時期，《旋風》與《重陽》並未得到文宣機構的青睞。《旋風》早於 1952 年 1 月脫稿，但一直無法出版，直到 1957 年由姜貴改題書名爲《今檮杌傳》，自印 500 冊分贈各方，才算首次問世[6]。《重陽》亦是於 1961 年春由作者藉用某出版社的名義，自費出版。與此同時，姜貴的生活日益困頓，妻死子散，訟事纏身，竟使他懷疑是有「匪諜」作祟[7]。反共反到了這般光景，真是情何以堪？所幸姜貴的識者仍不乏人。《旋風》推出，胡適、蔣夢麟等都曾予以矚目。作家評者自高陽、劉心皇、王集叢等也都爲文推薦[8]。1961 年夏志清在《中國現代小說史》出版後，又以英文專論《旋風》、《重陽》，儼然將姜貴視爲五四小說傳統的最後傳人了[9]。

---

[4]見拙作〈一種逝去的文學？反共小說新論〉，《如何現代，怎樣文學？》（臺北：麥田出版公司，1998 年），頁 141～158。

[5]姜貴，〈自傳〉，《無違集》，頁 242。

[6]《旋風》的寫作始自 1951 年 9 月，至 1952 年 1 月脫稿。此書屢爲出版商所拒，近六年後由姜貴自費出版。又兩年後以吳魯芹先生的推薦，獲臺北美國新聞處協助，恢復《旋風》原名，正式問世。

[7]見註 3。

[8]《旋風》出版後，曾博得不少好評，1959 年，姜貴將這些文字蒐爲一集，題名《懷袖書》（臺北：春雨樓，1959 年）。胡適等人的信件、文評，均見此集內。此書由臺大梅家玲教授代爲覓得，謹此誌謝。

[9]夏志清對姜貴的評論，見〈姜貴的兩部小說〉，《中國現代小說史》（臺北：傳記文學出版社，1979年），頁 553～575。

一

　　《旋風》的故事發生於 1920 至 1940 年代，山東膠州灣附近的方鎮。方家是當地巨族，某一房的失意文人方祥千嚮往共產革命，糾合子弟，徐圖大舉。他又結識了江湖出身的族侄方培蘭，兩人一文一武，居然成了氣候。在共黨組織的遙控下，他們周旋於軍閥勢力、日本駐軍、地方仕紳、祕密會黨，以及土匪頭頭間，合縱連橫，將方鎮攪得天翻地覆。然而事與願違，就在方鎮變天後，方祥千叔侄自己成了新一波的鬥爭對象，雙雙被捕下獄。回顧他們自導自演的一段革命好戲，他們終有了後見之明：「整個共產黨的將來，也一定要像一陣旋風……。旋風，旋風，他們不過是一陣旋風。」[10]

　　《旋風》全長四十餘萬字，情節當然遠較上述複雜。它至少包括了方鎮幾家大戶人家的敗落紀實，時代青年與市井男女的啼笑姻緣，乍起乍落的江湖恩怨，還有最重要的，妓女龐月梅、龐錦蓮母女趁亂得勢的發達史。這些不同的情節支線相互貫串，構成一極多面向的網絡；中國北方村鎮在五四後所經歷的風風雨雨，於焉浮現。姜貴晚年曾有自傳文字《無違集》出版。對比其中各項描述，可知《旋風》的情節、人物竟多有所本[11]。小說的意旨固在反共，姜貴藉此感懷身世的動機，也盡在不言之中。

　　1950 年代的小說敘述國仇家恨，蔚然成風。從潘人木的《蓮漪表妹》到王藍的《藍與黑》，從陳紀瀅的《荻村傳》到司馬桑敦的《野馬傳》，都是佳例。比起這些作品，《旋風》未必能以文采、人物取勝。事實上姜貴反其道而行，他的語言素樸，情節並不刻意修飾，描寫國共鬥爭，真是「赤裸裸」的毫不容情。姜貴的「無情」不只見於對邪惡勢力的撻伐，也更及於對「被侮辱及被損害」者的冷冽觀照。在彼時或喧囂吶喊，或涕淚飄零的表述傳統裡，這毋寧是個異數。天道無親，蒼生奈何？他對一時一地政

---

[10]姜貴，《旋風》（臺北：明華書局，1959 年），頁 502～503。
[11]見姜貴，〈我怎樣寫《旋風》〉，《無違集》，頁 207～221；又見〈風暴瑯琊〉，下篇，頁 72～96。

治動亂的鬱憤，終為一更寒涼而世故的歷史憂思所包容。在這方面，他的寫作姿態其實讓我們想到了寫《秧歌》及《赤地之戀》的張愛玲──儘管兩人風格極有不同[12]。

在論《旋風》的專文裡，夏志清將這部小說與杜思妥也夫斯基的《著魔者》（*The Possessed*）相對比。他指出兩作在描寫狂熱的主義信仰者及革命家上，都極盡嘲諷之能事；《旋風》群醜跳樑、倒行逆施的血腥鬧劇，因此不妨看作是齣「徹頭徹尾的滑稽戲[13]」。書中的部分情節，像方祥千對革命遠景的妙想天開，子侄方天艾認妓女為母，龐月梅母女遍施雨露，成為地方婦女會的主任等，讀來令人匪夷所思。與多數「有血有淚」的反共小說不同，姜貴將他的故事沉浸在荒謬怪誕的敘述中。他所預期的讀者反應，不是淚，而是笑──令人慘然、駭然的笑。《旋風》中的角色不論正邪，都難逃墮落醜化的命運，所有的暴行或義舉皆沾染血腥的嘉年華魅影。姜貴尖誚老辣的筆觸看來突兀，卻是師承有自。他應是晚清譴責小說自覺的繼承者，下文當再論及。

《旋風》對反共小說公式另一大突破，在於將政治情欲化，情欲政治化的看法。當絕大部分的作家將國共鬥爭提升到「唯心的」道德及意識形態的抉擇層面時，姜貴卻幽幽提醒我們，欲望，尤其是人之大欲，未嘗不是政治行為的隱晦動機。《旋風》中角色的性壓抑及放縱，讀來令人怵目驚心。表面年高德劭的老夫人寵幸奴僕，貌似無欲則剛的革命黨人其實色膽包天。小說開場就是共黨指導員史慎之私而忘公，為取悅風塵女伶而被謀殺的情節。人倫之始，能不慎之？通姦誘姦、被虐施虐的場面在《旋風》書中屢見不鮮，更有亂倫戀物的種種暗示。與方祥千、方培蘭叔侄革命者相對的，正是龐月梅、龐錦蓮母女。她們煙視媚行，傾倒各路人馬，成為小說中最不可思議的勝利者。

---

[12]有關《秧歌》與《赤地之戀》的反共意旨，請見拙作〈重讀《秧歌》與《赤地之戀》〉，《如何現代，怎樣文學？》，頁 337～363。

[13]夏志清，《中國現代小說史》，頁 560。姜貴自己提到，「從宗教立場言，共產黨的行徑，『失魂者』對他們是最恰當不過的一個稱呼」，《懷袖書》題記，頁 3。

　　姜貴將共產革命者與色情狂一視同仁，因為兩者皆有絕難饜足的政治、身體欲望，對人生百態，卻殊少同情寬貸。另一方面，姜貴注意到傳統中國社會以禮教為先，但孝義節悌的代價，往往是個人欲望驚人的扭曲。相對於共產黨徒的徵逐漁色，小說中詩禮人家的變態偽善，一樣可怕。常年枯守活寡的正房夫人，晚年以各種手段羞辱曾蒙專寵的姜婢；自命賢德的太太百般心機，幫助丈夫迷姦少女。高陽早在他的專論裡就指出，姜貴的人物之所以如此，多半出於一種心理補償機制[14]。在連串的欲望移轉、偽托的過程中，任何理念行動，不論前衛保守，都沾染了曖昧的色彩。公私領域的妥協齟齬，那裡是動心忍性的大道理所能盡述？白描情欲與政治的糾結，在現代小說中當然前有來者（如郁達夫、茅盾），但少有人像姜貴一般敢於寫盡其中的洶湧暗潮。在這個層次上，他的小說政治觀不僅批判了左派那套高蹈的革命信念，也（不自覺的）威脅了右派自以為是的忠孝傳統。姜貴的立場望之保守，實則激越。近年臺灣政治情欲小說再度風行，但又有多少作者能從姜貴的作品擷取靈感？

二

　　夏志清先生曾指出，姜貴「正視現實的醜惡面和悲慘面，兼顧『諷刺』和『同情』而不落入『溫情主義』的俗套，可說是晚清，五四，1930年代小說傳統的集大成者[15]。」姜貴與五四新文學傳統的關係，可以從《旋風》中明白看出。他的題材是 1920、1930 年代中國的政治風暴，敘事姿態不脫「感時憂國」的特徵，而他的筆調則是寫實主義的正宗法乳。然而只要仔細閱讀《旋風》，我們可以發現姜貴對於五四傳統畢竟別有所見。他「集大成」的意義，與其說是兼容並蓄，更不如說是極具對話性的批判。

---

[14] 高陽，〈關於《旋風》的研究〉，《懷袖書》，頁 51～62；亦見夏志清，《中國現代小說史》，頁 561。
[15] 夏志清，《中國現代小說史》，頁 556。

　　五四文藝、文化生產的駁雜性，如今已引起更多學者的注意。如果沿襲「正統」話語，我們可說救亡和啓蒙是新文學的重要契機，革命加戀愛則是行動的主軸。《旋風》中的方祥千出身世家，對封建門風的僵滯腐敗自是感同身受。他受了共產革命的啓發，也一心領導晚輩衝決舊社會的網羅。爲了追求政治及情欲主體的解放，他鼓勵追隨者矯枉必須過正，革命及戀愛因成衝決網羅的首要試驗。這樣的情節在五四後的小說裡，我們看得多了。茅盾（《虹》）、巴金（《家》）、葉紹鈞（《倪煥之》），不過是其中的佼佼者。姜貴的自傳也透露了他又何嘗不是那個時代的「新青年」呢？然而經過了 1949 年的淪陷與逃亡，姜貴避亂臺灣，痛定思痛，下筆自有不同的心境。《旋風》寫救亡與啓蒙的迫切，卻不免對這兩大號召的合理性及有效性，提出質疑。小說也寫革命加戀愛的必要，卻顯然憂懼尾隨而來的暴亂與激情。《旋風》最後數章的天翻地覆，的確令人怵目驚心。回溯當年的豪情壯志，不是過來人寫不出這樣的躊躇沉鬱的小說。姜貴何只反共而已，藉《旋風》這樣的作品，他是在反思五四以來中國追求現代化的希望與虛惘。

　　也正因此，五四作家所表現的兩種情緒特徵，「同情」與「諷刺」，在姜貴筆下有了新的出入。他的同情可以及於他最要諷刺的對象，他的諷刺也常施加在他本該同情的人事。《旋風》的主角色方祥千及方培蘭投身共產黨，雖爲家鄉帶來偌大動亂，依然顯出情有可原的弱點。方祥千傾家蕩產，只爲了一圓理想；方培蘭之所以加入革命，原因竟無非是擺脫家累。《旋風》中代表國民黨正義之聲的方八姑，活脫是個女道學先生，而最溫良貞靜的方冉武娘子最後落籍娼門，居然也就得過且過了。經過方氏叔侄的鼓勵，方鎮舊有的惡勢力改頭換面，竟以新的名目胡作非爲。在姜貴看來，革命與反革命，革革命與不革命自相混淆，互爲因果，這才是中國追求現代化最後的諷刺。左翼的評者要視姜貴的革命觀爲反動，但早在《旋風》之前，魯迅不早已寫道：「革命，革革命，革革革命，革革革革命……革命殺反革命，反革命殺革命，不革命的，或者當作革命被反革命殺，或

者當作反革命被革命殺[16]。」

　　姜貴的寫作，粗枝大葉，當然比不上魯迅那樣深刻自省，但至少在面臨中國革命的狂潮時，他們都有能力提醒我們事物的表象和實踐、手段和目的，未必總是一以貫之。當絕大部分的中國作家簇擁著歷史進化的時間表，迎向前去時，魯迅拒絕從眾，左右開弓。姜貴自始是忠誠的國民黨信徒，寫作《旋風》時，也堅守「暴政必亡」的信條。但小說中所觸及的歷次國民革命情節，從辛亥革命到北伐革命再到反共革命，終究使人喟然反思，「革命」何以總是尚未成功，同志難道仍須繼續努力？

　　越過五四的標記，姜貴的《旋風》與晚清小說也有相互唱和之處。晚清的譴責小說以影射時政、笑謔社會百態為特色，李伯元的《官場現形記》、吳趼人的《廿年目睹之怪現狀》都是膾炙人口的作品。這些作品上焉者嬉笑怒罵，道盡清末社會變遷的怪現狀，下焉者則以揭祕誹謗為能事，流於「辭氣浮露，筆無藏鋒。」姜貴對譴責小說顯然並不陌生。《旋風》中許多情節，像是土匪當官、庸醫誤診、妓女從政、名士偽善等，活脫是晚清鬧劇場景的延伸。除此，小說中影射的人物，從文人王統照、臧克家，到政客軍閥如韓復渠、張宗昌，再到毛婆江青，皆呼之欲出[17]。江青的處理，從幼年驚鴻一瞥，到日後走紅延安，草蛇灰線，尤見匠心。習慣新文學筆法的讀者或要覺得姜貴的誇張諷刺，已嫌過火，殊不知這樣的情境人物，代表了一種不同的美學觀照。前述姜貴以笑帶淚的歷史觀，正是源出於此。亂世為文，何能溫柔敦厚？《旋風》部分篇章是如此謔而且虐，似乎暗示文字形式本身若非憑賴譏誚，不足以狀寫那個時代的虛無與暴力。

　　五四之後的作家雖然立意與傳統畫清界限，但晚清的影響不絕如縷。魯迅、老舍、張天翼、吳組緗等都有相當辛辣諷刺的作品傳世，姜貴自然與他們一脈相承。但五四作家們同時不能甩脫人道主義的包袱，以及相應而生的革命高調。反諷的是，當共產革命真正成功後，解放了的作家們反

---

[16] 魯迅，〈小雜感〉，《而已集》，《魯迅全集》（北京：人民文學出版社，1981年），卷13，頁532。
[17] 方以直，〈《旋風》人物考〉，《懷袖書》，頁97～99。

而噤若寒蟬了。離開大陸的姜貴因緣際會，反能繼續一施所長，而國破家亡的教訓，使他濯盡溫清，重新檢討新文學的洞見與不見。折衝在晚清的譴責小說及五四後的「人的文學」間，他的《旋風》因此提供了一個對話場域，探勘前半世紀現代文學的不同聲部。

三

　　做爲一部大規模的歷史小說，《旋風》的意義也可窺自對中國文學與文化傳統的檢討上。姜貴嘗自言，「20 歲前不是個好學生，十年光陰，可說只讀了三部書，《紅樓》、《水滸》、《儒林》是也[18]。」這三部古典小說的影響，的確可以見諸《旋風》的字裡行間。《旋風》中落魄文人、維新名士的種種行徑，固然是時勢所趨，但也說明了近世儒教傳統的又一崩解，而崩解的前兆，在 18 世紀的《儒林外史》已現端倪。當以往的政治文化資源不再能應付知識分子的需要，名教與世俗間的衝突愈演愈烈，可驚可笑的「怪現狀」因此層出不窮。方家各房子弟，有的醉心西學（方祥千），有的頹靡作狀（方天艾），有的欺世盜名（方通三）。他們做爲儒者，既不能修身齊家，還談什麼治國平天下。

　　尤有甚者，當姜貴安排方祥千這樣的共產學究結識了綠林好漢方培蘭，不啻是將《儒林》的世界向《水滸》的世界靠攏。方培蘭早年率眾結義，爲父報讎，十足的英雄本色。但在他被收編爲地方自衛隊後，以往俠義精神的墮落已經開始。兩方結盟、密謀起義，其實各取所需。古典的「替天行道」改頭換面，成了時髦的「階級革命[19]」。但姜貴必然認爲《水滸》世界中的亡命之徒，還能靠「忠」、「義」維持彼此間的休戚關係，方培蘭手下那群雞鳴狗盜的嘍囉，那裡會在乎同生同死的盟誓？對方祥千而言，秀才遇見兵，更是有理說不清。他與方培蘭的下場，早就已經注定。除此，《水滸》式的英雄聚義固然痛快淋漓，強人式的正義與嗜血的報讎方

[18]高陽，〈《旋風》‧姜貴‧我〉，《懷袖書》，頁 137。
[19]蔣夢麟早已注意此點，見致作者函，《懷袖書》，頁 18。

式卻要為任何社會埋下禍根，更不談對女性的輕賤與污辱。姜貴藉《水滸》眼光來看共產革命前後的方鎮，應不無感慨。而相較於日後毛派政權大批大捧《水滸》的陰謀陽謀，《旋風》反而意外的洞燭機先了。

　　姜貴私淑《紅樓夢》，不少評者已經指出[20]。平心而論，《紅樓夢》那樣精妙多義的人生觀照，華麗細膩的人物、情緒描寫，不是《旋風》所能望其項背。但姜貴於《旋風》序言自謂，「民國 37 年冬，避赤禍來臺，所業尋敗，而老妻又病廢，我的生活頓陷於有生以來最為無聊的景況。回憶過去種種，都如一夢。」、「回憶半生淪落，亟懺悔之不暇。懍文章敦厚之旨，固無意宣揚穢德。」[21] 這就不免讓我們想起曹雪芹《紅樓夢》的楔子：「今風塵碌碌，一事無成……背父母教育之恩，負師友規訓之德，以致今日一事無成，半生潦倒……」[22]《旋風》中寫早已中落的居易堂及養德堂家族內幕，寫大戶人家「百足之蟲，死而不僵」的頹廢排場，以及閨閣內外種種的鉤心鬥角，都遙擬《紅樓夢》筆意。但姜貴缺少前輩那樣超拔的反思能力。《旋風》中寫盡許多角色的下場，像方冉武（居易堂）一家老太太最後凍餓而死、小妾遣走，方冉武娘子配給地痞，又淪為娼妓等描寫，無不顯示姜貴之意，控訴紅禍到底，這就不能與「白茫茫一片真乾淨」的境界相比擬了。

　　姜貴如此揉雜古典說部的靈感，基本上呼應晚清那輩作家重寫傳統的方法。當各類小說的文類特徵、生命觀點，以及預期的讀者反應被刻意混為一談，這不僅代表了作家對文學傳統或迷惑、或犬儒的姿態，也更點出他們重新連接文字與世界、敘述與歷史間的激進策略。《旋風》諧擬《儒林》人物糾眾結義，或《水滸》強盜闖入紅樓閨閣，或《紅樓》世家一敗塗地，在在點出清末以來中國文化傳統所面臨的艱難考驗。也在這一層次上，《旋風》的歷史感慨油然而生。

[20]如方其，〈《旋風》著者及其寫作淵源〉，《懷袖書》，頁 127。
[21]姜貴，《旋風》自序，頁 3。
[22]曹雪芹，《紅樓夢》（北京：人民文學出版社，1964 年），頁 1。

　　準此，我們必須再思《旋風》的另一書名《今檮杌傳》。「檮杌」一辭雖然隱晦，卻可成為我們解析姜貴用心的重要線索。檮杌指的是遠古的一種怪獸，「其狀如虎而大，毛長二尺，人面，虎足，豬牙，尾長丈八尺，攪亂荒中」（《神異經》）；也可指惡人，「顓頊氏有不才子，不可教訓，不知話言，天下謂之檮杌」（《史記‧五帝本紀》）。但更令人尋味的是，檮杌也是一種史籍名，「晉之《乘》、楚之《檮杌》、魯之《春秋》，一也」《孟子‧離婁下》）。姜貴善用此辭的隱喻，謂《旋風》要旨無他「紀惡以為戒也。」[23]

　　姜貴將小說等同於歷史，見證過往的人事以為來者鑒。濁世滔滔，我們不能不有疑問：小說原是小道，是在什麼樣的環境下，必須代替歷史大敘述的功能？而又是什麼樣的時代，我們的歷史充滿了惡人怪獸，成為「紀惡以為戒」的文字書寫？更弔詭的，這樣的歷史本身成了必要之惡，銘刻我們所應戒懼的，卻也證驗了文明本然的侷限，人性無從擺脫的劣根——歷史本身就是那祛之不去的怪獸。

　　姜貴自承《今檮杌傳》亦有所本，即晚明清初的小說《檮杌閒評》（李清（1602～1683）著；明亡前成書）。《檮杌閒評》記錄明末魏忠賢由混跡江湖而成篡權亂政的閹宦，以及魏私通乳母客氏，禍國殃民的過程[24]。魏、客惡貫滿盈，終遭伏誅，但明室氣運至此已奄奄一息。奸佞為害，可以若是。300 年後的中國又遭逢共黨席捲。紅朝賊子一樣是由小而坐大，且在姜貴寫作《旋風》的 1950 年代初期，勢正方興未艾。今之檮杌，兇暴尤勝前朝，而我們的歷史，又能承載多少邪惡的紀錄？展望前途未卜的家國，姜貴必有不能已於言者的慨歎，正如他在全書最後所歎：「蒼苔黃葉地，日暮多旋風。」

——選自陳義芝主編《臺灣文學經典研討會論文集》
臺北：聯經出版公司，1999 年 6 月

---

[23]姜貴，《旋風》自序，頁 3。
[24]《檮杌閒評》現有上海古籍出版社影印版，收入《古本小說集成》內。

姜貴的《重陽》

兼論中國近代小說之傳統

◎夏志清[*]

　　去年 11 月，我在耶魯大學宣讀了一篇論文，專講我國近 20 年來文學創作上的成就。口述的論文受時間的限制，我舉要地討論了三位傑出的作家：姜貴，余光中，白先勇。對國人而言，這三位作家當然是大家熟悉的，余光中和白先勇尤其受到年青讀者的愛戴。但我國批評事業不發達，討論白先勇成就的也不過《臺北人》裡附錄的四篇，余光中雖然是文壇的紅人，統論他成就的文章好像還沒有[1]。姜貴只有《旋風》剛出版時，受人重視，以後的作品，出版後自生自滅，從沒有書評家去理睬它。他今年 65 歲了，算是位老作家。近年來不受重視，可能因爲他代表的是個晚清、五四、1930 年代小說家的傳統，在風格上，在題材上，都不夠「現代」化。余光中今年 46 歲，初到臺北時還是大學生，白先勇初來時只是中學生，更比余光中輕上九歲。他們都是倡導現代文學的功臣，雖然有一長段時間，余光中常和一批自名「現代」的詩人筆戰，覺得他們寫的詩文理都不通，遑談詩境？這場筆戰，假如我當時參戰的話，一定會完全站在余光中一邊，因爲我覺得專標榜「現代」並不是一個文壇的好現象：不少作家，自己學問不紮實，覺得非跑到時代尖端，不夠時髦，不夠當「現代人」的資

---

[*]發表文章時爲美國哥倫比亞大學東亞語文系教授，現爲美國哥倫比亞大學榮退教授，中央研究院院士。
[1]陳芳明在《鏡子和影子》（臺北：志文出版社，1974 年）這本現代詩評論集裡，載有兩篇「統論」余光中詩的文章：〈冷戰年代的歌手〉、〈一顆不肯認輕的靈魂〉，立論公允，請參閱。歐陽子最近在《中國時報》（1974 年 8 月 21～23 日）上發表了〈白先勇的小說世界〉一文，檢討《臺北人》的主題， 非常精闢細到。（1974 年加註）

格，這樣寫出來的東西，當然不會有「深度」的。當年最紅、最「現代」
的詩人艾略脫，英美的年輕詩人已不再模倣，事實上，有些革命派的青年
更覺得他是「守舊」、「頑固不靈」的反動人物。當然艾略脫目前市價跌，
並不影響他的永久價值。同樣的，有朝一日白先勇的小說，余光中的詩
文，都會給人不夠「現代」的感覺，雖然那時他們在文學史上可能已有鞏
固的地位。「現代」是個相對的名稱，真正的大作家當然以表現時代爲己
任，但這並不是說他先學會了當代最流行的技巧，從本國和國外最時髦的
作品裡，抓住了「時代意識」後才去創作的。

　　臺灣作家，很少看得起五四時代的作品，也很少看過 1930 年代的作
品。那些作品誠然不夠「現代」，但我們不能說它們的藝術水準一定不如當
代臺灣的作品，也不能說影響那時代作家最深的西洋文學傳統在成就上比
不上支配臺灣文壇的那個西洋現代傳統光輝。而且文學傳統是一條長流，
後浪推前浪，所謂「進步」，往往是個幻覺。當代吾國作家，都很服膺喬哀
思，且不論他們有沒有讀過《尤理西斯》。五四時代的作家莫不服膺易卜
生，而事實上年青的喬哀思最佩服的當代作家也就是易卜生，還貿貿然寫
封信寄給他。現在同艾略脫一樣，在英美大學生間，喬哀思已不再是「走
紅」人物，這一方面當然他們沒有耐心讀艱難的作品。但以客觀的眼光
看，喬哀思最後走了一條死路，他的成就當然遠不如易卜生這樣的多樣
性，這樣針對人生、社會大問題而永遠逗人深思。同樣的，喬哀思的成就
當然遠不如狄更斯，喬治・艾略脫，也遠不如屠格涅夫，托爾斯泰，杜思
退夫斯基。前幾年有些作家（尉天驄等），不滿現代主義籠罩臺灣文壇的情
形，倡導過人道主義的文學。事實上人道主義的文學即是上列 19 世紀諸大
家所發揚光大的文學。

　　我不敢說姜貴讀過多少西洋作品，但當年他是愛國青年，也是文藝青
年，在一篇自傳裡提到過曾爲托爾斯泰《復活》深深感動的情形，至少同
類的作品，已有中譯的，讀過不少，而且無形中受其影響。同時，從他自
己的小說裡，我們看得出他是熟讀舊小說的人，晚清、民初的小說一定讀

得不少。（在他給我的一封信裡，他提到寫《碧海青天夜夜心》時，曾自覺地受徐枕亞——民初紅作家，以《玉梨魂》最著名——的影響。）一般人錯覺（我自己當年也如此），胡適、陳獨秀倡導文學革命後，一切文學形式都受西洋影響而擺脫了舊的桎梏。事實上，詩，短篇小說，話劇是新建的形式，而長篇小說，現成有光輝的白話傳統，在形式上，精神上，思想上，無必要完全創新，事實上也並未。像樣的新長篇小說要到 1928 年才問世，表示它的難產，事實上也表示它並沒有同章回小說絕緣。梁啓超早在 1902 年在橫濱出了種《新小說》的雜誌，提倡「政治小說」，造成小說界空前繁榮的現象：我們可以說跨入 20 世紀後的晚清時期才是中國小說史的劃界時代。這以前雖有以編纂小說爲業的書商，可說沒有職業小說家。晚清時代才有李伯元、吳趼人這樣以寫稿爲生的職業小說家。晚清以前雖也有寫諷刺小說的，沒有人寫過社會大變動，隨時有亡國危險的局面。這種針對社會政治現實，關心國是的精神是晚清小說的特徵，也是五四以後小說的特徵。一般人特別看重晚清時代的諷刺小說，其實言情小說也很多，到民初更盛行。這兩種小說裡，婦女悲慘的命運，往往是家庭黑暗，社會不公平，甚至政治腐敗的象徵。在五四以後的小說裡（不管是新派的巴金，老派的張恨水）這類不幸的婦女出現得更多。

　　假如我的假設可以成立的話，則我們不得不承認，18 世紀的《儒林外史》和《紅樓夢》是兩部超時代的小說，對 20 世紀中國小說的發展影響最大：前者培養小說家對社會、政府自覺性諷刺的態度；後者激發他們的同情心，尤其是寄予不幸婦女的同情心。寫《紅樓夢》時，曹雪芹自有他一番出世的哲理，但世世代代的讀者，讀小說後感受最深者，莫不是書中多少可愛女子生活和下場的悲慘。《紅樓夢》同情女性不是那時代單獨的現象，《儒林外史》裡也有值得我們同情的女子。同時代深閨婦女自己寫的彈詞，如《天雨花》、《再生緣》、《筆生死》之類，專供婦女閱讀。這類作品，據我學生陳豐子（日籍，嫁華人）的研究，一方面把婦女的苦難，家庭的醜態，寫得淋漓盡致，一方面把些頭挑女子，寫成人中瑰寶，喬裝男

子，中狀元，當宰相，得意一時，充分在一個想像世界裡補償她們女作家自己生活上的缺憾。

　　我《近代中國小說史》的結論，五四到大陸淪陷那一時期較好的小說家，差不多全是著重諷刺和富有同情心或人道主義精神的寫實主義者（satiric and humanitarian realists）。有些作家以諷刺見勝，有些更富於憐憫之心，但二者實為一個銅幣的兩面，同樣是看到醜惡的現實後，必然的反應。我前面所寫的，僅是說明「諷刺」、「同情」這兩種態度，並非是「新小說」的特徵，在晚清小說裡已很顯著，也可說是《儒林》、《紅樓》兩大小說精神的延續。大體說來，五四以來以諷刺見長的小說家，如魯迅、老舍、張天翼、錢鍾書，比較耐讀，那些專寫人間疾苦，青年男女的作家，他們文筆較壞，沒有含蓄，一方面不免自怨自艾，一方面叫囂「革命」，給人淺薄的印象。但這不是說這些題目不應寫，只是一般作家，才氣不夠，寫悲慘的題目，難免落入「溫情主義」的圈套。

　　姜貴在大陸時，寫過兩三本小書，當時沒有人留意，在文壇上可說是毫無地位的人。他真正從事寫作，是到臺灣來後的事，《旋風》是 1952 年脫稿的。但就年齡而論，他同大半 1930 年代初露頭角的作家應算平輩。就遭遇而言，也同他們有相像之處：從小就愛國，年紀輕輕就聽到一位長輩鼓吹共產主義的學說，中學時代就從故鄉山東跑到廣州去參加革命，加入北伐的隊伍，1937 年再度投軍，抗戰八年一直在前線或敵偽區為國家服務。所不同者，1930 年代那些作家，雖然愛國心重，很早就左傾，至少看不起國民黨，而姜貴少年時代即入黨，1930 年代沒有真正從事文藝，可能因為他覺得同當時操縱文壇的左派作家合不來，不甘同流入污。但姜貴的小說大半寫的是 1920 年代到 1940 年代的大陸情形，即當年大陸作家所寫的題材。所不同者，姜貴深感共黨禍國之痛，把當年的情形，比他們看得更清楚，更深入。他正視現實的醜惡面和悲慘面，兼顧「諷刺」和「同情」而不落入「溫情主義」的俗套，可說是晚清，五四，1930 年代小說傳統的集大成者。臺灣年輕一代的小說家，另受西洋現代文學的影響，氣魄

不夠大，同那個傳統血脈相承之緣已疏。

　　我說姜貴是那個傳統的集大成者，專指他兩本傑作而言：《旋風》和《重陽》（作品出版社，民國 50 年初版，共 24 章，574 頁）。他的第三部長篇《碧海青天夜夜心》（民國 53 年），長達八百四十餘頁，作者自己很偏愛，但我認為是失敗之作，可能當時姜貴牽入訟案，蒙不白之冤，心神不安，不能集中精神寫作。之後，姜貴生活更清苦，為了稿費，長短篇寫了不少，我還沒有好好研讀，希望其中有精品。

　　姜貴是晚清民國小說傳統的發揚光大者，主要因為他諷刺手法特別高妙，有勝前人，雖然《旋風》和《重陽》都是富有悲劇性的作品，題材牽涉到中國整個的命運，不能純粹當諷刺小說看待。在〈論姜貴的《旋風》〉（譯文曾載《中國時報》副刊）裡，我曾提到《旋風》和杜思退夫斯基《著魔者》同樣處理一個瘋狂的世界，其諷刺的效果可令人大笑大哭，讀《重陽》後，我更有同樣的感覺。杜氏早年是激進者，對帝俄時代的革命黨，無政府主義的暗殺黨心理摸得最熟，但西伯利亞放逐回來後，他變成了所謂「反動」派，希望帝俄不受西歐思想的侵犯，人民保持他們的單純，相信耶穌救世的愛。因之，他覺得那些革命黨人又可笑，又可怕，他們是魔鬼附身，可以擾亂天下的罪惡元首。五四、1930 年代的作家，他們大半敬重杜氏人道主義這方面的廣泛的同情心，但因為他們嚮往革命，也反對宗教，不可能同意杜氏「反動」的觀點，在寫作上也沒有受到他多少影響。近代中國的讀書人，一般講來，不信什麼宗教，姜貴也不例外，但從他的小說裡，我們也可看出他同杜氏一樣的「守舊」和反動。他守住的是孔孟儒家的正義感，倫常觀念，和忠孝精神，他認為共產黨是中國固有文化的死敵，黨內積極分子都是反倫常，非忠孝的禽獸。杜氏信得過沙皇和教會，姜貴信得過國民黨，雖然黨在過去曾吸引了不少投機分子和敗類，其中不乏忠貞男女，發揚真正儒家不屈不撓的精神。《旋風》裡的方八姑，《重陽》裡的朱廣濟，錢本四都是這類人物，雖然他們都被共黨正法或暗殺，他們所代表的精神卻將與中華民族同存。

　　同晚清小說一樣，姜貴個別諷刺對象有封建地主、舊式官僚、頑固分子以及投機取巧、不學無術的新派人物，空頭作家，洋場惡少，但因為他的主題是中國文化的存亡問題，他們的種種行動，不論自甘墮落也好，自命前進也好，顯得更可笑，更可悲。《旋風》的主角方祥千、《重陽》的主角洪桐葉都是受共產主義理想騙惑的人，一個覺悟太遲，一個覺悟雖早而無力自拔。他們都值得同情的，也可說是悲劇的人物。正因如此，小說裡看來似乎是誇大式的諷刺，襯托出一個惡夢似的現實。洪桐葉和他的妹妹金鈴都是母親辛苦領大的，他們的父親早亡，曾任民初南京臨時政府的軍部次長，可算是「革命先進」。桐葉中學畢業後，他的叔叔雖然是鐵路局長，卻不肯資助他讀大學，介紹他到一家法國洋行去學生意。那洋行主人烈佛溫是位販毒的軍火商，他的太太卻是滿口上帝的基督教徒。桐葉學法文，讀聖經，每週還得替老闆娘修腳，而且修出味道來，樂此不疲。姜貴好描寫有性變態的人物，有時性變態心理的發展，來得突然，不能使讀者信服，但桐葉愛同老闆娘修腳，一方面當然是性的享受，更重要的，它象徵一種當時中國人自甘奴服洋人的卑賤心理。在當年，貧窮的孩子在洋行裡熬出頭，當買辦，也算一條「光榮」的出路。姜貴寫《重陽》，煞費苦心，每個角色，都或多或少代表那一類人所有的特點。即以烈佛溫夫婦而言，男的販毒，同軍閥勾結，販賣軍火，女的滿口仁愛，要中國人相信西洋人的上帝，這正代表帝國主義侵略的兩方面。

　　桐葉有機緣結識一位名教授，後者覺得革命先進的骨肉學洋行生意太可惜了，介紹他去見錢本三，一位上海國民黨的負責人。此後桐葉要脫離洋行，為黨國服務。但早在此以前，他結識了一位共產黨柳少樵。桐葉母親是女工，患盲腸炎，送醫院沒有錢，柳少樵暗托工廠裡一位心腹彭汶學資助了 100 元。桐葉非常感激，自己的叔叔不肯資助，洋行裡支不到多少錢，共產黨卻這樣關心他，使他走上共產黨的路。柳少樵一方面也給他淫書看，腐化他。

　　桐葉初次在柳少樵弄堂房子亭子間見到他，「打量他，年紀大約比自己

大幾歲，人瘦瘦的，細高身材，蓬鬆鬆一頭亂髮。滿腮鬍子，少說也夠半
個月不曾刮了。」談了半天，桐葉和柳、彭二人一起去吃晚飯：

> 三個人剛要往外走，洪桐葉又一陣聞到剛才在後門外邊的那種怪味，覺
> 得有點要作嘔，很不好受。那味道好像是從前窗隨風吹進來的。便問：
> 「這是一種什麼味道？」
> 「隔壁是一家煉豬油的小工廠，這個是豬油香。」柳少樵說。
> 「你說香，我說是臭，我真受不了！」
> 「久了，習慣了，你就好了。你難道不知道『鮑魚之肆，久而不聞其
> 臭』那句話？」
> 「但願我能遠著它一點，不要那習慣也罷了！」
> 「實逼處此，只怕你遠不了它。」
> 在一陣笑聲中，三個人走了出去。

　　這一段引文，很能使我們體會到姜貴的象徵手法。桐葉所聞到令人作
嘔的臭，不僅是煉豬油的臭，也是共產黨的臭。柳少樵聞慣了，覺得它
香，後來桐葉常去那弄堂，果然「久而不聞其臭」了，到那時他已中了共
產思想的毒了。

　　柳少樵算得上是湘西世家，家裡歷代開布廠，他父親的紗布廠，最後
不能同日貨競爭倒了，晚年開片布店自娛。他老人家最疼愛三兒子少樵，
自己看中名門閨秀葉品霞，想盡方法花了一萬五千兩銀子，討回家，但求
三兒子婚姻美滿。少樵老大不願意：

> 洞房花燭之夜，柳少樵看看新娘子，確實生得夠漂亮，父親沒有騙他。
> 賢慧不賢慧，雖然一時摸不清，但看了那一副馴順溫柔的表情和動作，
> 不至太離譜兒。柳少樵本來一整天累了，但此時忽然興奮，一口氣把燭
> 和燈吹了。「怎麼，」新娘子意外的大吃一驚，在黑暗中說，「今天晚上

不行吹燈的。」

「管他呢!」柳少樵撲到新娘子身上,「快脫衣服!」

「那怎麼可以?總要過三夜,我才好脫衣服。」新娘子慌成一團,對於新郎的魯莽,一時不知如何應付才好。

黑暗中,柳少樵不再答話,只管去撕她的衣服。新娘子帶著哭聲說:

「好人,好人,求求你!」

「不要說廢話,你是我花了一萬五千銀子買的,怎好違拗我!」

聽了這話,新娘子的拒絕立刻鬆了下來,她只有傷心流淚的分兒了。

事畢,柳少樵把燈點上,整整衣服,點頭稱讚道:

「一萬五千銀子,果然味道不錯!」

他拉一條毯子,在床對面一張長靠椅上,蒙頭睡了。

　　柳少樵當時還不是共產黨,在他自己看來,他在響應新文化運動反封建、反舊禮教的呼聲。舊式婚姻是不合理的,他要反抗,他要報復,非得侮辱自己新娘子不可,非得施強暴不可,這樣她傷心,他父親傷心,他心裡才舒服。他這種不顧情理、毫無人性的行為同時也表示一種意志支配一切的瘋狂,「家庭革命」這個口號不是新文化運動叫開頭的,李伯元的《文明小史》裡就有一兩位青年鬧家庭革命,婚姻自主。但他們的舉止雖很可笑,他們的人性並未喪失。這種青年發現自己的老子替他討了個如花似玉的美人兒,一定歡天喜地,向老子磕頭都來不及。即使新娘醜,想她也是個禮教社會的犧牲品,可憐蟲,不會去強姦她,凌虐她。少樵不是不歡喜葉品霞,他獸欲大動,把她姦了,這樣更可一逞自己意志的勝利。

　　柳少樵是憑了這種「反抗的精神,打破傳統的勇氣」,極邏輯地加入了共產黨。《旋風》裡的土共倡導人方祥千,代表老一輩的智識分子,認為共產主義是可以實行大同世界的理想的,最後發現被騙了。柳少樵並沒有什麼理想,即使加入共產黨時,對人類、對國家還有些想望,加入後,受了黨的訓練磨折,就不可能再有了。他是聰明人,知道黨是什麼一個把戲

（他自己人性早已喪失，意志受人支配，並不感到多少痛苦），一方面，他可說是個「硬漢」，不管路走錯走對，他認了，「黨」變成了他的終身事業。他聽上司的領導，自己也用同樣方法去領導上鈎的青年。有一次，他「揍」了洪桐葉後，再騙他去嫖法國女人。他說：

> 「小洪，你應當高興才是，因為我的上司也是這樣對付我的。你將來領導別人，這是一件祖傳的法寶，你不要忘了。用暴力，用甜言蜜語，或是用未來的美夢，不拘用什麼都好。可是永遠不要期望任何人可以長期為你做片面的犧牲，而沒有他自己的願望。一面滿足他，不管是屬於他的下意識的或是獸性的，一面鞭策他，他自然會接受你的領導，你就天下歸心了。」
> 「難道就沒有例外？」
> 「當然有的。偶然遇到例外，就剷除他，連根拔掉他！那時候，你需要的是機智、迅速和果斷，一點猶豫不得！」

書的末了，洪桐葉早已想跳出共產黨的火坑了，柳少樵憑著他的「機智、迅速和果斷」把他結果了。

柳少樵和洪桐葉二人各有各的個性、命運，但在小說故事的發展上，在反映當時的革命現實上，他們二人是分不開的，他構成了一個 double character，正像杜氏《白癡》、《著魔者》裡面的男主角一樣。就歷史現實而言，洪桐葉代表了那種思想糊塗，一時是非不明而被共黨脅誘上鈎的愛國青年。他的父親代表了一種光榮傳統，但在帝國主義肆虐，軍閥統治中國的時期，他行動上拿不準方向，而走入歧途了。事實上，早期國民黨容共時期及抗戰初期，這類青年多得很。柳少樵代表那種自動自發的共產黨，走了新文化運動極左派的路線，覺得剷除封建，打倒禮教，推動無產階級革命，才是新青年應幹的事，自鳴得意，看不到在他破壞性的行動裡所表現的極端自私。加入共產黨，爬得相當高後，柳少樵更名正言順地發揮他

破壞、殘害的潛能。同時他在私生活上，可胡作亂爲，也正對他獸性的需要。1920、1930 年代，這類共黨幹部也多得很。他們即是劉鶚在《老殘遊記》裡所預言的「革命黨」：「今者不管天理，不畏國法，不近人情，放肆過去，這種痛快，有人災，必有鬼禍，能得長久嗎？」

在《旋風》裡，姜貴已描繪了不少共產黨人的面貌，柳少樵的畫像更顯出他想像力之高超，對當年在大都市活動的共產黨地下工作人員了解之深。在工人、學生界活動的中級共黨領導人物在 1920、1930 年代左派小說出現得很多。在茅盾、蔣光慈、丁玲的筆下，我們常見到這位拜倫英雄式的典型人物：他行動神祕，辦事果敢，心裡充滿了人類愛或階級愛但表面上看來冷面無情，甚至大義滅親。他是女同志愛慕的對象，但他對她們不加鼓勵，從不讓男女私情影響到他爲黨服務的凜然不可侵的精神。同他們比起來，柳少樵好像是個漫畫式的人物，事實上姜貴刻劃的才是這類地下工作人員的真面目，那些左派作家反而把這個典型理想化了，千篇一律，多讀了令人生厭。《重陽》讀來這樣驚心動魄，令人髮指，多牛同柳少樵造型的成功有關。

洪、柳初識時，人都在上海。後來，北伐開始，二人都被派到吳佩孚統治下的漢口，做地下工作，預先爲國軍開路。洪桐葉名義上是國民黨，事實上同柳少樵走一條路線，接著，汪精衛、陳獨秀主持的武漢政府成立，政權落在共黨手內，推動了不少荒謬的新措置，社會秩序大爲混亂。姜貴當年人在武漢，親歷這種亂況，二三十年後，憑他的記憶把那些可怕、可笑的事件一一寫下，給人真切的印象。全書最精采的幾章都是寫武漢混亂現象的。事實上，當時共黨，汪派推動的是一個「社會大革命」，後來汪精衛怕自己政權不保，同南京政府妥協，才開始分共，社會大革命才告停止。

武漢「大革命」時期受損害最嚴重的是女性。假如柳少樵代表一種反倫常的瘋狂，《重陽》裡的女人，除了柳少樵的情婦白茶花和兩三位歷史上的名女人外，大牛是善良的，她們的感情是正常的，也就是說，她們還是

有良心，還逃不出，也不想逃出倫常道德的支配。可是在共黨策劃的「家庭革命」、「婦女解放」之下，她們非得做違心之事不可，受盡欺侮。姜貴對婦女深度的同情心，發揚了晚清以來，中國近代小說的精神，在《旋風》裡即有深刻的流露。在《重陽》裡，被損害的少女老婦各色各等都有，前文提到了葉品霞（她同她公公全家最後都被柳少樵毒死），這裡只能略述洪金鈴、洪大媽的苦境。同她哥哥一樣，金鈴去武漢，也沒有向媽媽告別，是溜走的。臨走時，「想著米缸是空的，瓶和鹽罐是空的，媽媽的荷包是空的，她真有點說不出的酸楚，噙住兩泡眼淚，一逕下樓而去。」到漢口後，她更是想念媽媽。她同哥哥會面了：

「我老想著我走的時候，」洪金鈴悽然說，「她正身體不大好，家裡吃的用的，什麼也沒有，這些日子不知道她怎麼過？像這樣，我們對她一點責任不負，太對不起她了！」
「這是你是舊腦筋。」
「新腦筋不要媽媽？」
「也不是說不要。不過一個人總得勞動，她可以做臨時工人，自食其力。」
「她老了，做不動了。」
「那就活該沒有辦法。」洪桐葉搖搖頭，苦笑一下。「將來革命成功了，國家會有養老院。現在是青黃不接的轉變期，自然不免有許多小悲劇。」
「你說是小悲劇？」
「是的，我們有更多的正在受難的無產者！」
「連自己的母親都不能照顧，我們還有資格設想那許多人的事嗎？」
洪金鈴說著，撲簌簌落下淚來。她雙手捧臉，不住地抽噎。

洪金鈴這句反問，桐葉是無法回答的，等到他覺悟，知道自己是個

「悲劇的丑角」，已是太遲了。洪家三口都是柳少樵侵害的對象，他好女色也好男色，很早就是桐葉的愛人。桐葉固然生得俊俏，但少樵玩弄他，也表示一個人加入共黨後，必定絕對服從上司，喪失自己的人格。少樵也垂涎金鈴的美色，桐葉熱心地為他牽馬，金鈴不從，但最後還是屈服了。少樵對桐葉說得很冠冕堂皇：「我是在向一個處女的貞操觀念挑戰，我要打破那種資產階級獨占意識的處女貞操觀念。為黨，為無產階級，她應該獻出她的童貞！」少樵姦污金鈴，一大半出於淫心，但後來洪大媽接到漢口後，他也姦污她，可說出於好玩，也表示對她人格的鄙視。被姦之後，「第二天快近中午了，洪大媽還沒有下床。眼睛有一點紅腫，顯然她哭過。她有某一方面的滿足，這一滿足彌補了她長久的孤獨和寂寞，但她自己並不曾顯明地察覺到，它躲在另一更重更大的陰影之後。她現在所有的是深長的冤抑，被污辱的，被損害的。」

　　《重陽》不僅寫洪、柳兩家的恩怨故事，它是歷史小說，人物很多，不便一一介紹。代表國民黨的有投機政客錢本三，和他的弟弟錢本四，後者腦筋清楚，忠貞愛國，覺得應把共產黨「斬盡殺絕，客氣不得」。還有辛亥人物，隱身教育界的朱廣濟，更是有骨氣讀書人最好的代表。當時軍政要人，不少在書中出現，姜貴把吳佩孚寫得真活，正像在《旋風》裡，寥寥數筆，把韓復榘寫活一樣。還有空頭作家司靈鸞和魏文短（柳少樵也寫新詩），都寫得栩栩如生，一貫晚清小說諷刺無聊文人的作風。洋人也很多，但可能姜貴生平同洋人接觸不多，寫得不夠真，寫洋人魏蒙蒂到東北去的第 22、23 兩章，講的是間諜美人故事，離武漢地區太遠了，篇幅占得太多，使小說結構鬆懈，可算是敗筆。但有些洋人的故事，可能是真事，讀後令人哭笑不得，深感當時中國人的恥辱。第九章裡講到一個上海英國流氓「碼頭鬼子」，僱了個名叫「小魚」的侍役，「和他食同桌，睡同床，要好非常」。後來「小魚」討了破落大戶的閨秀，她從未見過洋人，很怕碼頭鬼子：

她又纏著一雙小腳，碼頭鬼子要給這一雙小腳照相，預備寄回美國去分贈親友，讓他們也見見世面。女人家兩隻小腳，是神祕而又神聖的，可遠觀而不可褻玩，怎肯給外國人照相？無奈碼頭鬼子執定要照，小魚沒有法子，對夫人百般譬解，只是不從。最後小魚惱了，把夫人打了個半死，才算制服了她。她滿面流淚，委委屈屈的把一雙腳伸到碼頭鬼子的餐臺上，讓他前後左右照了好幾張。碼頭鬼子還不盡興。又要她脫下鞋子，褪下裹腳帶來，赤著足再照幾張。女人當然又是不肯，逼得緊了，她就放聲大哭起來。

碼頭鬼子口袋裡摸出一張金鎊票來，塞給小魚說：「教她不要哭，好好再照幾張，我給她這個！」

小魚並不把這個金鎊看在眼裡，但從這個金鎊他看出碼頭鬼子的內心，這事要做不到，飯碗會受影響都不一定。他想想，知道好說沒有用，一橫心，就動手把女人又是一陣毒打。這辦法果然有效，女人賭氣，不但不哭了，反而爬上餐臺，居中坐了，脫下鞋子和裹腳布，把赤著的一雙小腳伸了出去，自己兩手摀著眼睛。

　　這故事下面幾段，同樣精采，抄錄太長，只好讀者借小說來讀（《重陽》如已絕版，希望有書商同姜貴接洽重印）。小魚就是洪桐葉的縮影，一受帝國主義，一受共產主義的欺負奴役。桐葉也是同柳少樵「食同桌，睡同床」的，也把自己的親妹媽媽誘逼給少樵去玩弄。《旋風》和《重陽》裡這類交代身世的小故事很多，細細玩摩，都和小說主題切切有關。

　　武漢分共後，朱廣濟有一天過江到武昌訓練共黨幹部的軍政學校去看看他的兒女。朱凌芬本是好學生，被逼攻擊自己父親，備受凌辱後，變成了共黨積極分子。朱老先生到學校，學生、教官一個都不在了，都上江西去了。只見「一個穿軍服的黃瘦的孩子，約摸十二三歲，正把些亂草往小灶裡塞著燒，一邊不住地用手去抹臉，好像在哭。」朱廣濟同他交談了一陣，孩子才說：

「我原是學校裡的公役兵。他們走的時候，湊巧我腿上生瘡，走不得，所以沒有跟了去。」

說著，把褲子擄起來給朱廣濟看，原來一條左腿腫得像個小水桶，好幾處都在潰爛。朱廣濟用手摸摸孩子的額部，人也已經在發燒。就有點替他著急，忙說：

「你這個病不能再拖了，要馬上住醫院才行。」孩子搖搖頭，冷冷的說：

「醫院是資產階級住的。我是無產階級，住不起醫院。」

招得朱廣濟忍不住一笑。

「不但你的腿中毒，原來你的思想也中毒了！我告訴你，你不要聽他們亂說。醫院並不專為資產階級服務，窮人也一樣。如果你不相信，現在我就可以送你進醫院，不用你花一文錢，把你的病治好。」

「你說得這樣好聽，到底有什麼陰謀？」

朱廣濟聽了，又是可笑，又是可歎。

「這個問題我不答覆你，我請你自己說，你一個小孩子，腿病到這樣子，我把你送醫院，你說我有什麼陰謀？」

孩子似乎還有話說，朱廣濟知道難以弄得清，就緊接著又說：

「好了，好了，現在我沒有時間同你談這些。你現在只說，是不是願意去住院。願意，我就帶你去；不願意，我走了。」

孩子想了一下，說：「好，我跟你去。我不怕反革命的資產階級的卑劣的陰謀！」

朱廣濟不理他。想到街上沒有車子，而自己又背不動，就試著和那幾個揀破爛的人打個商量，給他們一點錢，替換著把那孩子背到過江的輪渡上去。朱廣濟問孩子：

「你叫什麼名字？」

「我叫『打資』。」

「你叫什麼？」朱廣濟聽不明白。

「就是打倒資產階級的那個打字和資字。」

「怎麼叫這樣一個名字？」

「我原叫『達志』，學校裡閻隊長給我改的，閻隊長真革命！」

「你姓什麼？」

「我從前姓李，閻隊長給我改了姓列。」

「改了姓什麼？」

「列寧的列字。我現在和列寧同姓，我和列寧是一家人。」

孩子這樣回答。他一本正經，確信不疑。

朱廣濟深深知道，這不是三言兩語就能改變他的，便不再說什麼。心頭卻似壓上了一大塊石頭，越想越不舒服，越想越痛苦。

　　在五百七十多頁的小說裡，「列打資」這個孩子僅占四頁的篇幅，但我們讀後，他的形象將牢不可忘，因為在他身上集中了共產黨摧殘青年幼苗的一切惡毒。在這樣一個小穿插裡，姜貴寓以最深的涵義，實在可算是寫小說的大手筆。

　　《重陽》出版整 12 年了，一直沒有被報章注意過。我這篇文章，不能算是評論，主要說明一下，姜貴延續、發揚了中國近代小說的傳統，介紹一下《重陽》的主題和其主要人物，多抄幾段原文，以引起讀者閱讀該書的興趣。一方面也借機會勉勵姜貴先生寫幾部和《旋風》、《重陽》同等功力，同等分量的大小說，以饗當今和後世的愛國讀者。

──1973 年 6 月

──選自夏志清《文學的前途》
臺北：純文學出版社，1980 年 5 月

姜貴《重陽》中的諧謔與蘊藉

◎張素貞[*]

姜貴（1908～1980），本名王意堅，後改名王林渡。在出版《旋風》之前，曾出版過長篇《迷網》、中篇《突圍》。民國 40 年開始撰寫《旋風》，在 1950 年代眾多傑出的小說創作中，《旋風》稱得上是能兼顧藝術技巧的精采作品。民國 50 年他自費出版《重陽》，事隔多年，他的小說技巧也有了進境。他後來又寫了不少小說，其中收入《姜貴自選集》的長篇〈曉夢春心〉也很出色。《姜貴自選集》出版當年 12 月，姜貴病逝。鄭明娳〈五月榴花照眼紅〉一文，起筆就提及：「在姜貴近三十部小說中，如果要推薦給讀者，無疑的，要數《旋風》、《重陽》和〈曉夢春心〉」。必須留意的是，以姜貴在臺灣的創作生涯來說，他的頂尖作品竟然是頭尾兩段時期的成果；而我們重新檢視三部傑作之一的《重陽》，也就不致毫無意義了。

一、反共文學難得的是蘊藉

姜貴的《旋風》與《重陽》，自夏志清大力推薦之後，早受到重視和肯定。不過一般仍簡約地把它們列入「反共文學」，所謂 1950 年代反共抗暴風潮中的應景產物。筆者曾談過〈《旋風》中的人物〉，在當代本土文學喧騰的此刻，重新細品《重陽》，不但不覺僵硬難讀，反而覺得姜貴的苦心孤詣不宜忽視，作品中的諧謔與蘊藉手法，更值得虛心探討。大體而言，反共文學有它的局限，為了主題意識的發揮，常不免流於明露刻板，《重陽》的文學技巧則是把諧謔和蘊藉手法巧妙地錯綜運用，使得明露時只覺其諧

---

*發表文章時為臺灣師範大學國文學系教授，現已退休。

謔而不覺其樣板，而最最難得的是：作者把詩的蘊藉技巧融入小說裡，他懂得適度的留白，給讀者反覆思考的餘地，使小說的意涵更深、更廣、更豐富。

歷史小說的名作家高陽研究《旋風》，曾拈出題旨，認為是作者有感於國破家亡，有心要檢省共產黨何以能得勢而作；姜貴也自言：

> 這（《重陽》）是《旋風》的一個姊妹篇，都旨在探究共黨何以會在中國興起。《旋風》重農村，《重陽》重都市，是其不同而已。
>
> ——《姜貴自選集·自序》

很明顯地，《重陽》的主題意識，也仍不脫反共文學的範疇，但作者的用心在於檢討性的思考，加上姜貴嚴肅的創作態度，作品便能兼顧到藝術技巧。《重陽》寫作比《旋風》晚了九年，由開筆到出版，橫跨 1950、1960 年代，臺灣文壇的文藝思潮逐漸受到歐美現代主義的影響，反共文學漸趨低調，在這樣的環境之下，《重陽》是否展現一些特色？筆者想從諧謔與蘊藉來分析。

既是反共文學，難免要在作品中暴露共黨的罪惡，一味的口號呼喊或公式套入，都是拙劣不堪入目的。姜貴帶有省思的批判，常是藉人物的對話，自然呈現乖離、荒誕的動作背後的動機所在。《重陽》大約四十五萬字，登場人物不下百人，主要以武漢為場景，反映國民政府容共、分共的一段歷史。書中的主題有二，一是共產黨的倒行逆施，一是洋人的肆虐。暴露的罪惡內容，離不開暴力和性。姜貴在《重陽》中描摹的幅度相當廣泛，而且相當大膽。他的手法略帶誇飾，可以說是盡力營造了諧謔的氣氛，以達到反諷的效果。1954 年 7 月 26 日「中國文藝協會」響應先總統號召，發起「文化清潔運動」，「籲請各界一致奮起，共同撲滅文化三害：『赤色的毒』、『黃色的害』與『黑色的罪』。」我們無法斷定這樣的文學運動對姜貴有些什麼影響，不過當他揭露共產黨徒及洋人的罪惡時，勢必涉

及黃色的性及黑色的暴力（有時又是同時存在的），他的處理手法能否「淨化」？「淨化」到什麼程度？這就得細細品味書中極為可貴的蘊藉手法了。

《重陽》上百的人物，經由重要的角色洪桐葉的遊動揭幕，逐步牽引出許多相關人物。以全知的觀照做人物背景的介紹，大量的採行人物的見事觀點，醞釀氣氛，也便於營造懸念。全書 24 章，除了前五章的場景在上海，其他都在武漢；第 22、23 章雖然以東北為場景，卻是由人物逆溯方式引出（雖然視點不盡統一），人物仍在武漢。洪桐葉乃革命先烈後嗣，受共產黨人柳少樵的誘引脅迫，成為同性戀人及共產黨徒，一再彷徨擺盪，終究掙脫不得，最後被推落江中。他的出身，含有象徵意義；另外還有一個革命先烈後人，是仲夫人的兒子，在蘇聯留學，有向共產黨提供情報的嫌疑。總之，這些革命先烈的後人都被共產黨利用了。諷刺的是，只有投機分子錢本三的兒子守玷算革命軍人，讓忠貞的國民黨人朱廣濟羨慕，但錢守玷並不是真正的軍人，也可能不是錢本三的親生兒子。洪桐葉墮落的原因不在個性的缺陷，是因為環境困窘，母親急病，擔任鐵路局長的親叔叔不肯幫忙，而柳少樵透過工頭彭汶學伸出援手。柳自稱是偷雞之前撒米，有目的而為，洪桐葉從此難逃他的手掌。姜貴挖掘的人性惡質，淺化為「性」，瑣細之處仍可見端倪。叔叔不救急，經由洪大媽的敘述，又是過去初寡時期的謠言中傷，牽扯到有人追求不得，捏造壞話，斷絕接濟的來源等等。洪桐葉憤激之餘，「兩手一拍，格格笑起來。」說：「我聽人家說，局長嬸嬸在滄州別墅開著長房間，養著好幾個小白臉，把鈔票貼人家。我又聽法國老闆娘告訴我說，局長叔叔在法國的時候，生過梅毒、淋病，所以他現在不會養孩子，斷子絕孫了。」（頁 46）這段從談論性事暗示洪桐葉的性情已有轉趨尖刻的傾向。

二、諧謔之餘，適度的留白

柳少樵的刻畫頗為誇張，可說是大刀大斧，文筆精潔，往往是以人物

對話來交代情節。他以行動實踐個人奉行的理論,是傳統的大反動。主張
廢姓,反對傳統道德,不孝順,不友愛,反對父母包辦婚姻,反對寡婦守
節。他是雙性戀的魔頭,對洪桐葉又是親熱,又是暴虐;對妻子——賢淑
美善的葉品霞,則是鄙視及凌辱。他懲罰洪桐葉的背叛,讓彭汶學拿刀威
脅,又準備好油布鋪著,說以免血流到樓下驚動二房東,極力渲染恐怖的
氛圍,中段的暴力則以虛線交代;絕的是,他以吻來結束懲罰,三天後又
帶洪桐葉去嫖法國妓女。諧謔的誇飾,中間卻是適度的蘊藉。最後他繼推
墮錢本四到江心,轉身抱住洪桐葉親嘴,「輪到你」的話未完,「洪桐葉也
被擊昏,和錢本四一路去了。」(頁 601)筆法精潔至極,柳少樵乖張、冷
酷而又諧謔的形象自然浮現。

　　《旋風》裡的陶祥雲近似性變態,不愛年輕的龐錦蓮,卻愛年老的小
狐狸龐月梅;柳少樵為了抗議父親的安排,不愛美麗的妻子,故意鄙視
她,卻喜歡醜陋矮胖的瘸腿婢女白茶花。妙的是,從遊戲開始,柳少樵與
白茶花氣味相投,竟然發展出相當的情感,兩人相依相偎的形影活像英文
字母 d 字,小說重複兩次,既醜且美,白茶花還能邁出「蝴蝶飛」的步
伐,讓讀者百感交集,所以說是諧謔之筆。柳少樵和白茶花,是除了洋
人——洋老闆夫婦、碼頭鬼子之外,所有暴力的施展源頭。但是作者處理
這些可怕的暴力,卻善用了蘊藉的高明筆法。共產黨控制了武漢的革命政
府以後,柳少樵和白茶花擔任要職,便有了腥風血雨般的鬥爭,白茶花報
復主人的拘禁,在長沙親手槍斃了葉德光及其族姪兩家男婦老幼三十餘
口,還包括兩個嬰兒。這訊息是藉小說人物司靈鸞閱報而傳達的。

　　柳少樵和白茶花最後離開武漢前往九江,臨行回家,毒死全家七口
人,老父、被離棄的妻子、被捉弄和漂亮弟婦配對的駝子二哥(此中尚有
曲折,留待後文詳論)都在內。但是這一段情節,作者不但沒有明寫,只
用客觀筆法,藉五金行老闆的視點呈現,談及化驗出酒中有毒,而且故意
做不盡是事實的推述:

一般分析：工會、婦聯為患社會的時期，兩個最活躍的人物柳少樵和白茶花，都是柳家人。他們害人不少。這極可能是仇殺。因為兩個人逃走了，他們的仇家就拿他們的家人洩憤。[1]

我們經反覆比照，細加推尋，才領略到：小說字裡行間其實含藏了許多耐人玩味的弦外之音。前文提及柳少樵要回家辭行，他不甘心就這樣離去，而同行的小苗子和宋二姐又死在五金行，文末那對男女在九江下船，「遠遠看去很像英文字母 d 字。」（頁 604）不言而喻是這兩個人。讀者此刻恍然而悟，「仇殺」云云，其實不過是煙幕，他們是真正的兇手。姜貴善用客觀觀點的長處，不做心理分析，多留餘地讓讀者思考；敘述中又假設提供錯誤判斷，以便達成嘲謔的效果，整體來說，就得力於蘊藉的筆法。

　　姜貴把人性的惡質全放入柳少樵這個角色之中，目的可能就為了凸顯共產黨人的可怖。既沒有交代他人格扭曲的根由，也從來不曾展現一絲一毫人性的溫情。所以基本上是諧謔的誇張。他對家人都兇殘，其中一個心結是：雖然白茶花意在捉弄，葉品霞和柳二配對，小嬸配大伯，美人配殘廢，有突破封建制度作用。但這是柳二主動提議，葉品霞毫不遲疑就答應。足見兩人的情感頗為深厚，柳二不僅為葉品霞解除抽籤配對的可怕惡果，還意外地成全了兩人的愛情，他們果然過得很好。當時柳少樵就反對，可能直覺吧，也可能見不得自己憎恨的人好，即使憎恨得很沒有道理。小說交代他不甘心離開漢口，乍看還以為是失敗得懊惱，讀完才知道，他的惡毒尚待宣洩，宣洩在自己家人身上。他毒死了他們，才肯離開。

　　柳少樵不僅把洪桐葉視為禁臠，還脅迫他幫忙，以「向處女貞操挑戰」、「打倒資產階級獨占意識」的冠冕堂皇口號，姦污了他的妹妹和母親。這些性與暴力，作者都以氣氛的營造為主，而做適度的留白。對洪金

---

[1] 姜貴，《重陽》，頁 604。

鈴，作者寫她曾經智慧地逃脫，共產黨得勢之後，卻被綁架，這暗示金鈴有志節，有氣性。但現在落入虎口，大哥恐嚇於前，兩個婦人恐嚇在後，要不屈從，顯然不能保命。至於洪大媽受辱的部分，姜貴大膽地借用人物的視點，描摹半老徐娘被色情照片挑逗，被年輕工人男女性愛的淫蕩笑聲干擾，因而引發初婚階段的回憶，心理的描繪相當細膩。最後一行是：「洪大媽雙手捧住自己的臉。恰像一個避難的鴕鳥，牠已經把頭埋在沙裡了。」（頁442）這樣的明喻大抵傳達了人物處境的無奈。

三、含蓄、虛實互補

　　性的問題，在姜貴筆下似乎是探究人性的簡易標竿，即使是書中正面的可愛女性：葉品霞、錢守玉、洪金鈴，再堅持也無法達到完美無瑕。葉品霞被柳少樵凌辱、冷落，自怨自棄，卻又不肯離婚；柳二因為駝背而自卑、暴躁，卻是支撐家計的幹才。兩人互相關懷，日久生情。所以新來的女僕魏文縮百般介紹女人給柳二，他都搖頭；葉品霞去倉庫找柳二，柳二出聲詢問，她卻不應答。這一大段描繪，放在日本醫生板蒼實向朱廣濟解說女病人之後。一些含蓄的情意，足有可能使葉品霞成為必須讓板蒼實破例為她墮胎的女病人。板蒼實說：

> 這是第一次。為了他們個人和家族的名譽，我不能不做。雖然壞掉一個胎兒，但許多人因此得救。[2]

以上的情節，充分展現了蘊藉的筆法，含蓄耐玩。

　　小說中前後有一點自我混淆之處。葉品霞是否墮胎，線索其實不明顯。倒是錢本三的女兒錢守玉有過痛苦經驗，也是日本醫院，不過地點在北京。姜貴有意把性的問題渲染成普遍性的困擾。錢本三的家事不比洪

---

[2] 姜貴，《重陽》，頁274。

家、柳家簡單。姜貴拈出錢家的問題，倒是運用了多處虛實互補的方法。
錢守玉慷慨資助洪金鈴匯錢給洪大媽的時候，藉她含糊的言詞，讀者可以
拼湊出個梗概：「父親打死一個廚子，差點沒有鬧成官司！」、「那時候父親
用著一個小跟班，差不多像你哥哥那樣一個人，父親喜歡他，不理媽
媽。」、「所以也不能單怪媽媽。」（頁 166）看來錢本三患有斷袖之癖，洪
桐葉就因為俊俏才被柳少樵盯上，小跟班像他，必然是這個困結。錢本三
因此冷落妻子，以致妻子紅杏出牆，連女兒都認為不全是媽媽的錯。他發
現之後，竟然打死人，必定花了大錢才擺平。因為守玉有母親，卻不能相
聚，所以同情洪金鈴。姜貴在另一個段落，又藉錢本三的視點，補充了錢
府的祕辛：他有兒有女，卻偏愛女兒，懷疑兒子長得像死去的廚子，給他
命名為守玷。他為女兒請家教，「但不到兩年，錢本三幾乎又要像打死廚子
那樣的打死家庭教師。」（頁 245）言外之意，是同樣的性事。結果家庭教
師被迫退學從軍，為革命犧牲了；守玉則由一位父執陪同去北京墮胎。守
玉這個角色在書中原是少有的有見解、篤定的女知識分子，她曾經嚴詞拒
斥司靈鸞的胡言亂語，她的名字既有堅貞之意，她的痛苦遭遇卻又和「守
身如玉」的典故構成反諷；錢守玷，原本不怎麼成材，在父親的惡意疏離
之下，後來勉強做了國民革命軍人，讓朱廣濟豔羨，其中也有反諷的意味
在。這樣的筆法也稱得上是諧謔。至於洪金鈴，既失身於柳少樵，所愛的
錢本四，年齡懸殊，有些戀父情結；更麻煩的是，洪桐葉救不成錢本四，
兩人都遇害了，這樣的創傷也夠她一輩子難受的。

　　至於才讀中學的朱凌芬，被唆使批判國民革命黨老爸朱廣濟，安上莫
須有的罪名，包括對女兒猥褻。她昏倒住院，轉而怨恨父親，前往婦女協
會。因為催促人力車夫快走，挨了一巴掌，被拉去工會，受盡粗暴工人群
的欺凌，幸好指導員洪桐葉替她解了圍，卻又逃不了洪桐葉的魔掌。洪桐
葉在漢口已經是既得利益的權貴，他扮演的角色，由被欺凌轉為欺凌人。
朱凌芬失身於洪桐葉，進入軍政學校，反而因此被讚美；她在渡輪上熱烈
地替兩個姨太太身分的女人抱不平，下船之後，洪桐葉下令讓工人糾察隊

逼著她們去告狀。其中一個丈夫已死，兒子很孝順，朱凌芬和洪桐葉要她告兒子，因爲父債子還。國民政府分共以後，朱凌芬隨共產黨控制下的軍政學校撤往江西。朱凌芬代表涉世未深的轉變期中的少女，經歷遠超過身心負荷的衝擊，而隨著浪潮浮沉。工人氣餤高張，甚至胡作非爲，以及朱凌芬逼人告狀，和白茶花逼寡婦再嫁同樣，都呈顯了姜貴所謂的可以做前車之鑒的「樣子」：

> 但它在民國 16 年的武漢，實在早已經給我們看過「樣子」。如果舉國上下，都重視那個「樣子」，都重視他們在那個「樣子」中所表現的許多「過火」的舉措，做為一個前車之鑒，戒慎恐懼，積極的消滅共產黨所由產生的那些因素。
>
> ——《重陽·自序》

「過火」，意謂著相當的執迷，朱凌芬是其中之一。對她種種遭遇的描摹，除了作者的悲憫之外，也是略作渲染的諧謔筆法。

四、繁簡得宜、危機預警

　　《旋風》以鄉村爲背景，地主與佃農的關係成爲探討的重點；《重陽》以都市爲背景，雇主與勞工的衝突成了描繪的重心。《旋風》以田莊老頭和守墓人護惜地主，反映了共產黨所擬挑動的矛盾原本未必存在；《重陽》也以諧謔的筆法刻劃了工人得勢、反僕爲主的失序狀態，諷諭多數的問題都是無中生有。五金行的老闆收養棄兒小苗子，視如己出，讓他當夥計；小苗子加入工會，便要求分占股份，平分售現。不久就經營不下去，倒店了。葉品霞家的廚子把廚房工作都交給女主人，自己等著人伺候；錢本三家的李嫂替柳少樵做耳目，讓錢守玉端蓮子湯喝，看中新太太——洪大媽的結婚戒指，非要到手不可。改革，好像只是便利少數人做個形式，成了諧謔鬧劇。這樣的描摹，如果拿洪桐葉的洋行老闆和老闆娘壓榨他，以及

碼頭鬼子欺壓小魚和小魚的老婆來比較，就呈顯出第二副題——洋人凌虐
中國人的意義了。作者意在傳達：勞資的糾紛未必有，洋人欺壓中國勞工
倒是明確的。這兩個枝節，處理頗見技巧。洪桐葉以極低的工資做繁重的
工作，包括對他不宜的替老闆娘修腳的工作。他因此得了戀足癖，以及對
西洋女人的幻想症。碼頭鬼子則逼著小魚搞同性戀，小魚結婚之後，又逼
迫拍攝小魚老婆的小腳，還讓她生了個藍眼娃娃。洪桐葉的被虐待，從薪
資十倍可以看出；最後堅持離去時，竟然被設計，受了兩星期的牢獄之
災。他的戀足癖，使他追蹤安娜・魏蒙蒂，忍不住自我吹噓要替她修腳。
小魚甘心受辱，老婆出身破落戶大家，是挨打後不得已讓碼頭鬼子拍攝小
腳的；她「知道丈夫連睡覺的自主自由都沒有」（頁 221）；抗拒碼頭鬼子
的強暴，就被「扔」下樓梯，摔斷一條腿，碼頭鬼子還生氣。這些描摹生
動而具體，後來的發展則逕自省略了，只交代：「過了一年，小魚的老婆生
下第一個男孩，黃頭髮，白皮膚，藍眼睛，高鼻子，人人都說來路可疑。」
（頁 224）繁簡搭配得宜，後半便是蘊藉手法。

　　而帝國主義侵凌的可怕，也藉此這兩條支系情節做了披露。難得的
是，姜貴筆下的洋人並非清一色的暴虐角色，魏蒙蒂夫婦便是和洋行的烈
佛溫夫婦做為對比的人物，安娜的親切溫和，讓洪桐葉初次領會到洋人也
有好人；魏蒙蒂先生更是藉他做個過場人物，由他同情國民革命的立場，
以東北為場景，帶出日本及蘇聯對中國的威脅。夏志清先生曾指出這第
22、23 章「講的是間諜美人故事，離武漢地區太遠了，篇幅占得太多，使
小說結構鬆懈，可算是敗筆。」（見〈姜貴的《重陽》——兼論中國近代小
說之傳統〉）。

　　但是，如果從主題意識來察看，我認為其實另有作用。魏蒙蒂向日本
情報頭子廚川大佐提供線索，日本人就藉此掃除了清水先生的惡勢力；他
向投機分子錢本三揭發高未明的複雜背景，錢本三基於個人利益卻根本未
加反映。中國與日本後來的弱與強，似乎從這裡就可以看出一些跡象。魏
蒙蒂「不以為共產黨定會從此一蹶不振。」他在東北見到高未明與俄國間

諜鬼鬼祟祟，就不了解：「中國人為什麼要給共產獨裁的蘇聯做事情，難道
真是無路可走，飢不擇食了？」（頁 534）姜貴在散文集《無違集》中說
過：

> 在《重陽》裡邊，我也用個楔子，即高未明是。那等於對共產黨說：你
> 們不要太起勁。當局者迷，旁觀者清，且離開你們那個火坑，跳得遠遠
> 的，看看外面是什麼世界。從外邊看你們，又是什麼世界。國家已經在
> 強鄰窺伺之下，危如累卵了，你們還在胡鬧。你們自以為高明，其實未
> 也。[3]

作者的命意，在向共產黨人提出勸諫。可以說，洪桐葉、小魚與洋人的際
遇，是凸顯個人在洋人肆虐中的災難，而魏蒙蒂牽引出來的情節，則在昭
示國家的危機。像「高未明」這個名字本身就有象徵的意涵。撇開作者自
言的意義，就小說衍生的意涵來說，它還有另一層深意：他代表中國未來
一種不穩定的因素，他可能是危險人物，而汪精衛倚賴他，將來的國民政
府非常危險。篇末他隨行南下，柳少樵與白茶花則在九江下船，對國民革
命而言，這是雙重的危機，作者用客觀筆法終結，卻給讀者留存了迴盪不
已的懸慮。這是高妙的政治寓言，卻以精潔的文字，傳達許多弦外之音，
蘊藉的技巧令人讚賞。

五、象徵也是蘊藉手法

　　事實上，為書中人物取寓含象徵意義的姓名，也是一種蘊藉手法。《紅
樓夢》的命名象徵技巧，在現代小說家手中也得到很好的發揮，張愛玲、
白先勇是其中有名的例子。《重陽》中的人名，並不能完全拘泥於象徵技巧
的探尋，如前文所論，像錢守玉、錢守玷有些既實質又兼具反諷的作用；

---

[3]姜貴，《重陽》，頁221。

葉品霞的新女傭魏文縮，和文丑弟弟魏文短的名字有些諧謔性，但並非真實姓名。「列打資」則是寓含政治意味的名字：共產黨人為標榜學習蘇聯老大哥，讓少年跟著列寧改姓；為了「打倒資本主義」，把「達志」換成「打資」。列打資這個少年還代表受共產主義迷惑的青少年的典型。他對人疑懼，不辨是非，滿口共產主義教條，他的腿腫痛，但顯然給他「醫心、醫腦，可沒有醫腿容易」（頁 587）。

　　列打資富有時代意義，而末三章出現的高未明，則富有預示的意涵，已詳於前。洪桐葉這個名字，桐葉，就是「同葉」，像葉子一般飄零無定。他受制於柳少樵，雖然多次試圖掙脫，都沒有成功；他在國民黨、共產黨之間擺盪，結果裡外不是人，都沒得到認同。林依潔在〈就《重陽》看姜貴小說的殘缺意識〉一文，曾經談到「《重陽》中梧桐飄零的象徵」，相當有見地：姜貴在洪桐葉的際遇變更時，三度以梧桐葉應景，象徵人物的境遇，「不自主的飄來飄去」（頁 63）、在游離性格中搖擺不定。類似的象徵筆法，夏志清也指出，見於洪桐葉初會柳少樵，經過柳少樵住處附近的煉油廠，聞到作嘔的怪味，柳少樵卻覺得那豬油香。「桐葉所聞到的令人作嘔的臭，不僅是煉豬油的臭，也是共產黨的臭。」（〈姜貴的《重陽》——兼論中國近代小說之傳統〉）最後要離開上海，洪桐葉則是「特意停留一下，聞一聞隔壁的豬油香。」（頁 134）這動作又象徵著洪桐葉已經受感染，不再能區辨是非了。這樣意在言外，也是蘊藉手法。富於象徵意義的人名，還有錢本三，姜貴在《重陽》自序中說：

　　錢本三這個人物並不代表「左派」。

　　錢本三只是一個投機分子而已。

　　錢本三有三套本錢，樣樣生意他都可做。他也許有他自己的見解，但是他只耽於接受現實，隨波逐流，而完全不知道「擇善固執」。他是那個時代自甘墮落的「自我犧牲」者。

錢本三這個角色，在書中的分量不輕，作者刻劃起來不比洪桐葉、柳少樵遜色，甚至更見真實。他在國民黨左、右派及共產黨之間周旋，唯一的考量是生存下去，打到權勢核心去。他十足是個人利益占先的投機分子，自信滿滿，以爲可以掌握時機，所以往往預留後步，不肯盡全力，卻也永遠左右逢源。這樣一個投機分子，洪桐葉幾度想攀附他做爲援手，命定要失敗；魏蒙蒂機密約談，善意提供情報，到他耳中等於沒說。小說中的忠貞分子朱廣濟死得不明不白，小說已明確暗示柳少樵不知情，錢本三或者有嫌疑吧？他的弟弟錢本四是國民黨右派，最後也被柳少樵殺害，「好人」死了，投機分子活著，小說的諷諭非常明顯。正是危機潛伏的局面，所以重陽過後的表面平靜，事實上是令人不安的，無怪作者在篇首標示了這麼兩句詩：「野陰添晚重，山意向秋多。」多少含蓄的深意值得慢慢品味，即使是明白的提示，這兩句詩也是情韻無窮，蘊藉耐玩。

參考書目

・姜貴，《重陽》，皇冠出版社，1982 年。

——選自張素貞《現代小説啟事》
臺北：九歌出版社，2001 年 8 月

姜貴的《碧海青天夜夜心》
以家國感情統貫四角戀情的抗戰小說

◎張素貞

　　姜貴的《碧海青天夜夜心》，選用抗戰前段做背景，描寫男女之間纏綿悱惻的愛情，也描寫一群熱血赤誠的人，在面臨外敵侵略時，如何展現了對國家民族公而忘私的大愛，它可以看作是抗戰小說。我們不妨檢視一下，可能公式化的受意識形態影響的抗戰小說，姜貴在時代背景的鋪描、現實的取材、人物塑造及小說敘述技巧上，是不是有它的特色，值得九歌出版社在此書絕跡書市 40 年之後，重新印行這麼一本厚達 746 頁的長篇小說？

　　首先，我們注意到：小說的主角造型很特殊，常常出乎一般理解範疇之外，人物個性卻又始終統一，並且賦與人道主義的人生觀照，以及人性的深刻探討。我認為：《碧海青天夜夜心》以耿自修為主要描繪重心，從他的人物視點來推展大部分情節，是一種成功的選擇；這個人物的個性相當複雜，多面曲盡其妙，長處與缺點都能照應周全。姜貴跳脫了一般性英雄式男主角選材的窠臼，選的是一個優柔寡斷、嬌生慣養的富家大少；卻是高貴雍容，同情弱小，寧可自己委屈，唯恐傷害別人；肯定他人，給人自信，體貼人心，讓人從中得到力量，而能完成自我人格的建立。姜貴配給耿自修兩個高大的女人，看來有些突兀反常，卻由此生發出許多合理而感人的情節。在寡母苦節教養之下，他很自愛、自重。他有一些戀母情結，母親為他的柔弱設想，安排好青梅竹馬的表姐薇珍做他的妻子，薇珍是體育健將，高大健美，精明能幹，希望能以強輔弱，使家道興旺。母親的看法，妻子也須是丈夫的朋友，這在情理之中；但她也認為妻子有時候甚至

須是丈夫的上司或是丈夫的母親，這就讓耿自修過分依賴薇珍了。奇妙的是，他的丈夫氣在母親過世以後，變成了意氣與任性。薇珍想兼顧家庭與事業，做最接近他工作的作息調配，他卻希望她居家像母親一樣做全職的家庭主婦。他帶著挫辱感離開繁華的上海來到偏遠的徐州，誠心想接受歷練，過獨立自主的生活。這本小說也可以看作是追尋自我獨立人格的歷程，不僅是耿自修、姚六華、卓不群、羅又甘、聶雙雙、信妮、耿自齊、馬副官等人都在他的影響之下，有了完美的表現。

一、「高大」的象徵意義

耿自修外型討喜，薇珍漂亮，只不過妻子比他略高，自信仍可以隨性裝扮，身著高跟鞋，這就比丈夫略高一籌。她務實理財的才幹顯然也比耿自修高明，原本就是表姐，「姐姐」就一直扮演照顧他的角色，「上司」、「母親」的比重也不小，於是薇珍造型的「高大」便有了相當的象徵意義。至於姚六華的高大，則在潛意識中又具有平衡挫辱感的作用。姚六華屈從他、仰慕他，他在她身上得到前所未有的宰制、征服的滿足感，因為她比薇珍還要高大。薇珍對他的愛，果真充滿了母性，她包容了他的外遇，讓還未成形的外遇「合法化」；並且作主帶六華回上海做健康檢查，調教她成為大家閨秀，這不僅書中耿自修說的「句踐訓練西施」，簡直是奧代莉赫本《窈窕淑女》的翻版。他們三位一體，相愛相珍惜。薇珍的大方，出於對耿家的責任感，希望六華代替自己照顧丈夫，也希望六華替耿家生育後代。她很現代，也很傳統。姜貴在這本小說中，不僅描寫兩個高大女子同戀一位男士的三角戀愛故事，他還寫進第三位女性——聶雙雙，成了四角戀愛。耿自修的兩位高大的太太，都是外力安排的：薇珍是母親安排的，六華是羅又甘安排的。似乎在他的潛意識裡，也有一般評量的標準，他對聶雙雙雖然竭力避免見面，道德上忠於兩位高大的妻「妾」，不能坦然面對，正表示他對這身材適中、面貌姣好、一心要跟隨他的女郎心中有愛。這是內在自我的抉擇，不是受惠於母性的、上司性質的「高大」身影

的保護，而是自己可以照顧對方，成爲她的捍衛英雄。這樣的參差比照，可以看出姜貴在人物造型上別出心裁。

二、獨立自主人格的建立

　　耿自修努力改造姚六華，要她建立自信，掙脫娼妓生活的陰影。身世背景的黯淡並不是個人的過錯，他雖有錢，卻不浪蕩，想到「把野草閒花移植到曲檻迴廊、玉砌雕欄之內——扭轉一個小人物的命運」，他平等對待他人，同枕不同衾，像薇珍照顧他一樣地照顧花六寶（後來他爲她命名：姚六華）。耿自修有賈寶玉的體貼，比寶玉還多一些自制，也多一些自主。他離開上海來到徐州，根本就是爲了求得獨立自主。但六華雖然得到自修與薇珍誠心的愛護，在饒華廷慷慨照顧下，也有了事業，她卻仍然以侍妾自居，又苦於沒有懷孕，等到耿自修受傷致死，她便覺得不能在耿家長久居住，就以關盼盼爲戒，自殺「殉夫」。她過了幾年幸福的生活，即使出生入死，陪著耿自修辛苦地做了隨軍記者，她與所愛的人形影不離，仍是比遠在上海生育兒子的薇珍幸福。但在精神上，她依舊是依附在耿自修身上，她果真是 1930 年代的「侍妾」，她其實並沒有自我完整的獨立自主性。

　　薇珍是女中豪傑，她的獨立自主性不必費辭多做解說。耿自修爲了自我追求完全獨立而避開了薇珍，經濟上大手筆的揮霍，還是得自於薇珍的支應。他先後在聶雙雙及姚六華身上「暢快地擡頭」，難得的是並非肉欲的陷溺，而是平等相待的尊重。姜貴不知爲何要從妓女群中一再遴選角色，也許最卑微、鄙賤的溷濁環境，更能反襯堅挺自立的可貴。聶雙雙從烏衣巷的妓院認識耿自修，對話中就顯現了努力謀取幸福的崇高心志，她是童養媳，一心等待期約滿了，就回鄉下完婚。耿自修留住址給她，歡迎她下請帖，她果然寫信、發帖。這個角色頭尾出現，篇幅不多，可是執著的個性非常鮮明。她婚後受到婆婆的鄙視、丈夫的虐待責打，婆家人只知道她帶來屈辱，忘了是他們做主把她當搖錢樹賣入煙花，是她大把大把錢寄回

來買了許多田畝。她要求離婚,不要任何錢財,這點就聰明,又有定見;
她投奔耿自修,認定他是最好的人,只求服侍他,深情不移。耿自修帶她
去天明醫院就醫,心中似有所動,盡量避不見面。姚六華得到耿自修是機
緣巧合,一見聶雙雙,不免自慚;雙雙受到院長夫婦的開導,及引介信
主,了解耿自修的道德規範,不允許有第三個女人了;但看到姚六華姿色
平凡,身材過分高大,卻反而更自信是耿大少理想的「侍妾」。

她做了盡責的護士,可是不理會別人有意撮合卓不群與她。她要求上
前線,果然如願求死,把個人的憂傷轉移到為國奉獻。聶雙雙是可敬的獨
立自主的漂亮女子。

耿自齊被塑造成一個叛逆小子,左傾也是叛逆、激進。後來他才勉強
吐露心聲,其實他也未必一定要投共,主要是所愛的女子是共產黨人。他
一向索求巨款,渾然不知艱辛;被拘禁期間,故意選擇一個不起眼的瘦小
雛妓信妮,對她施加性虐待,以致小產。後來耿家照顧信妮,送往寶雞,
請教師授課。耿自修過世之後,自齊告訴薇珍要娶信妮。這樣的抉擇或者
道德的責任不小,畢竟是自己的決定。信妮在姜貴的筆下,比較平面,她
受教育以後的內在美沒有機緣展現,自齊的內心轉變,也缺乏適度的描
摹。在情感線的鋪描上,這一組男女的結合過程是粗略了些。

三、犧牲奉獻的愛國情操

把愛情與國家民族的感情融合,是抗戰小說的主題意識,紀剛的《滾
滾遼河》如此,姜貴的《碧海青天夜夜心》也是如此,不過《碧海青天夜
夜心》沒有《滾滾遼河》那樣雙線緊密糾結,而是隨著時勢移轉,在抗戰
中國家民族的感情自然成為行事的重心。耿自修追尋獨立自主,最興奮
的,還在於能夠為國家民族盡一分心力。由於這個為國家民族盡心的大原
則,他不計較饒華廷的幫會江湖氣,與他成為生死之交的兄弟。為了不資
敵,他不惜犧牲財產,讓饒華廷炸毀棗莊煤礦。為了阻止弟弟投共,他不
惜動用幫會的力量加以軟禁,最後自齊仍然執意要走,他照比例分贈給他

該得的大筆零用金；終究自齊幾經歷練，幡然反悔，跟著薇珍到了寶雞，準備爲國效力。他克服自己的嬌貴，跟著饒華廷的幫眾接受軍事訓練；他爭取擔任《美中日報》的華中記者，忍受顛簸髒亂，深入民間，偷渡敵僞及八路軍的占領區，做了張自忠救援部隊的隨軍記者。仗已打完，他卻負傷，而且遷延 60 小時，醫治不及。是他把自己獻給愛國工作，決定不避危險，勇往直前，這是他獨立自主的決定。他是一個外型柔弱、內在堅強的男士。

耿自修對薇珍的愛情，不肯成全妻子的事業心，完全遺忘了家庭事業依靠她撐持，他與弟弟的巨額開銷依賴她供應。意氣和任性沒有造成浪擲青春、揮霍無度的結果，主要得自他的良好教養，以及追求獨立自主與愛國的情操。耿自修有著內心堅強的一面，來自寡母的必要堅持的個性，也因爲身爲辛亥革命烈士遺屬，身上流淌著爲國爲群、犧牲奉獻的熱血。他可以容納幫會人物，因爲他們都愛國家、愛民族；他的從容不懼，理智處事，也贏得幫會領袖白老先生、饒華廷的敬愛。他清明、親和，以熱誠感動搖擺不定的羅又甘，專意工作；他愛才，容忍卓不群的狂放，終究引導他配合羅又甘做反間，清除日本販毒組織。

耿自修很平庸，也很不凡，他讓自己不斷提升，他幾乎成就了聖賢者的行徑，關鍵就在於體貼人情與愛國情操。姜貴塑造了活生生的人物，這本抗戰小說因爲耿自修一角成功，而更讓人覺得妙趣無窮。

除了上文提及的卓不群、羅又甘之外，饒華廷夫婦、白老頭，棗莊煤礦的總經理、祝總工程師、天明醫院的達院長及夫人等等都有相當的代表性，尤其饒華廷夫婦刻劃得非常生動傳神。從一幕幕的描寫，讓讀者感受到：饒華廷粗獷豪邁、幽默風趣，饒太太熱情澎湃、快人快語，夫婦同樣急人之事，待耿自修親如兄弟。抗戰爆發，他們把幫會組織投入抗戰行列，幾個兒子也分批參加游擊隊。一次被八路軍襲擊，雖然戰勝，饒太太和矗雙雙卻戰死。六十高齡的老太太自己帶隊，說上就上，誰也來不及替代她。饒華廷傳話給正做記者的耿自修：「以後彼此關心，不要再問安全不

安全，只問對不對得起國家就夠了。」（頁 717）兩人為國家奉獻的精神一致，這段話生動感人，也預伏後來耿自修的中彈不治身亡。

這是一本反共抗日的愛國小說。

四、懸疑與延宕

《碧海青天夜夜心》絕大部分以耿自修的人物視點做為局限，採行第三人稱有限全知的敘述觀點，全部的情節都隨著耿自修行止和心理活動推展，於是就有利於懸疑與延宕的設計，這在長篇小說的敘述結構上容易達致牽引讀者心緒、前呼後應的效果。譬如：前敘饒華廷夫婦參加抗日戰爭，卻遭八路軍襲擊，夫人戰死等等情節，是藉由饒華廷派給耿自修的馬副官回去探視而報告的現況；卓不群對日本販毒組織進行反間，先是受到饒華廷毫無緣由的挑剔斥責，事後也沒特別交代它是「周瑜打黃蓋」式的苦肉計，而讀者終究理解，就得力於有限觀點的設計，只描敘卓不群的言行，完全不描寫所思所想，達到懸疑的效果。聶雙雙前後出現，相距甚遠，開頭是耿自修初到徐州的回憶，後來是耿自修已收納了姚六華，先是有她文筆幼稚的信，她寄喜帖，耿自修大方地寄贈厚禮，直到她婚姻挫敗，來徐州投奔耿自修，才是實際人物正式登場，其中延宕手法運用得極為巧妙。薇珍對耿自修的愛情，各種隨機相應的安排，也只有在適當的場合，用她的對白來說明她的苦心；後段戰事一起，薇珍與孩子的消息必須在某些定點，接到電報或書信才能補足。這篇小說許多情節，都在合宜的狀況才加以補敘，是敘述觀點統一的運用，也確實有它故意延宕的匠心。

小說中除了耿自修之外，其實也有一些其他人物的內在心理描寫，尤其是姚六華的心理刻畫，使她成為超過薇珍比重的第一女主角。她跟隨耿自修，從自卑到自信，很難根除忐忑不安的心理。她對聶雙雙混雜私心的善意，她追問龍王小姐的迷信，她舉槍殺死調戲她、不讓她尊嚴地活下去的聯保主任，這些心理描繪，和主角耿自修的刻畫一樣，都能多面呈顯小說人物的複雜個性。心理刻畫在《碧海青天夜夜心》中的比例不小，這篇

以家國感情統貫四角戀情的抗戰小說也因此成爲能深刻映現人性的作品。

——選自《中央日報》，1999 年 8 月 6～7 日，第 18 版

書話姜貴先生的《旋風》

◎高雄整理[*]

> 姜貴嘗自況其寫作生涯，除去那些為稻粱謀「度小月」的應制之作，在臺灣實實在在就寫了《旋風》、《重陽》兩部以及只算得半部的《碧海青天夜夜心》，其晚年念茲在茲的就是想延續《旋風》與《重陽》之後再寫一部「大書」。

一

先生系出山東諸城北鄉 40 里地相州鎮王氏大族，生於清光緒 34 年慈禧太后去世那年，當民國前 4 年 11 月 3 日。曾祖父王汝器人稱「山海關」，從杜甫〈夜宴左氏莊〉詩句「暗水流花徑、春星帶草堂」，取堂號「帶星」，在當地是個不大不小的地主，唯一生事跡已不可考。祖父王芳杜為三房「福星堂」，學八股、考科舉，終未曾中，在安居為福的當時曾經南遊，歸途遇風覆舟，返家不久即病逝。父親王鳴珂（火鳥重生？）是祖父續絃蔡氏的二兒子，田產敗落後行醫，醫道風評好，並有「葆生堂藥鋪」附帶配方，略知古董兼做捐客，又開「日陞棧」招待客商宿飯，能賺能花，用錢散漫，交朋友更是大方；母親苑氏是西鄉石家埠富家女，育三男一女，先生為長子，依水木火土金五運循環排序，取名「意堅」，屬土字輩。

話說大伯父王鳴韶，辛亥春入同盟會，農曆 8 月 19 日（陽曆 10 月 10

---

[*]臺灣電力公司龍門核能工程師。

日雙十）黨人在湖北武昌首義，9 月 23 日巡撫孫寶琦迫於形勢在濟南宣布
山東獨立，鳴韶在高密聞訊當即剪掉辮子，趕返相州與家人辭別要赴濟
南，但寡母阻攔不允，乃未成行。旋因袁世凱得勢影響，孫寶琦布告撤毀
「獨立軍政府」，繼之發生商埠「萬順恆」慘案，黨人紛紛避走青島，雖為
占據之德國人所仇視，幸有供職巡捕黨人掩護，始得立足以遂行膠東各縣
揭竿起義。臘月十四，黨人於諸城北三里莊聚民軍三百眾，原駐防少數清
兵乍悉民軍將入城，忙啓南門而逃，故諸城兵不血刃光復於一夜之間，即
成立軍政分府。

可是棄守之營兵洞察虛實後急速回兵，並得城內教民、奸細、劣紳之
勾結，臘月廿四晨反攻城池，民軍盡力防禦，無奈內外受敵，終為教堂伏
兵攻破小東門引外兵入城，城遂陷落，清軍立刻封閉城門，揚言以三日為
期搜殺革命黨，因屆時離過年只有兩天了，依例應封刀，但延至 29 日大除
夕夜，殺、搶、姦戰亂三部曲並未稍歇，其實清廷早已於 25 日被迫下詔遜
位矣。

回頭再說王鳴韶，於先前光復諸城後，奉命去北鄉集資招人，活動了
幾天回相州老家住了一宵，隔天 23 日是辭灶送君上天的日子，鄰里傳言清
軍要打諸城了，家人怕他執意進城，不待闔家團圓過春節，就當面勸阻、
背地防範，但身為義勇軍隊長，當與同志共生死，終還是趁隙走人。為躲
家丁沿大路追尋，特由小巷趕行，傍晚趕到西城門，本來都闔上了，湊巧
打開一細縫放個人出城，他就硬擠進去，彼此都是鄉親認識的，亟勸莫再
進城，還伸手抓了一把，沒能抓住。次日城破，雙方巷戰激烈，黨員死事
慘烈，即為「屍積成丘、血流為渠」非復人間之「諸城六日」，事後收得烈
士遺體三百餘具（至於居民遇害者，都由家屬自行殯葬，已無從考），於城
北城東各挖大坑，草草掩埋，是諸城地方的「黃花崗」，惜名不彰耳。王鳴
韶的妻子任氏，高密西鄉梁任人，是光緒癸卯「恩科」進士任祖瀾的姪
女，當初議親排出八字是三寅配酉，算命先生直言不好，但王鳴韶偏不信
邪，婚後夫妻感情彌篤，更為之取名「蘭寅」，是「蘭為王者香」的雙關

語。任氏生得嬌小秀氣，很像個江南佳麗，卻是性情剛強作風爽朗，於夫君死難後，因無子女，勢需過繼一個兒子以爲繼承，但她無意接受宗法既定的習慣繼承人，而要從近支姪兒挑選「繼愛」。立嗣的事先經任氏數年觀察又迭受阻撓波折，終由當時大家長四房吉星堂的王蘊樸簽押定案，正是任氏屬意的王鳴珂大兒子王意堅。依任蘭寅的設想，自然盼望過繼兒子就老老實實留在故里，守著福星堂家業過安穩日子，但不想完全落空。王意堅高小畢業後，雖嗣母不捨，仍勉爲送往濟南念中學，民國 10 年前後，相州、高密路上漸漸不太平，爲了安全，就很少回家去。後來，更爲了婚姻事，和嗣母發生嚴重歧見，等王意堅在上海和嚴雪梅女士結婚，自立門戶，就差不多斷了與帶星堂一門的家族關係。

　　王意堅於民國 26 年冬抗戰從軍，改以字行爲「林渡」，以後並以爲戶籍名，正式見諸公文書。對日抗戰勝利時，王林渡是湯恩伯將軍總部的一員上校，在上海退役，轉任銀行，嗣又經商，爲避赤禍，於民國 37 年 12 月舉家搭乘太平輪渡海來臺，在基隆登岸，定居於臺南，繼續經商。民國 38 年大陸變色，深感國破之痛，次年又經商失利，欠下債務，還因此涉訟，而妻子又臥病在牀，生活頓陷於有生以來最爲窘迫的景況。回憶過去種種，都如一夢，由於 30 年來所親見親聞的經歷，先生認爲應當知道共產黨是什麼。但當日報副刊給了個功課，要先生自說自話一番，仍是躊躇不定，究竟寫還是不寫，因須牽引諸多前塵往事，而先生正爲太多麻亂的回憶所苦，前此就曾數度婉謝寫這一題目，但又想人生每多缺憾，理應趁時間把應該作的多作一點，這該是見證者的責任吧。乃將整串的過程，加以剪裁和穿插，便構成了一個完整的故事，即於民國 40 年 9 月開始，於臺南東門寄廬每晨四時起身，連寫兩三個鐘點，四個月來從無一日間斷，《旋風》便於民國 41 年 1 月 6 日草成。

二

　　卻始料未及的是，一本剖析共產黨何以得勢，書名援引《楚辭》紀惡

為戒的反共小說，在那鼓舞反攻大陸的年代，六年之間，受書店、雜誌、日報及其他方面的退稿，先後數十次，且反倒招來許多無謂的煩惱，曾屢次浮現付之一炬的念頭，以了卻罣礙，但又不捨。民國46年秋間，年將半百大衍，乃採做九不做十的辦法自壽，從箱底翻出《旋風》舊稿，為了好玩，自署新名為《今檮杌傳》，又湊上一套對仗回目，意仿雅俗共賞的章回體閒書，始以筆名「姜貴」自費印製春雨樓藏版500本，分贈各方以為紀念。原想用米開朗基羅的〈失魂者〉作封面，從宗教立場批判共產黨的行徑，唯商借無著而另作打算。後來這幅花花綠綠的圖案，是姜貴他愛畫畫九歲稚兒的水彩塗抹，取其一角，這就成了淡雅可喜的紀念刊。先生把《今檮杌傳》贈出約二百本，其中之一就於民國46年11月5日先信後書寄給了胡適，胡先生12月8日熱情回函，讚曰：「五百多頁的一本書，我一口氣就讀完了，可見你的白話文真夠流利痛快，讀下去毫不費勁，佩服！佩服！」因書中兩次提及「胡博士」批評方通三的話，乃於信末又及問起「方通三難道是王統照？」亦勾起了書中「方鎮」及各色人物皆有依憑的猜測。

　　按姜貴對於小說建構的看法，「小說，或多或少都不免是作者變相的自傳。」、「作者基於他對社會人事的體認，創造小說人物時，很自然地必有所本，將他所見的若干人物加以分析、剪裁、歸納，揉合而成為一個小說人物，這才顯得凸出，給予讀者的印象才夠深刻。」、「小說人物需要凸出，需要代表性，拿真實人物入小說，往往不夠要求。因此，只能取其特出的一點，予以加強。或就三個五個以至更多的真人，歸併剪裁，而成為一個代表人物。」先生曾以「小娟」為例，係揉合了居易堂喚小娟的婢女；讀高小時校門正對面開豆腐店仲家的女兒仲裙；在濟南讀一中附近人家的女孩西宮。「至於主角方祥千這個人物之中有王翔千的影子，而不一定可以說方祥千就是王翔千，《旋風》其他人物的來歷亦大都如此。」其實小說的T城雖隱而不名，唯書中寫景敘物，如雀花（鵲華）橋、大名（明）湖、豹頭（趵突）泉、北極閣（廟），直指濟南古城已是欲蓋彌彰的了。

　　《今檮杌傳》得吳魯芹推薦，獲駐華美國新聞處贊助，將春雨樓藏版一副紙型交給臺北明華書局，刪除對仗，恢復書名《旋風》正式印行問世（南港中央研究院內胡適故居臥榻旁矮櫥插有一本）。因《今檮杌傳》採行「敬贈本」之試金石早已在文藝圈獲得好評，臺、港兩地報章雜誌多有推介，《旋風》書前除照相印出胡適那封美言的信外，胡適先前以中研院院長身分在國立政治大學講演「從中國思想史上談反共運動」，引證《今檮杌傳》一節亦曾登載《中央日報》廣而周知，致《旋風》甫出版就颳起一股「旋風熱」，姜貴連連收到十多篇品評分析的文章，其中尤以高陽發表在《文學雜誌》的〈關於《旋風》的研究〉一文，先花一星期工夫做筆記、做索引，隨之「發癮」下筆疾書兩晝夜，最後 3000 字更是在《文學雜誌》編輯室送稿工友「坐索」的情況下寫就，全篇洋洋灑灑八節 28000 字，最讓姜貴窩心，頓覺「一番心血總算沒有白費」。各方綜合觀感就是：這本反共小說難得言之有物、歷歷如繪，不落八股俗套，尤得力文筆流暢、敘事分明，全書 500 頁 40 萬字的長篇，竟沒有一句標語口號，讀來真是痛快淋漓。茲舉孫旗一段貼切的喟歎為例：「可憐我們張羅了 10、20 年的反共小說，今天總算有了著落。這本蘸血寫、和淚讀的《旋風》，可以代表我們的小說家，也代表『鐵聚九州難鑄錯，酒傾五斗不澆愁』的流亡志士，向時代交出一份卷子，立為後世存照。」姜貴乃以感恩知己的情懷盡心蒐集《旋風》評文，於庚子秋輯印成集，典出古詩「置書懷袖中，三歲字不減，此心抱區區，懼君不識察」敬題為《懷袖書》，意在表達深切的感念，亦比照《今檮杌傳》以齋名春雨樓印製 500 冊送贈友朋，曾在舊書鋪見有署贈陳紀瀅、黃君璧之簽名本。封面是淺淺藍色花邊，內框一幅淡淡黃色的垂柳岸畔湖心亭的山水小品畫作，似有意無意反映了王任叔為先生大陸時期處女作《突圍》的跋文，「讀此一小說，如讀中國山水畫，使人悠然意遠」的境界。

　　姜貴於民國 60 辛亥之年，喜獲得一套平裝八冊的《山東革命黨史稿》（民國 60 年 5 月初版非賣品），包括正編上下 13 卷、後編一二冊六卷、先

烈傳上下一卷、先烈碑傳錄存一卷及附錄等共 21 卷，由于右任分別題簽並
於民國 47 年 6 月書就序文一篇，依其〈後記〉，乃鄉前輩丁鼎丞（惟汾）
集合同志共同編撰，記述革命同志與事蹟之史錄，自同盟會起至北伐成功
止，以國難突起擾攘播遷未及付印，現由同鄉志友集資影印出版，其中載
有濟南、諸城的慘烈際遇，先生乃據史料寫成 70000 字的〈風暴瑯琊〉，上
篇「辛亥臘月諸城起義與失敗」，下篇「王鳴韶烈士的家世」。換言之，不
啻為故里相州鎮翔實撰述那段斑斑事蹟，兼亦披露《旋風》故事架構產生
的時空環境，將史實與小說互為映照，兼又蒐集有關家世與生活之十餘短
篇，併為《無違集》，以答歷來各方之催詢。書名摘自陶淵明〈歸園田居〉
之「衣霑不足惜，但使願無違」，姜貴在書前題記，更鄭重表達了早先兩部
反共小說《旋風》與《重陽》印行後，所感覺到處碰壁、路路不通，天地
忽然變窄，呼吸為之窒息的困惑不解，終因事證大白而恍然大悟，前此境
遇乃「我反共、共反我，理所當然」，多年的心頭鬱鬱為之一寬，不復可
憾，但盼從此淡泊平安有福，是所願也。

三

　　回顧《旋風》既刊的版本，民國 46 年 10 月在臺南印成的春雨樓藏版
《今檮杌傳》，或可稱為「祖本」。民國 48 年 6 月明華書局依春雨樓的紙型
改正鉛版，校正一百多處如「買（賣）」、「殼（穀）」的錯訛，雖仍偶見
「積（績）」不分，總算改進些，曾是姜貴自己讚許的「善本」，可惜好景
不長，後來橫生枝節終至解約了。民國 50 年 9 月有高雄某書局簡單約定重
印千本試銷，民國 51 年 1 月未如允諾先行校正，即冒然出版才事後告知，
擅自刪掉卷首白居易「蒼苔黃葉地，日暮多旋風」兩句提綱詩已不可取，
還重現《今檮杌傳》紙型的魯魚亥豕，封面設計更是低俗惡劣不堪入目，
姜貴曾在《詩·散文·木刻》心平氣和投稿一篇〈印書記〉，娓娓講述經手
印過大小四本書的奇怪際遇，既痛心疾首又無可奈何。民國 55 年繼由高雄
百成書店、長城出版社印行，雙方於民國 54 年 9 月訂有「著作物出版版權

讓與契約」。另有一種民國 65 年 8 月軍中版非賣品，係國防部總政治作戰部委由長城出版社印刷，允爲優良讀物發交官兵文庫做爲勵志閱讀。現行九歌出版社重排本是民國 88 年取得版權重新刊印的。

日前恰巧看到國立臺灣文學館民國 99 年底出版的《繼往開來——作家文物捐贈展圖錄》，居首的《旋風》書影是當年坊間盜印版，據悉緣於那本夏志清赫赫有名的 *A History of Modern Chinese Fiction*，中譯本《中國現代小說史》於民國 68 年由傳記文學雜誌社在臺刊行，推崇姜貴譽爲「晚清、五四、1930 年代小說傳統的集大成者」，唯其傑作《旋風》卻是遍尋書肆無蹤影，不免有「《旋風》只是一則傳說」的夢幻流言，乃有龍泉夜市小書店斗膽翻印以應索驥，封面選用一幅當代油畫，諒是圖其紅通通如熊熊烈火的動亂意象，倒也適時紓解《旋風》一度斷版難窺其貌的困惑。

姜貴嘗自況其寫作生涯，除去那些爲稻粱謀「度小月」的應制之作，在臺灣實實在在就寫了《旋風》、《重陽》兩部以及只算得半部的《碧海青天夜夜心》，其晚年念茲在茲的就是想延續《旋風》與《重陽》之後再寫一部「大書」，概有感於「近半個世紀，是中國社會動變最劇烈的年代，而我幾乎自始就親歷其境。因此，我有一個寫作計畫，想用小說把這種動變原原本本烘托出來。這是一部文學作品，既不八股，也沒有口號，樸實無華，語不驚人。」曾由夏志清和研究姜貴並英譯《旋風》的羅體模在美國多方張羅，卻礙難於申請的是「創作」而非「研究」，都沒有好消息。繼又修改提案，以辛亥、北伐、抗戰三大事件，分別寫三部小說，以表現這一時代的動變之跡，寄給國內主管文藝的機構，但也沒有下文，就只好放棄，終成先生最後的遺憾。否則，以「姜貴」取意「薑桂之性，到老愈辣」的經世歷練，「大書」之大理當可期，於今只能從其最後連載於《臺灣日報》八個多月，因腦溢血病逝未克完篇的〈奔流〉，約略揣摩先生書寫「黃河天上水、奔流不復回」的澎湃氣勢。

——選自《文訊雜誌》，第 325 期，2012 年 11 月

分散百年的家族再聚首

當《旋風》終於颳回家……

◎王瑞華*

《旋風》以王家人為原型，卻又有著太多虛構、誇張與諷刺，它隔了近
六十年才傳回它早該傳回的地方，當事人與原型人物多已離世。

這些本該「把酒問盞」的兄弟家人，為了他們各自的理想與信仰，一直
到今天，分歧與紛爭依然存在。

家族變成小說文本

被夏志清先生認為是現代中國最偉大小說之一的姜貴《旋風》（20 世
紀中文小說 100 強第 49 名），在海峽的對岸颳了整整半個多世紀，才終於
回到作者的家鄉、家族，回到故事的發生地與原型人物——山東諸城相州
的王家後人那裡。

《旋風》的頭號主人公「方祥千」的原型王翔千，當初在山東與王盡
美、鄧恩銘等人創辦馬克思學會的時候，他教導下的兒子王希堅、侄子王
願堅與女婿王力、堂侄王意堅（姜貴）也領軍了海峽兩岸的紅白文學，他
本人亦成了兩岸作家熱衷於描寫的人物，尤其是最反對他的姜貴，對他的
文學敘寫也最多，成了《旋風》的頭號主人公原型。令王翔千始料未及的
或許是他不但參與改寫了中國歷史，也參與改寫了中國文學史。

我模模糊糊地聽說過夏志清先生那本著名的《中國現代小說史》是有

刪減的，但刪了誰，刪了什麼內容，我從沒覺得跟我有什麼關係，連去查查的想法都沒有，哪裡想得到刪的就是敘寫我家的，作者就是我同一家族、血緣關係相近的爺爺？家鄉、家族在我眼裡從來就是「尋常巷陌，普通人家」，更哪裡會想到自己的家族、家鄉早已變成小說文本，在海峽的對岸，在哈佛、哥倫比亞那些著名學府裡被王德威、夏志清這些著名的學者們津津樂道地研究著、講解著？如果不是我的麻木與遲鈍，《旋風》或許颳進來得更早些。

我開始跟隨劉登翰教授讀臺港文學專業，是上世紀 1990 年代末，劉老師是國內臺港文學研究的權威人士，厚厚的兩卷本《臺灣文學史》就是由他親自主編撰寫，直到現在都是大學中文系臺港文學專業的重要教材，我是他帶的第一個研究生。我與劉老師此前素不相識，他卻在初次面試後，就在幾名報考的學生中選定了我這個不是中文系出身的學生，直到現在想來都充滿感激。跟他讀碩士三年，可謂遍讀臺灣作家作品，他卻既沒提過，我也從未聽說或看到過姜貴與《旋風》。其後，在南京大學都博士畢業了，也多次跟隨導師參加這領域的研討會，也始終未聽同行專家學者提到過。劉老師治學不可謂不嚴，一篇論文逼我改了十幾遍，至今記憶猶新，當時所用的臺港文學教材幾乎都是他編寫的，可我竟然整整讀了十幾年的臺港文學才讀到自己家人在臺灣寫的家族文學，姜貴與大陸的隔閡之深由此可以想像。

我生在諸城，長在諸城，又同屬王氏家族，他們真實的人物我是約略知道一些的，一開始聽到《旋風》的事，覺得裡面人物的名字怎麼那麼耳熟呢？我非消息靈通人士，一向遲鈍，什麼新聞到我耳裡都屬「晚間新聞」，《旋風》其書我一直未得見，也不知道去那裡找。直到 2008 年 10 月的一次學術研討會上，一個偶然的機會，北師大的楊聯芬教授告訴我她那裡有，是她在美國哈佛做訪問學者期間，聽到其他教授對它的評價頗高而買的，她慷慨借我複印一本，其後，又複印了無數本，一一分贈王家後裔，也有王家後裔知道我這裡有，找我要的，這樣，王家人才真正知道了

以自己家人、家族爲原型的這部作品。這些都是 2008 至 2009 年間的事情，也就是說，《旋風》從 1952 年在臺灣完成，到終於到自己「家」，過了整整半個多世紀之久。

曾經龐大的文學家族，現在專業學現當代文學的只有我一個，身爲王家後人我自然該盡我的本分，立即著手蒐集資料準備研究，或許當我生在王家，長在諸城，大約就開始這個研究了，儘管我自己是渾然不知的。

訪鄉人，問往事

歷史的滄海桑田，曾經鮮活的一切，而今都只能借助作家文本、借助老人們的回憶去追尋、去感觸了，在歷史的起伏動盪中，他們是承受了太多的災難與創傷的一代人，這些回憶與感觸都不免飽含滄桑。

我到相州，對著幾個八十多歲的老人，順著《旋風》裡的人名諧音提問，他們好多已經聾得厲害，還有同去的替我在旁邊吆喝著，這些老人關於相州、關於王家的雞毛蒜皮都成了重要史料。

最令我如獲至寶的是找到鄭伯祥老人，他是當年參加過相州土改的幹部，擔任過一個現在已經沒有了的火柴廠廠長，他一連與我侃侃而談了三天，幾乎把當時相州的情況都告訴了我，可謂第一當事人，他與小說裡的人物原型多有交往與接觸。2009 年 10 月，我去找他，87 歲的他竟然耳不聾眼不花，我們很是歎服。可當我 2010 年過年回家，再次想去拜訪他，他兒子卻悲傷地告訴我，他已經離開了人世，歷史與現實有時候離我們那麼近，有時候又是那麼遠。

最難忘的是見到王志堅的女兒王南。她年輕時的照片是那樣美麗無限，而今卻是在歷史的跌宕中歷盡艱辛痛苦的孤苦老人，在她那滄桑的臉上，我彷彿看到了那遙遠的逝去的歷史。她的父親王志堅，是王統照與姜貴都極爲關注敘寫的家族人物（王統照《春華》的頭號主人公「堅石」原型，《旋風》中「方天芷」原型），是一大代表王盡美的同班同學，當年一起創辦馬克思主義學會，後來全身投入教育救國，王家這麼多的作家、政

治人物都曾接受並聆聽過他的教誨，兒孫卻都成了文盲，王南說，她的堂姊、王翔千的女兒聽到此當即落淚道：「他一輩子教書育人……」

已八十出頭的王願堅夫人翁亞尼與女兒王小冬認為，王家有責任也有義務把姜貴的《旋風》捐到圖書館去，我告訴她們已經買不到他的書，只有影本，她認為影本做為資料也是可以的，於是這跑腿任務交給我，我不辱使命地把《旋風》分別捐給了諸城圖書館與中國現代文學館，當然是以王願堅的名義捐的。就這樣，「白色」哥哥的書，以「紅色」弟弟的身分捐了。

《旋風》以「反共」著稱，但恐怕被描寫得最好的也是這些共產黨人了。頭號主人公「方祥千」的原型「王翔千」，是山東共產黨的創始人之一、山東最早的共產黨員之一，1928 年就與黨組織失去聯繫，基本脫離政治了，姜貴卻把他的政治生命在小說裡大大延長了，在小說裡比現實中來了一番更加偉大蓬勃的共產主義事業。姜貴在〈自傳〉中曾說：最讓他不快的就是這位管教他的「翔千六伯父」，小說對他最好的「報復」就是把王翔千曾反對的左派做法統統加到他頭上去了。

更令人驚歎的是「方培蘭」的原型王培蘭，他除了早年替父報仇那點事，幾乎沒有任何政治活動可言，連個村幹部都不是，小說裡卻讓他與「方祥千」合作出了番轟轟烈烈的共產主義事業，一個令人膽寒的「旋風」縱隊。這位相州普通百姓地下有知，不知會不會激動地從墳墓裡跳出來？要知道這裡是共產黨領導下的社會主義國家，如果他早點知道《旋風》，那怕跟著望風捕影一下，那他還英雄了得嗎？要知道多少歷史從來就是空穴來風，何況他還有「風」可捕，對他而言，《旋風》實在傳回得太晚了！當然，這也只是我的小人之心，他老人家是否真會感激那還要另當別論呢。

關於他與王翔千的交往，我很認真去問幾乎見到的每一個相州老人，他們顯然都不知道《旋風》，除了否認他們之間有來往之外，甚至很奇怪我會這樣問，他們說：「人家王翔千是知識分子，怎麼會與他來往呢？他幹過

土匪！」相州到底是書香之地，就是土改幹部也以寫一手漂亮的毛筆字爲榮，顯而易見地保持著對知識者的尊崇。

國內一直沒讓《旋風》颳進來，實在沒必要，看看，他把一大代表王盡美寫的簡直比我們的教科書還要完美無缺，而最令人匪夷所思的是鄧恩銘，他那些被我們黨努力地尷尬遮掩的歷史，姜貴卻在海峽對岸的「反共」小說裡把他堂而皇之幾近美化成聖人，連同他的家世。他的父親只是偏遠貴州的一個貧苦農民，他到濟南是投靠做生意的叔叔上學，小說卻把他的家世寫得十分尊貴、顯赫！相形之下，那些國民黨的家人、族人卻被他寫得太顛倒是非黑白了，最潔身自愛的王樂平父女被寫得最放蕩不堪，心思單純的作家們被寫得最陰險投機，國民黨人士的名字多數是真名直接倒過來，比如吳大洲，小說裡稱爲「周大武」，王樂平變成「樂平三」（他行三）、「羅聘三」……姜貴的《旋風》到底能否稱得上「反共」小說，在我看來實在是大可懷疑的事情！小說裡到處可見的都是這樣明顯顛倒的敘事：「陶祥雲」的原型刁祥雲是小個子，外號「小耗子」，槍法特準，當過土匪，小說裡卻寫他是個黑臉大漢，頗得女人歡心。總之，姜貴老家、偏遠鄉下的諸城相州街上的王家族人與一干普通百姓，都被姜貴的「旋風」捲起來颳到臺灣、哈佛、哥倫比亞及世界各地的大學課堂上，成爲文學經典人物了，但相州、王家的後人們卻幾乎全不知情。

王辯的女兒趙國柳是王翔千的外甥女，很是委屈地跟我說：「寫我姥爺別的都對，就是後面我大舅出賣他不對，因爲我大舅也是個很厚道，很老實的人，他無論如何做不出那種事來！」

王翔千女兒王成的女兒則說：「寫的什麼都不對，我姥爺從未對自己的信仰動搖過，就是把我姥爺的強脾氣寫對了！」不過她又補充說：「不過王翔千的那本菜譜是真的」，「我家裡就有一本，是我姥爺親自寫的。我奶奶家人曾嫌我媽不會做飯，我就拿出來給他們看，她家出過菜譜的，她是因爲參加革命才沒學會做飯，要不會做得很好的！」

王翔千的孫子王肖辛是直系親屬，我徵詢他的意見，他很認真地思考

後，認爲：「《旋風》與王家是有出入，但與整個大趨勢是吻合的」。

王翔千唯一還在世的女兒、九十多歲的王成老人看到《旋風》描寫的她的姊姊方其蔓（原型王辯，1925 年留學蘇聯，與鄧小平、蔣經國爲同班同學）「又矮又胖，像個冬瓜」，就氣得擱下不看了，她的記憶裡，姊姊還會唱蘇聯歌曲，是很活潑可愛的。她也還記得姜貴的原配太太。她年事已高，想來看的也吃力。王成是王翔千的女兒中公認最漂亮的一個。也可見，「美」才是女人終生追求的事業，投身革命一生，戎馬倥傯，多少風雲跌宕之後的世紀老人還會爲沒把姊姊寫得漂亮而生氣。

王統照的兒子、八十多歲的王立誠，看到寫自己家族的文章非常激動。我把《旋風》與刊有姜貴〈自傳〉的《姜貴中短篇小說集》送給他，看到《旋風》裡「方祥千」去敲詐「方通三」500 元那段，「這絕無可能！」這是他看後的第一個反應：「那時 500 元可不是個小數目，家裡肯定拿不出！」他又補充說：「王翔千也不是那種人！」

第二天一早他又打電話來：「姜貴逃到上海沒錢了，找的那個東萊銀行的親戚我知道啊，前幾年他有個孫子考大學考到北京來，還來托我給照顧照顧，我自然責無旁貸，去他學校看過幾次。」

王統照自己在上海的住院日記裡也提到東萊銀行的親戚到醫院看過他。

真實與小說交構

幾乎所有人看過後的第一個反應就是：「這到底是不是真的？」對此，一些王家人表現出了極大的熱情。爲了幫我查清歷史，2008 年那個寒冷已極的冬天，王立誠老人特地找了當年山東土改的祕書長、已 88 歲高齡的謝華前輩來給我講山東的土改情況。兩個 80 高齡老人的那堂課，且不說讓我獲得了當事人的第一手資料，而且那種認真、執著的精神也給我上了生動的一課。

在最後查清多數歷史基本屬虛構時，這些老人們幾乎是普遍的義憤填

膺，一位老人看到夏志清先生寫的序言甚爲生氣，立馬囑託我：蒐集證據，去與夏先生辯論，去決鬥！我最愧疚的是不該把《旋風》複印了送給他，這位本在頤養天年的耄耋老人，兒孫滿堂，其樂融融，卻不想晚年生活部分地被這書給毀了，正是「風乍起，吹皺一池春水」。看到他那些情誼深厚的家人、族人被妖魔醜化得如此不堪，他氣得食不下嚥，睡難安眠，我輕率地給他看了，實在是欠缺考慮。怪不得自從 1980 年代以來，臺灣不少王家族人回鄉探親，還曾回相州續家譜，把姜貴的全家福及他《無違集》畫出的家族表格都帶回來了，就是沒有任何人說起或帶回《旋風》。《旋風》在夏志清先生的推崇下，在臺灣風行一時，但在臺灣的王家家人、族人都對此保持了沉默。坦白地說，也甚少見到像姜貴這樣借著小說，對自己的家人、族人極盡醜化之能事的。中國有句俗話「家醜不可外揚」，姜貴本人的家族仇恨也不過就是家人給他娶了個他不喜歡的原配太太而已。從洞房裡逃走、並從此與家族斷絕關係的他年僅 17 歲，此前一直在家人的照顧之下，這點他在〈自傳〉中也沒有迴避，這位空等了他一生的原配，姜貴就是鐵石心腸，對這麼一個不幸的弱女子，何以就演化成對家族、家人永不可化解的仇恨？小說人名基本都是諧音，部分事實也有，卻是基本虛構。姜貴從小叛逆，小說中更是虛構、編寫了許多家族「醜事」，60 年後，依然對家人、族人構成殺傷力，這到底是把王家推上文壇，還是推向祭壇？我們固然不必提倡爲家族歌功頌德，但這樣的扭曲醜化也實在是中外罕見，也就只當它是文學虛構好了。

　　王家人基本上越是年紀大的，對《旋風》的憤怒也越大，他們對小說裡的人物原型多有接觸與交往，也因此更加痛恨那些加在他們身上的虛構與醜化描寫。許多長輩怒氣沖沖地給我電話：只是澄清事實遠遠不夠，你必須狠狠地反擊，否則你就不是王家的子孫！王家政治上一家三黨、文學上一家三派，已經爭鬥了近一個世紀，我現在最想做的是化解家族矛盾，讓王家至少在文學上團圓、和諧，卻沒想到在這些老人心中引出更大的矛盾與不和諧。

　　《旋風》以王家人爲原型，卻又有著太多虛構、誇張與諷刺，它隔了近六十年才傳回它早該傳回的地方，當事人與原型人物多已離世，或許也是一種幸運，否則以王家人的熱血，不知又會上演一番怎樣的爭執。這些本該「把酒問盞」的兄弟家人，爲了他們各自的理想與信仰，一直到今天，分歧與紛爭依然存在。

　　好在，年輕的後輩都已經能比較平和地看待歷史，看待創作，能把它當成一個虛構的小說文本來看待，而不再執著地去對號入座。1950 年代完成的《旋風》是預言小說，是寫給未來的，由此也可以得到部分驗證。

　　比之姜貴的小說，倒是他的自傳《無違集》讓王家人更感覺親切。那字裡行間對家人、故鄉的眷眷深情怎能不打動這些家人的後人，那流淌在文章裡的骨肉親情真的是筋骨相連，割不斷、理還亂，牽動著每一個王家人。重要的還有一些意想不到的收穫。姜貴小學的同班同學王笑房的兒子、現任國家行政學院教授的王偉，他以前只知道他父親的兄弟排行是從五大爺王深林開始的，前面的那四個「大爺」是什麼情況、到哪裡去聯繫已全然不知，而姜貴的《無違集》裡卻清清楚楚地寫明他們是留在了他爺爺當年做過縣官的福建的仙遊縣。姜貴自傳裡寫到曾見到他們到相州探親：「他們說的話相州人全不懂，相州人說的話他們也不懂。」年代的久遠、局勢的動盪，再加上地域的隔閡，即便同在大陸，一些親人也難以聯繫了。也因此《無違集》成了整個大家族珍貴的家族史料與家人回憶。

歷盡劫波兄弟在，相逢一笑泯恩仇

　　兄弟相爭，沒有贏家，他們都付出了代價。國民黨立法委員、山東國民黨黨部的實際負責人、到臺灣後長期擔任考試院考試委員的王立哉（《重陽》錢本四原型、王樂平堂弟），四個兒女都留在大陸，他太太在臺灣天天抱著一隻小狗（最小的女兒屬狗）呼喚女兒的名字，直到 1985 年去世，至死未能相見。他們是擔憂著對岸在政治風暴中掙扎的兒女們憂傷而逝的！小女兒王鉥直到 2008 年才得以跟著旅遊團到臺灣偷跑出來一天到父母墳上

祭拜，當她終於能在父母的墳前痛哭一場，已是陰陽相隔了二十多年。

胡適先生認爲沒寫充分的「方天茂」的原型王懋堅，這位 1925 年留學蘇聯的革命前輩中最小的那個，後來成爲國民黨的炮兵團長，攻打諸城的時候，他跑到 15 個「堅」字輩堂兄弟的老大王心堅那裡去說：「每打一炮心裡就咚咚地跳，不是個滋味！」

戰火瀰漫、硝煙籠罩的兄弟戰爭，沒有人心裡會是個滋味！

這些先輩們已基本都到了另一個世界，我們只能祈願：歷盡劫波兄弟在，相逢一笑泯恩仇！在另一個世界裡他們能兄弟怡怡，歡笑宴宴。

相州王家儘管人才輩出，但家族並不是很大，主要集中在諸城的相州村，是鎮居地。地主家本身地多、房子多、人口多，再加上爲他們服務、做工、種地的佃戶就已是很大的村鎮，所以王家人家族關係與交往都是相當密切的。王家遷到相州是明末清初，與同時遷到桓臺的王士禎家是兄弟，到我這「水」字輩（諸城土話「瑞」讀「水」）才第 18 世，從三世才開始分成三支，因此整個大家族並不是很大，血緣關係也不遠，所有人家都還沒出十五服。老三支的專出作家，都還沒出十服。現在由我這個當孫女的出來打撈歷史，重整家園，我內心萬千感慨和萬般心酸真是難以言衷。

跨過冰冷的海峽水，同樣熱的家族血脈依然在兩岸流淌，兩岸的家譜上，相州王家子孫的名字仍然按家規「金、水、木、火、土」排列著，「土」字輩的姜貴的兒子們是「金」字輩，分別被稱之爲：王爲鐮、王爲錯、王爲鉞；他的胞弟、青島王愛堅的兒子們則是王鋸、王鉗、王力。

小時候與姜貴交好的堂弟、土改時被認爲是國民黨黨員被槍斃的王恩堅的三個兒子是王鐵、王鐘、王鐸，同時也是因國民黨黨員身分與他一起被槍斃的兄弟王德堅的兒子們則是：鈞、鉦、錘、鏢……。

2011 年 6 月，我隨福建文聯《臺港文學選刊》參訪團第一次到了臺灣，帶著家鄉家人的重託與尋找臺灣家人的強烈願望，我終於見到了分散已久的王家族人。姜貴長子王爲鐮叔叔當天就和夫人趕到我入住的飯店，

我參加宴會剛回飯店，就聽到他正對服務人員說：「我來找我侄女！」我一開口，那濃重的諸城腔就讓叔叔流淚了，他說父親姜貴在家裡說話也是這種腔調。

　　我一路到臺北、臺中，王爲鎌叔叔都趕過來相敘相聚，給我提供了珍貴的家族資料，王統照侄孫、居易堂長孫王志鋼（他是王統照堂兄王統熙的長孫，也是著名導演崔嵬的外孫，他的奶奶就是崔嵬的姊姊，父親王兆斌就是「方冉武」的原型）也和母親（王兆斌夫人）趕來相見，老夫人一見我就非常激動，數度哽咽。王兆斌故土情深，先後兩次回鄉探親，帶領弟弟、家人祭祖，到王統照的墓上放聲大哭，回臺灣後過於傷感離世。他們與姜貴一家都在臺灣，卻從不知曉，也是這次見面才知道。王志鋼叔叔給我帶來了厚厚的相州王家臺灣族人編寫的王家家譜，裡面姜貴一家的資料就是由他父親王兆斌交給編撰者的，可見姜貴與其父是相識的。我看見家譜編撰者寫著自己的父親、兄弟在土改中被活埋，曾經的家族庭院被拆毀，但他沒有囑咐後人去報仇，只說家鄉還很苦，許多資源沒得到開發利用，盼望他們將來能回家鄉幫一下……也可見王家人的博大胸懷與故土情深。由此亦可見，姜貴不只與大陸的家人，與臺灣的族人也很少來往的。而無論大陸和臺灣，家人、族人都從來沒忘記他，王翔千之子王希堅一直說的「我們 15 個堅字輩堂兄弟」就包括姜貴。王志堅女兒王南也回憶說，她大伯王心堅的兒子在 1947 年南京大學讀書期間正值「反飢餓、反內戰」大遊行，他曾去找過姜貴，姜貴拒見。

　　家族、親情真是一種奇怪的感情紐帶，隔著多少年，跨過多少代，我們這些從未見過面，甚至從不相識的王家人，卻一見面就潸然淚下，正如王爲鎌叔叔所說「我們一見面就親」，真是多少隔閡、多少仇恨都隔不斷。

　　分離近百年的家族終於因《旋風》的回歸而團圓，這是文學對文學家族最大的回報和恩賜。

——選自《文訊雜誌》，第 325 期，2012 年 11 月

輯五◎
研究評論資料目錄

作家、作品評論專書與學位論文

專書

1. 姜　貴　　懷袖書　臺南　〔自行出版〕　1960 年 9 月　150 頁

本書爲作者蒐集文壇對《旋風》的評論文章編成之論文集，自行出版。全書共收 27 篇文章：1.姜貴〈題記〉；2.姜貴〈《今檮杌傳》自序〉；3.姜貴〈《旋風》後記〉；4.〈陳定山先生詩〉；5.〈中國國民黨中央委員會推薦《今檮杌傳》〉；6.〈中國青年寫作協會推薦《今檮杌傳》〉；7.〈中國青年反共救國團總團部致作者函〉；8.〈蔣夢麟先生致作者函〉；9.中央日報〈胡適之先生演講引證《今檮杌傳》〉；10.孫旗〈一部未發行的小說《今檮杌傳》〉；11.丁天〈評介姜貴著《今檮杌傳》〉；12.方一〈中國風味的小說《今檮杌傳》〉；13.崇仁〈《今檮杌傳》片感〉；14.季无文〈好書出頭〉；15.高陽〈關於《旋風》的研究〉；16.王集叢〈評《旋風》〉；17.方以直〈《旋風》人物考〉；18.方以直〈再談《旋風》〉；19.黃靈〈評介長篇文藝巨著《旋風》〉；20.阮日宣〈姜貴與姜貴的《旋風》〉；21.劉心皇〈評姜貴《旋風》〉；22.林適存〈萬里迢迢〉；23.羅盤〈一年來的熱門小說：姜貴先生的《旋風》〉；24.方其〈《旋風》著者及其寫作淵源〉；25.高陽〈《旋風》・姜貴・我〉；26.趙雅博〈《旋風》讀後〉；27.程光蘅〈一個值得推薦的長篇《旋風》〉。

2. Timothy A. Ross　　Chiang Kuei　紐約　Twayne Publishers　1974 年　161 頁

本書爲論述姜貴生平與作品專書。正文前有"About the Author"、"Preface"、"Acknowledgments"、"Chronology"。全書共 9 部分：1.Chiang kuei's Family and Youth；2.Revolution and War；3.Living and Writing in Taiwan；4.Breaking Free；5.The Whirlwind；6.The Two Suns；7.Swallow Tower；8.The Lesser Novels and Miscellaneous Writings；9.Conclusion。正文後附錄"Notes and References"、"Selected Bibliography"、"Index"。

學位論文

3. Timothy A. Ross　　CHIANG KUEI: A CHINESE WRITER IN HIS TIME　愛荷華大學　博士論文　Assistnt Professor David Hamilton　1972 年　269 頁

本論文論述姜貴生平及其作品。全文共 7 章：1.INTRODUCTION；2.SHANTUNG；3.WUHAN；4.HSÜCHOW；5.TAIWAN；6.THEMES AND CHARACTER TYPES IN

THE NOVEL；7.CONCLUSION。正文後附錄"BIBLIOGRAPHY"、"APPENDIX THE
WHIRLWIND AS A ROMAN A CLEF"

4. 童淑蔭　　姜貴長篇小說《旋風》與《重陽》研究　東吳大學中國文學系　碩
士論文　李瑞騰教授指導　**1996 年**　**196** 頁

本論文專就《旋風》與《重陽》兩部長篇小說，從寫作背景與結構內容等進行探討
與比較研究。全文共 6 章：1.緒論；2.《旋風》與《重陽》的創作背景；3.《旋風》
研究；4.《重陽》研究；5.《旋風》與《重陽》比較研究；6.結論。正文後附錄〈姜
貴著作目錄〉。

5. 李木添　　姜貴《碧海青天夜夜心》研究　銘傳大學應用中國文學系碩士在職
專班　碩士論文　陳溫菊教授指導　**2010 年 6 月**　**169** 頁

本論文以《碧海青天夜夜心》為研究對象，分析此書的時代背景、主題思想、人物
刻畫、寫作特色，以凸顯姜貴的寫作風格及《碧海青天夜夜心》一書的成功之處。
全文共 6 章：1.緒論；2.姜貴與《碧海青天夜夜心》；3.《碧海青天夜夜心》的主題
思想；4.《碧海青天夜夜心》的人物刻畫；5.《碧海青天夜夜心》的寫作技巧；6.結
論。

作家生平資料篇目

自述

6. 姜　貴　　自序 今檮杌傳 臺北 〔自行出版〕　1957 年 10 月　頁 1—3

7. 姜　貴　　《今檮杌傳》自序 懷袖書 臺南 〔自行出版〕　1960 年 9 月
頁 7—10

8. Chiang Kuei〔姜貴〕；Timothy A. Ross 譯　　Author's Note　The Whirlwind
San Francisco　Chinese Materials Center　1977 年　〔1〕頁

9. 姜　貴　　自序（原刊《今檮杌傳》春雨樓藏版）　旋風 臺北 九歌出版社
1999 年 9 月　頁 9—12

10. 姜　貴　　自序（原刊《今檮杌傳》春雨樓藏版）　旋風 臺北 九歌出版社
2009 年 12 月　頁 7—10

11. 姜　貴　　後記 旋風 臺北 明華書局 1959 年 6 月　〔1〕頁

12. 姜　貴　　《旋風》後記 懷袖書 臺南 〔自行出版〕　1960 年 9 月　頁

11—12

13. 姜　貴　　後記（原刊明華書局版）　旋風　臺北　九歌出版社　2009 年 12 月　頁 571

14. 姜　貴　　題記　懷袖書　臺南　〔自行出版〕　1960 年 9 月　頁 1—6

15. 姜　貴　　《懷袖書》題記　旋風　臺北　九歌出版社　1999 年 9 月　頁 594 —598

16. 姜　貴　　《懷袖書》題記　旋風　臺北　九歌出版社　2009 年 12 月　頁 582—587

17. 姜　貴　　《重陽》前言　作品　第 2 卷第 4 期　1961 年 4 月　頁 19—20

18. 姜　貴　　自序　重陽　臺北　作品出版社　1961 年 4 月　頁 1—6

19. Chiang Kuei〔姜貴〕　　Foreword　A translation of the Chinese novel Chung-yang（Rival Suns）by Chiang Kuei（1908—1980）　New York The Edwin Mellen Press　1999 年　〔2〕頁

20. 姜　貴　　自序　重陽　臺北　皇冠出版社　1980 年 9 月　頁 23—28

21. 姜　貴　　印書記　詩・散文・木刻　第 4 期　1962 年 10 月　頁 103—105

22. 姜　貴　　我的家世和童年　作品　第 4 卷第 2 期　1963 年 2 月　頁 16—18

23. 姜　貴　　濟南兩年　作品　第 4 卷第 3 期　1963 年 3 月　頁 67—70

24. 姜　貴　　後記　碧海青天夜夜心　高雄　長城出版社　1964 年 7 月　頁 843 —846

25. 姜　貴　　後記　碧海青天夜夜心　臺北　九歌出版社　1999 年 9 月　頁 743 —746

26. 姜　貴　　後記　碧海青天夜夜心　臺北　九歌出版社　2007 年 7 月　頁 743 —746

27. 姜　貴　　《春城》・《碧海》　中華日報　1963 年 9 月 2 日　6 版

28. 姜　貴　　〈妒花記〉前記　自由談　第 18 卷第 2 期　1967 年 2 月　頁 45

29. 姜　貴　　一封信——公開答覆殷鶴冠先生　作品（1968 創刊）　第 1 卷第 2 期　1968 年 11 月　頁 108

30. 姜　貴　　《突圍》　中央日報　1970 年 11 月 24 日　9 版

31. 姜　貴　　《突圍》　無違集　臺北　幼獅文藝社　1974 年 8 月　頁 223—
226

32. 姜　貴　　〈喜宴〉怎樣成爲電視劇　中央日報　1972 年 2 月 5 日　9 版

33. 姜　貴　　對電視「喜宴」略抒所感（上、下）　中央日報　1972 年 4 月 27
—28 日　9 版

34. 姜　貴　　傷逝與感舊　自立晚報　1972 年 6 月 4 日　8 版

35. 姜　貴　　《白馬篇》釋題　中央日報　1973 年 10 月 25 日　9 版

36. 姜　貴　　題記　無違集　臺北　幼獅文藝社　1974 年 8 月　頁 1—3

37. 姜　貴　　我怎樣寫《旋風》　無違集　臺北　幼獅文藝社　1974 年 8 月　頁
207—221

38. 姜　貴　　「六月霜」自序　無違集　臺北　幼獅文藝社　1974 年 8 月　頁
227—233

39. 姜　貴　　自傳　無違集　臺北　幼獅文藝社　1974 年 8 月　頁 239—245

40. 姜　貴　　《花落蓮成》前記　中央日報　1976 年 9 月 17 日　10 版

41. 姜　貴　　前記　花落蓮成　臺北　遠景出版公司　1977 年 2 月　頁 1—3

42. 姜　貴　　前記　花落蓮成　臺北　遠景出版公司　1981 年 2 月　頁 1—3

43. 姜　貴　　護國寺的燕子　書評書目　第 49 期　1977 年 5 月　頁 7—17

44. 姜　貴　　護國寺的燕子　讀書樂——書評書目選集　臺北　財團法人洪健全
教育文化基金會　1986 年 3 月　頁 227—243

45. 姜　貴　　後記　雲漢悠悠　臺北　時報文化出版公司　1978 年 1 月　頁 129
—132

46. 姜　貴　　〈失獵者〉後記　中華日報　1978 年 2 月 26 日　11 版

47. 姜　貴　　後記　白棺　臺北　聯亞出版社　1978 年 5 月　頁 155—156

48. 姜　貴　　後記之二　白棺　臺北　聯亞出版社　1978 年 5 月　頁 157

49. 姜　貴　　《曲巷幽幽》後記　臺灣日報　1978 年 7 月 22 日　12 版

50. 姜　貴　　後記　曲巷幽幽　臺北　天華出版公司　1979 年 1 月　頁 289—

392

51. 姜　貴　蓬山咫尺　自立晚報　1978 年 11 月 21 日　10 版

52. 姜　貴　〈曉夢春心〉後記[1]　臺灣日報　1979 年 3 月 22 日　12 版

53. 姜　貴　後記　姜貴自選集　臺北　黎明文化公司　1980 年 3 月　頁 375—385

54. 姜　貴　文學的歷史不容篡奪（上）——抗戰文學的保衛與整理——對日抗戰是中國文學的一大寶藏　聯合報　1979 年 7 月 6 日　12 版

55. 姜　貴　文學的歷史不容篡奪——抗戰文學的保衛與整理——對日抗戰是中國文學的一大貢獻　抗戰文學概說　臺北　文訊雜誌社　1987 年 7 月　頁 259—260

56. 姜　貴　自傳　姜貴自選集　臺北　黎明文化公司　1980 年 3 月　頁 1—5

57. 姜　貴　校後記　姜貴自選集　臺北　黎明文化公司　1980 年 3 月　頁 386—390

58. 姜　貴　姜貴最後的話——我與文學　中國時報　1980 年 12 月 20 日　8 版

59. 姜　貴　姜貴自傳　臺灣日報　1980 年 12 月 20 日　8 版

60. 姜　貴　姜貴生前最後一篇公開而沒發表的書面講話稿：姜貴小說與傳說　臺灣日報　1980 年 12 月 20 日　8 版

61. 姜　貴　姜貴寫給《小民剪貼簿》的話　書評書目　第 94 期　1981 年 2 月　頁 6—7

62. 姜　貴　手蹟（作者生前致編者的信）[2]　永遠站著的人　臺北　九歌出版社　1982 年 8 月　頁 2

63. 姜　貴　給作家應鳳凰的信　碧海青天夜夜心　臺北　九歌出版社　1999 年 9 月　頁 753—755

64. 姜　貴　手蹟（作者生前致編者的信）　姜貴小說集　臺北　九歌出版社　2003 年 6 月　頁 2

---

[1]〈曉夢春心〉原連載於臺灣日報副刊，後出版爲《姜貴自選集》。
[2]本文後改篇名爲〈給作家應鳳凰的信〉。《永遠站著的人》後改書名爲《姜貴小說集》。

65. 姜　　貴　　給作家應鳳凰的信　碧海青天夜夜心　臺北　九歌出版社　2007 年
7 月　頁 754—755

66. 姜　　貴　　文星殞落——自傳　中華民國文學年鑑 1980　臺北　時報文化出版
公司　1982 年 11 月　頁 535—541

67. 姜　　貴　　姜貴自傳[3]　姜貴的小說續編　臺北　九歌出版社　1987 年 5 月
頁 203—230

68. 姜　　貴　　姜貴自傳　姜貴中短篇小說集　臺北　九歌出版社　2003 年 12 月
頁 203—230

69. 姜　　貴　　〈錦瑟年華〉腰斬後，作者寫給小民的信[4]　書評書目　第 94 期
1981 年 2 月　頁 6—7

70. 姜　　貴　　文人書簡——姜貴致小民　聯合報　1988 年 4 月 19 日　23 版

71. 姜　　貴　　給作家劉長民（小民）的信　碧海青天夜夜心　臺北　九歌出版社
1999 年 9 月　頁 756—757

72. 姜　　貴　　給作家劉長民（小民）的信　碧海青天夜夜心　臺北　九歌出版社
2007 年 7 月　頁 756—757

73. 謝九〔姜貴〕　　我與蘇青　印刻文學生活誌　第 84 期　2010 年 8 月　頁
197—205

他述

74. 資料室　　姜貴　書評書目　第 16 期　1974 年 8 月　頁 76—77

75. 編輯部　　依靠筆耕來維持生計，姜貴寫出一生的所見所聞　自立晚報　1978
年 11 月 6 日　10 版

76. 小　　民　　姜貴——文壇重鎮　幼獅文藝　第 308 期　1979 年 8 月　頁 179—
181

77. 小　　民　　文壇重鎮姜貴　親情　臺北　道聲出版社　1985 年 5 月　頁 209—
211

---

[3]《姜貴的小說續編》後改書名為《姜貴中短篇小說集》。
[4] 本文後改篇名為〈文人書簡——姜貴致小民〉。

78. 邊　卒　　　串串花朵笑開滿架——記吳德明教授臺中來去〔姜貴部分〕　臺灣日報　1979 年 9 月 13 日　12 版

79. 林適存〔南郭〕　　《旋風》熱　文藝的履痕　臺北　中華日報社　1980 年 3 月　頁 143—147

80. 陳篤弘　　姜貴的心願　臺灣日報　1980 年 4 月 4 日　12 版

81. 周　錦　　中國新文學第四期的特出作家〔姜貴部分〕　中國新文學簡史　臺北　成文出版社　1980 年 5 月　頁 252—253

82. 臺灣日報訊　　名作家姜貴腦溢血病逝　臺灣日報　1980 年 12 月 19 日　3 版

83. 楊　逵　　我最敬愛的一人　中國時報　1980 年 12 月 20 日　8 版

84. 楊　逵　　姜貴是我最敬愛的一人　楊逵全集·資料卷　臺南　國立文化資產保存研究中心籌備處　2001 年 12 月　頁 217—218

85. 鍾肇政　　一部活的中華民國史　中國時報　1980 年 12 月 20 日　8 版

86. 朱西甯　　不求人知的浩然之氣　中國時報　1980 年 12 月 20 日　8 版

87. 白先勇　　不幸言中的預言　中國時報　1980 年 12 月 20 日　8 版

88. 陳若曦　　默默耕耘　中國時報　1980 年 12 月 20 日　8 版

89. 夏志清　　他是了不起的中國作家　中國時報　1980 年 12 月 20 日　8 版

90. 王為鎌口述；耕心，舒坦記錄　　我的父親——姜貴　臺灣日報　1980 年 12 月 20 日　8 版

91. 楊念慈等[5]　　不滅的旋風，未盡的奔流——聯副作家悼念姜貴　聯合報　1980 年 12 月 20 日　8 版

92. 夏志清　　向姜貴致敬　聯合報　1980 年 12 月 20 日　8 版

93. 應鳳凰　　日暮多旋風——敬悼姜貴先生　聯合報　1980 年 12 月 20 日　8 版

94. 應鳳凰　　日暮多旋風——敬悼姜貴先生　人間壯遊（聯副三十年文學大系散文卷 7）　臺北　聯經出版公司　1981 年 10 月　頁 387—391

95. 童世璋　　起旋風·悼姜貴　臺灣日報　1980 年 12 月 21 日　8 版

96. 童世璋　　起旋風·悼姜貴　文學思潮　第 9 期　1981 年 9 月　頁 183—186

---

[5]本專輯有楊念慈、高陽、胡耀恆、楊逵 4 位作家文章。

97. 童世璋　　　文星殞落——起旋風・悼姜貴　中華民國文學年鑑 1980　臺北　時
　　　　　　　　報文化出版公司　1982 年 11 月　頁 551—553

98. 仲　　正　　記姜貴　臺灣日報　1980 年 12 月 22 日　8 版

99. 仲　　正　　記姜貴　為窮人說幾句話　臺北　臺揚出版社　1992 年 2 月　頁
　　　　　　　　47—49

100. 紀　　緣　　懷念姜貴——一封未寄出的信　臺灣日報　1980 年 12 月 25 日　8
　　　　　　　　版

101. 劉紹銘　　　告姜貴在天之靈　聯合報　1980 年 12 月 26 日　8 版

102. 彭　　歌　　沉默與蒼涼　聯合報　1980 年 12 月 26 日　8 版

103. 上官予　　　追懷作家姜貴　中央日報　1980 年 12 月 28 日　12 版

104. 上官予　　　追懷作家姜貴　文學思潮　第 9 期　1981 年 9 月　頁 200—206

105. 鍾衍蕃　　　追悼姜貴先生　臺灣日報　1981 年 1 月 9 日　8 版

106. 鍾衍蕃　　　追悼姜貴先生　文學思潮　第 9 期　1981 年 9 月　頁 227—228

107. 洪醒夫　　　姜貴先生二三事——訪司馬青雲先生・談姜貴在護國寺的生活景
　　　　　　　　況　臺灣日報　1981 年 1 月 9 日　8 版

108. 洪醒夫　　　姜貴先生二三事——姜貴在護國寺的生活　文學思潮　第 9 期
　　　　　　　　1981 年 9 月　頁 212—220

109. 洪醒夫　　　姜貴先生兩三事——訪司馬青雲先生・談姜貴在護國寺的生活景
　　　　　　　　況　洪醒夫全集・散文卷　彰化　彰化縣文化局　2001 年 6 月
　　　　　　　　頁 282—294

110. 張保錄　　　小生意人哀姜貴　臺灣日報　1981 年 1 月 10 日　8 版

111. 墨　　人　　細說姜貴　臺灣日報　1981 年 1 月 10 日　8 版

112. 墨　　人　　細說姜貴　文學思潮　第 9 期　1981 年 9 月　頁 194—199

113. 墨　　人　　文星殞落——細說姜貴　中華民國文學年鑑 1980　臺北　時報文
　　　　　　　　化出版公司　1982 年 11 月　頁 554—559

114. 墨　　人　　細說姜貴　山中人語　臺北　臺灣商務印書館　1983 年 2 月　頁
　　　　　　　　321—328

115. 司馬中原　　寂寞長途——悼念姜貴先生　中國時報　1981 年 1 月 11 日　8
　　　版

116. 司馬中原　　寂寞長途——悼念姜貴先生　文學思潮　第 9 期　1981 年 9 月
　　　頁 221—226

117. 耕　心　　祭姜貴先生文　臺灣日報　1981 年 1 月 11 日　8 版

118. 耕　心　　祭姜貴先生　文學思潮　第 9 期　1981 年 9 月　頁 229—232

119. 邊　卒　　輓姜貴先生　臺灣日報　1981 年 1 月 11 日　8 版

120. 吳德明　　敬悼我的朋友姜貴先生　臺灣日報　1981 年 1 月 11 日　8 版

121. 吳德明　　敬悼我的朋友姜貴先生　文學思潮　第 9 期　1981 年 9 月　頁
　　　209—211

122. 吳德明　　文星殞落——敬悼我的朋友姜貴先生　中華民國文學年鑑 1980
　　　臺北　時報文化出版公司　1982 年 11 月　頁 549—550

123. 司馬青雲　　天涯咫尺　臺灣日報　1981 年 1 月 15 日　8 版

124. 司馬青雲　　天涯咫尺　文學思潮　第 9 期　1981 年 9 月　頁 233—235

125. 黃勁連　　骰子的一擲——一個筆耕者的自白〔姜貴部分〕　臺灣日報
　　　1981 年 1 月 21 日　8 版

126. 劉心皇　　悼念姜貴　中華雜誌　第 19 卷第 1 期　1981 年 1 月　頁 54—55

127. 林抱石　　民國人物小傳——姜貴（1908—1980）　傳記文學　第 226 期
　　　1981 年 3 月　頁 143—144

128. 大　荒　　悼姜貴先生　文學思潮　第 9 期　1981 年 9 月　頁 236—237

129. 司馬青雲　　古寺蕭瑟——記姜貴先生　臺灣日報　1981 年 11 月 9 日　12
　　　版

130. 小　民　　遙寄作家姜貴先生　紫色的書簡　臺北　道聲出版社　1981 年 12
　　　月　頁 113—117

131. 應鳳凰　　《永遠站著的人》——姜貴短篇小說選出版前記　永遠站著的人
　　　臺北　九歌出版社　1982 年 8 月　頁 3—6

132. 應鳳凰　　《永遠站著的人》——姜貴短篇小說選出版前記　姜貴小說集

臺北　九歌出版社　2003 年 6 月　頁 3—6

133. 墨　　人　姜貴文章憎命　山中人語　臺北　臺灣商務印書館　1983 年 2 月　頁 329—333

134. 墨　　人　從姜貴談到朱夜　山中人語　臺北　臺灣商務印書館　1983 年 2 月　頁 334—339

135. 書獃子　人不能沒有希望　生活日記　臺北　鄭豐喜基金會　1984 年 11 月　頁 160—164

136. 書獃子　姜貴說：人不能沒有希望　九歌雜誌　第 94 期　1988 年 12 月　2 版

137.〔九歌雜誌〕　書緣‧書香〔姜貴部分〕　九歌雜誌　第 75 期　1987 年 5 月　4 版

138. 應鳳凰　姜貴的一生　姜貴的小說續編　臺北　九歌出版社　1987 年 5 月　頁 231—250

139. 應鳳凰　蒼苔黃葉地，日暮多旋風——姜貴的一生及其重要著作　九歌雜誌　第 75 期　1987 年 5 月　1—2 版

140. 應鳳凰　姜貴的一生　姜貴中短篇小說集　臺北　九歌出版社　2003 年 12 月　頁 231—250

141. 小　　民　〈姜貴致小民〉小民附識　聯合報　1988 年 4 月 19 日　23 版

142. 小　　民　永遠站著的人——姜貴　青年戰士報　1993 年 7 月 21 日　16 版

143. 小　　民　永遠站者的人——姜貴　永恆的彩虹　臺北　三民書局　1994 年 8 月　頁 245—252

144. 張　　放　關於「文藝」的若干回憶〔姜貴部分〕　浮生隨筆　臺北　文史哲出版社　1996 年 1 月　頁 124—125

145. 葉石濤　五〇年代的反共小說〔姜貴部分〕　臺灣新聞報　1996 年 3 月 21 日　19 版

146. 葉石濤　五〇年代的反共小說〔姜貴部分〕　葉石濤全集‧評論卷五　臺南，高雄　國立臺灣文學館，高雄市文化局　2008 年 3 月　頁

281—282

147.〔朱西甯主編〕　　姜貴　山東人在臺灣：文學篇　臺北　財團法人吉星福
張振芳伉儷文教基金會　1997 年 3 月　頁 72—74

148. 張　放　姜貴《旋風》的聯想[6]　臺灣新聞報　1998 年 11 月 21 日　13 版

149. 張　放　姜貴與《旋風》　歷史的誤會　臺北　文史哲出版社　1999 年 10
月　頁 126—131

150. 陳禎穎　姜貴　中國文學通典・小說通典　北京　解放軍文藝出版社
1999 年 1 月　頁 832

151. 陳宛蓉　臺灣文學經典名家特寫——姜貴　聯合報　1999 年 2 月 20 日　37
版

152. 陳宛蓉　姜貴特寫——《旋風》絕版多年　臺灣文學經典研討會論文集
臺北　行政院文建會，聯經出版公司　1999 年 6 月　頁 36—37

153. 應鳳凰　作者生平　旋風　臺北　九歌出版社　1999 年 9 月　頁 588—589

154. 應鳳凰　作者生平　碧海青天夜夜心　臺北　九歌出版社　1999 年 9 月
頁 748—749

155. 應鳳凰　作者生平　碧海青天夜夜心　臺北　九歌出版社　2007 年 7 月
〔2〕頁

156. 應鳳凰　作者生平及其作品目錄　旋風　臺北　九歌出版社　2009 年 12 月
頁 590—594

157. 符立中　姜貴——一階一階通往沒有光的所在　幼獅文藝　第 577 期
2002 年 1 月　頁 14—15

158. 羅吉甫　姜貴病逝　中國時報　2003 年 12 月 16 日　E7 版

159. 張　放　河清海晏　明道文藝　第 381 期　2007 年 12 月　頁 108—112

160.〔封德屏主編〕　　姜貴　2007 臺灣作家作品目錄　臺南　國立臺灣文學館
2008 年 7 月　頁 528

161. 王鼎鈞　我思姜貴見性情　自由時報　2008 年 12 月 23 日　D13 版

---

[6]本文後改篇名為〈姜貴與《旋風》〉。

162. 王鼎鈞　　在這交會時互放的亮光〔姜貴部分〕　文學江湖：王鼎鈞回憶錄
　　　　　　　四部曲之四　臺北　爾雅出版社　2009 年 3 月　頁 370—377

163. 王鼎鈞　　我陪小說家姜貴一起算命　香港文學　第 298 期　2009 年 10 月
　　　　　　　頁 4—6

164. 蔡登山　　從一篇佚文看姜貴與蘇青的一段情[7]　印刻文學生活誌　第 84 期
　　　　　　　2010 年 8 月　頁 188—196

165. 蔡登山　　結婚十年原是夢——蘇青的夢醒時分——附錄：蘇青與作家姜貴
　　　　　　　的一段情　才女多情——「五四」女作家的愛情歷程　臺北　秀
　　　　　　　威資訊科技公司　2011 年 12 月　頁 255—262

訪談、對談

166. 柳映隄　　生活在風雨中的人——姜貴先生訪問記　幼獅文藝　第 247 期
　　　　　　　1974 年 7 月　頁 45—54

167. 柳映隄　　生活在風雨中的人——姜貴先生訪問記　無違集　臺北　幼獅文
　　　　　　　藝社　1974 年 8 月　頁 313—322

168. 廖玉蕙〔柳映隄〕　生活在風雨中的人——姜貴　走訪捕蝶人　臺北　九
　　　　　　　歌出版社　2002 年 3 月　頁 241—254

169. 心　岱　　遺傘記——訪問作家姜貴　中國時報　1975 年 3 月 29 日　12 版

170. 心　岱　　遺傘記——訪姜貴　一把風采　臺北　皇冠出版社　1978 年 6 月
　　　　　　　頁 7—18

171. 心　岱　　文星殞落——遺傘記——訪問作家姜貴　中華民國文學年鑑 1980
　　　　　　　臺北　時報文化出版公司　1982 年 11 月　頁 542—548

172. 彭碧玉　　護國寺的「度小月」——夜訪姜貴先生　聯合報　1978 年 11 月 6
　　　　　　　日　12 版

年表

173. 姜　貴　　姜貴生前每日行事紀要——〔民國〕69 年 6 月 1 日—11 月 15 日
　　　　　　　臺灣日報　1981 年 1 月 11—18 日　8 版

---

[7]本文後改篇名爲〈結婚十年原是夢——蘇青的夢醒時分——附錄：蘇青與作家姜貴的一段情〉。

174. 資料室　　姜貴生前每日行事紀要——〔民國〕69 年 6 月 1 日—11 月 15 日
　　　　　　　文學思潮　第 9 期　1981 年 9 月　頁 238—248

其他

175. 編輯部　　首屆吳三連文藝獎，姜貴、陳若曦、吳隆榮入選　臺灣新生報
　　　　　　　1978 年 11 月 6 日　6 版

176. 自立晚報訊　　姜貴得獎頗覺意外　自立晚報　1978 年 11 月 14 日　5 版

177. 蔣夢麟　　蔣夢麟先生致姜貴函　旋風　臺北　九歌出版社　1999 年 9 月
　　　　　　　頁 580—581

178. 蔣夢麟　　蔣夢麟先生致姜貴函　旋風　臺北　九歌出版社　2009 年 12 月
　　　　　　　頁 580—581

179. 詹宇霈　　時代下的筆耕者：姜貴、蕭白文物捐贈展　文訊雜誌　第 288 期
　　　　　　　2009 年 10 月　頁 146

180. 簡弘毅　　時代下的筆耕者策展始末——姜貴、蕭白文物捐贈展　臺灣文學
　　　　　　　館通訊　第 25 期　2009 年 11 月　頁 54—56

181. 簡弘毅　　時代下的筆耕者——姜貴、蕭白文物捐贈展　繼往開來：作家文
　　　　　　　物捐贈展圖錄　臺南　國立臺灣文學館　2010 年 12 月　頁 34—
　　　　　　　63

182. 簡弘毅　　灌溉文學的花園系列 4——時代下的筆耕者——姜貴、蕭白文物捐
　　　　　　　贈展　國立臺灣文學館年報 2010　臺南　國立臺灣文學館　2011
　　　　　　　年 9 月　頁 57

作品評論篇目

綜論

183. 惠　天　　姜貴的小說——記亞洲年會「臺灣文學」討論會（上、下）　中
　　　　　　　央日報　1974 年 4 月 28—29 日　9 版

184. 惠　天　　姜貴的小說　海外文摘　第 260 期　1974 年 5 月　頁 27—29

185. 惠　天　　姜貴的小說——記亞洲年會「臺灣文學」討論會　書評書目　第

14 期　1974 年 6 月　頁 33—37

186. 惠　天　　姜貴的小說——記亞洲年會「臺灣文學」討論會　無違集　臺北　幼獅文藝社　1974 年 8 月　頁 279—285

187. Timothy A. Ross 著；陳森譯　　論姜貴小說的主題　書評書目　第 14 期　1974 年 6 月　頁 21—32

188. Timothy A. Ross 著；陳森譯　　論姜貴小說的主題　無違集　臺北　幼獅文藝社　1974 年 8 月　頁 287—302

189. Timothy A. Ross　　Preface　Chiang Kuei　紐約　Twayne Publishers　1974 年　〔4〕頁

190. 夏志清著；周兆祥譯　　懷國與鄉愁的延續——論三位現代中國作家〔姜貴部分〕　明報月刊　第 121 期　1976 年 1 月　頁 136—138

191. 楊昌年　　姜貴　近代小說研究　臺北　蘭臺書局　1976 年 1 月　頁 546—547

192. 亞　菁　　小說中的反共意識〔姜貴部分〕　華副文粹（三）　臺北　中華日報社　1977 年 8 月　頁 170—171

193. 何　欣　　三十年來的小說〔姜貴部分〕　中華文化復興月刊　第 10 卷第 9 期　1977 年 9 月　頁 27

194. 民生報訊　　姜貴：在風格上保有傳統的民族性，在主題上富有真實的時代感　民生報　1978 年 11 月 6 日　5 版

195. 編輯部　　姜貴的著作，集傳統小說之大成，創作保有民族性的風格——基金會書評之一　自立晚報　1978 年 11 月 6 日　10 版

196. 胡萬川　　給姜貴　臺灣日報　1980 年 12 月 20 日　8 版

197. 小野四平著；魏仲佑譯　　關於姜貴的文學——有關臺灣文壇報告之一　臺灣日報　1981 年 12 月 28 日　8 版

198. 亞　菁　　姜貴、張愛玲、陳若曦小說的「反共意識」　現代文學評論　臺北　東大圖書公司　1983 年 2 月　頁 88—91

199. 呂清泉　　張愛玲與姜貴反共小說之比較　張愛玲的小說世界　臺北　臺灣

學生書局　1984 年 7 月　頁 167—182

200. 葉石濤　　走過紛爭歲月・邁向多元年代——臺灣文學的回顧與前瞻（上、中、下）〔姜貴部分〕　自立晚報　1985 年 10 月 29—31 日　10版

201. 葉石濤　　走過紛爭歲月，邁向多元世代——臺灣文學的回顧與前瞻〔姜貴部分〕　葉石濤全集・評論卷三　臺南，高雄　國立臺灣文學館，高雄市文化局　2008 年 3 月　頁 295

202. 古繼堂　　五十年代反共小說的主要代表作家和作品（上）〔姜貴部分〕　臺灣小說發展史　臺北　文史哲出版社　1989 年 7 月　頁 158—162

203. 王德威　　小說、清黨、大革命——茅盾、姜貴、安德烈・馬婁與一九二七年政治風暴[8]　中外文學　第 20 卷第 12 期　1992 年 5 月　頁 4—23

204. 王德威　　五十年代反共小說新論——一種逝去的文學？〔姜貴部分〕[9]　四十年來中國文學　臺北　聯合文學出版社　1995 年 6 月　頁 76—77

205. 王德威　　一種逝去的文學？——反共小說新論〔姜貴部分〕　如何現代，怎樣文學：十九、二十世紀中文小說新論　臺北　麥田出版公司　1998 年 10 月　頁 151—152

206. 王德威　　一種逝去的文學？——反共小說新論〔姜貴部分〕　中華現代文學大系（貳）・臺灣一九八九—二〇〇三評論卷（二）　臺北　九歌出版社　2003 年 10 月　頁 745—746

207. 王德威　　一種逝去的文學？——反共小說新論〔姜貴部分〕　20 世紀臺灣文學專題 1：文學思潮與論戰　臺北　萬卷樓圖書公司　2006 年 9月　頁 168—169

---

[8] 本文敘述茅盾、姜貴、安德烈・馬婁三人在國共鬥爭時之創作背景，及三人小說對歷史論述的特色。
[9] 本文後改篇名為〈一種逝去的文學？——反共小說新論〉。

208. 王德威　　一種逝去的文學？——反共小說新論〔姜貴部分〕　如何現代，
　　　　　　　怎樣文學：十九、二十世紀中文小說新論　臺北　麥田出版社
　　　　　　　2008 年 2 月　頁 151—152

209. 皮述民　　從反共小說到現代小說〔姜貴部分〕　二十世紀中國新文學史
　　　　　　　臺北　駱駝出版社　1997 年 10 月　頁 313—314

210. 莊柏林　　擺脫中國才有臺灣文學〔姜貴部分〕　笠　第 211 期　1999 年 6
　　　　　　　月　頁 6—8

211. David D. Buck　　Preface　A translation of the Chinese Novel Chung-yang
　　　　　　　（Rival Suns）by Chiang Kuei（1908—1980）　New York　The
　　　　　　　Edwin Mellen Press　1999 年　〔7〕頁

212. 林慶文　　年輕比丘尼的畫像——姜貴（1908—1980）　當代臺灣小說的宗
　　　　　　　教性關懷　東海大學中國文學系　博士論文　洪銘水教授指導
　　　　　　　2001 年 6 月　頁 177—180

213. 范銘如　　合縱連橫——六〇年代臺灣小說〔姜貴部分〕　淡江大學中文學
　　　　　　　報　第 8 期　2003 年 7 月　頁 39—40

214. 應鳳凰　　姜貴的小說　九歌雜誌　第 273 期　2004 年 2 月　3 版

215. 葉石濤　　七〇年代臺灣文學的回顧〔姜貴部分〕　葉石濤全集・隨筆卷二
　　　　　　　臺南，高雄　國立臺灣文學館，高雄市文化局　2008 年 3 月　頁
　　　　　　　40

216. 傅怡禎　　論一九五〇年代臺灣小說中的懷鄉意識——一九五〇年代重要的
　　　　　　　懷鄉小說作家——姜貴　理論、現象與批評論考　臺中　天空數
　　　　　　　位圖書公司　2009 年 2 月　頁 177

217. 胡忠信，應鳳凰對談；簡弘毅側寫　文壇旋風姜貴　作家的心靈地圖——
　　　　　　　臺灣文學大解讀　臺南　國立臺灣文學館　2011 年 8 月　頁 65—
　　　　　　　83

218. 陳憲仁編　　姜貴　Contemporary Taiwanese Literature and ArtSeries——
　　　　　　　Essays 當代臺灣文學藝術系列——散文卷　臺北　中華民國筆會

2011 年 9 月　頁 2

分論

◆單行本作品

小說

《突圍》

219. 巴　人　　後記　突圍　上海　世界書局　1939 年 7 月　頁 159—160

220. 應鳳凰　　大時代何處《突圍》　誠品閱讀　第 8 期　1995 年 10 月 24 日　頁 108—110

《旋風》

221. 孫　旗　　姜貴《今檮杌傳》——一部未發行的文獻性小說　自由報　第 740 期　1958 年 4 月　頁 3

222. 孫　旗　　一部未發行的文獻性小說《今檮杌傳》　懷袖書　臺南　〔自行出版〕　1960 年 9 月　頁 22—24

223. 丁　天　　評介姜貴著《今檮杌傳》　幼獅文藝　第 42 期　1958 年 5 月　頁 25

224. 丁　天　　評介姜貴著《今檮杌傳》　懷袖書　臺南　〔自行出版〕　1960 年 9 月　頁 25—28

225. 崇　仁　　姜貴《今檮杌傳》片感　自由中國　第 19 卷第 2 期　1958 年 7 月　頁 30

226. 崇　仁　　《今檮杌傳》片感　懷袖書　臺南　〔自行出版〕　1960 年 9 月　頁 33—36

227. 季㤕文　　「好書出頭」——看姜貴小說的殘缺意識　中華日報　1959 年 7 月 21 日　7 版

228. 季㤕文　　好書出頭　懷袖書　臺南　〔自行出版〕　1960 年 9 月　頁 37—39

229. 王集叢　　評《旋風》　政治評論　第 2 卷第 12 期　1959 年 8 月 25 日　頁 381—383

230. 王集叢　評《旋風》　懷袖書　臺南　〔自行出版〕　1960 年 9 月　頁 87
—96

231. 王集叢　姜貴的《旋風》　王集叢自選集　臺北　黎明文化公司　1978 年
4 月　頁 277—286

232. 高　陽　關於《旋風》的研究　文學雜誌　第 6 卷第 6 期　1959 年 8 月
頁 13—39

233. 高　陽　關於《旋風》的研究　懷袖書　臺南　〔自行出版〕　1960 年 9
月　頁 40—86

234. 高　陽　關於《旋風》的研究　中國文學評論（三）　臺北　聯經出版公
司　1977 年 12 月　頁 143—185

235. 方以直　姜貴《旋風》人物考　徵信新聞　1959 年 9 月 9 日　6 版

236. 方以直　《旋風》人物考　懷袖書　臺南　〔自行出版〕　1960 年 9 月
頁 97—98

237. 方以直　再談《旋風》　徵信新聞　1959 年 9 月 11 日　6 版

238. 方以直　再談《旋風》　懷袖書　臺南　〔自行出版〕　1960 年 9 月　頁
99—100

239. 王　峰　《旋風》及其他　徵信新聞　1959 年 10 月 21 日　6 版

240. 黃　靈　評介長篇文藝巨著《旋風》　今日世界　第 183 期　1959 年 11 月
1 日　頁 19

241. 黃　靈　評介長篇文藝巨著《旋風》　懷袖書　臺南　〔自行出版〕
1960 年 9 月　頁 101—104

242. 阮日宣　姜貴與姜貴的《旋風》　新聞天地　第 615 期　1959 年 11 月 28
日　頁 23—24

243. 阮日宣　姜貴與姜貴的《旋風》　懷袖書　臺南　〔自行出版〕　1960 年
9 月　頁 105—110

244. 劉心皇　評姜貴著《旋風》　幼獅文藝　第 62 期　1959 年 12 月　頁 28

245. 劉心皇　評姜貴著《旋風》　懷袖書　臺南　〔自行出版〕　1960 年 9 月

頁 111—115

246. 方　其　　《旋風》著者及其寫作淵源　時報雜誌　第 29 卷第 9 期　1960 年
　　　　5 月 25 日　頁 17—18

247. 方　其　　《旋風》著者及其寫作淵源　懷袖書　臺南　〔自行出版〕
　　　　1960 年 9 月　頁 125—131

248. 高　陽　　《旋風》‧姜貴‧我　幼獅文藝　第 69 期　1960 年 7 月　頁 26
　　　　—27

249. 高　陽　　《旋風》‧姜貴‧我　懷袖書　臺南　〔自行出版〕　1960 年 9
　　　　月　頁 132—141

250. 〔中央日報〕　　胡適之先生演講引證《今檮杌傳》　懷袖書　臺南　〔自
　　　　行出版〕　1960 年 9 月　頁 20—21

251. 方　一　　中國風味的小說《今檮杌傳》　懷袖書　臺南　〔自行出版〕
　　　　1960 年 9 月　頁 29—32

252. 林適存　　萬里迢迢　懷袖書　臺南　〔自行出版〕　1960 年 9 月　頁 116
　　　　—119

253. 羅　盤　　一年來的熱門小說：姜貴先生的《旋風》　懷袖書　臺南　〔自
　　　　行出版〕　1960 年 9 月　頁 120—124

254. 趙雅博　　《旋風》讀後　懷袖書　臺南　〔自行出版〕　1960 年 9 月　頁
　　　　142—146

255. 程光蘅　　一個值得推薦的長篇《旋風》　懷袖書　臺南　〔自行出版〕
　　　　1960 年 9 月　頁 147—150

256. 周棄子　　讀《今檮杌傳》　未埋庵短書　臺北　文星書店　1964 年 1 月
　　　　頁 45—48

257. 周棄子　　讀《今檮杌傳》　臺灣日報　1981 年 1 月 11 日　8 版

258. 周棄子　　讀《今檮杌傳》　文學思潮　第 9 期　1981 年 9 月　頁 207—208

259. 夏志清著；陳森譯　　論姜貴的《旋風》　中華日報　1964 年 12 月 25 日　6
　　　　版

260. 夏志清著；陳森譯　論姜貴的《旋風》　無違集　臺北　幼獅文藝社　1974 年 8 月　頁 253—259

261. 夏志清著；劉紹銘譯　論姜貴的《旋風》　中國時報　1972 年 6 月 14 日　9 版

262. 夏志清著；劉紹銘譯　論姜貴的《旋風》　幼獅文藝　第 225 期　1972 年　9 月　頁 10—15

263. 夏志清著；劉紹銘譯　論姜貴的《旋風》　旋風　臺北　九歌出版社　1999 年 9 月　頁 574—579

264. 夏志清著；劉紹銘譯　論姜貴的《旋風》　旋風　臺北　九歌出版社　2009 年 12 月　頁 574—579

265. 張　放　《旋風》與姜貴　青年戰士報　1972 年 11 月 13 日　9 版

266. 彭　歌　《旋風》的英譯本　聯合報　1977 年 9 月 16 日　12 版

267. 洛曉湘　從《旋風》看姜貴的反共意識（上、中、下）　青年戰士報　1977 年 10 月 3—5 日　11 版

268. Timothy A. Ross　Translator's Preface　The Whirlwind　San Francisco　Chinese Materials Center　1977 年　〔3〕頁

269. 黃碧端　「文化外銷」從兩本小說的英譯談起〔《旋風》部分〕　聯合報　1978 年 1 月 28 日　12 版

270. 方念國　竊國者──暴戾無常的《旋風》　民聲日報　1979 年 4 月 8 日　11 版

271. 孫達明　重讀《旋風》　中央日報　1981 年 1 月 7 日　10 版

272. 胡萬川　關於姜貴的《旋風》　聯合報　1981 年 6 月 20 日　8 版

273. 尹雪曼　記姜貴與他的《今檮杌傳》　文學思潮　第 9 期　1981 年 9 月　頁 200—206

274. 尹雪曼　姜貴與他的《今檮杌傳》　從古典出發　臺南　鳳凰城圖書公司　1984 年 8 月　頁 185—188

275. 尹雪曼　記姜貴與他的《今檮杌傳》　中國現代文學的桃花源　臺北　臺

灣商務印書館　1984 年 10 月　頁 281—284

276. 尼　洛　姜貴的《旋風》談起　文學思潮　第 9 期　1981 年 9 月　頁 207
—208

277. 舒傳世　內涵取勝的《旋風》　臺灣日報　1981 年 12 月 29 日　8 版

278. 張素貞　五十年代小說管窺〔《旋風》部分〕　文訊雜誌　第 9 期　1984
年 3 月　頁 102—104

279. 大　荒　我看姜貴的《旋風》　臺灣新聞報　1984 年 6 月 9 日　12 版

280. 應鳳凰　劉守宜與「明華書局」‧《文學雜誌》（下）——姜貴的《旋
風》　文訊雜誌　第 21 期　1985 年 12 月　頁 308—318

281. 應鳳凰　劉守宜與明華書局‧《文學雜誌》——姜貴的《旋風》　五○年
代文學出版顯影　臺北　臺北縣文化局　2006 年 12 月　頁 168—
169

282. 張素貞　姜貴《旋風》中的人物（1—4）　臺灣新生報　1987 年 9 月 4—7
日　7 版

283. 張素貞　姜貴《旋風》中的人物　續讀現代小說　臺北　東大圖書公司
1993 年 3 月　頁 105—117

284. 齊邦媛　千年之淚——反共懷鄉文學是傷痕文學的序曲〔《旋風》部分〕
千年之淚　臺北　爾雅出版社　1990 年 7 月　頁 35—38

285. 莫　折　蒼苔黃葉地，日暮多旋風——姜貴的《旋風》　文訊雜誌　第 60
期　1990 年 10 月　〔1〕頁

286. 葉石濤　八○年代臺灣文學的特質〔《旋風》部分〕　臺灣時報　1990 年
12 月 26 日　27 版

287. 葉石濤　八○年代臺灣文學的特質〔《旋風》部分〕　葉石濤全集‧隨筆
卷三　臺南，高雄　國立臺灣文學館，高雄市文化局　2008 年 3
月　頁 342—343

288. 黃重添，莊明萱，闕豐齡　50 年代小說創作——「戰鬥文學」的氾濫
〔《旋風》部分〕　臺灣新文學概觀（上）　福建　鷺江出版社

　　　　　　　1991 年 6 月　頁 65

289. 莊明萱　　文學的極端政治化和非政治化傾向對它的離棄──「戰鬥文學」
　　　　　　　的高倡及其演變和特點〔《旋風》部分〕　臺灣文學史（下）
　　　　　　　福州　海峽文藝出版社　1993 年 1 月　頁 33

290. 齊邦媛　　二度漂流的文學〔《旋風》部分〕　評論十家　臺北　爾雅出版
　　　　　　　社　1993 年 12 月　頁 42─44

291. 齊邦媛　　二度漂流的文學〔《旋風》部分〕　中華文學的現在和未來──
　　　　　　　兩岸暨港澳文學交流研討會論文集　香港　鑪峰學會　1994 年 6
　　　　　　　月　頁 134─135

292. 齊邦媛　　二度漂流的文學〔《旋風》部分〕　霧漸漸散的時候　臺北　九
　　　　　　　歌出版社　1998 年 10 月　頁 209─211

293. 王德威　　《蓮漪表妹》──兼論三〇到五〇年代的政治小說〔《旋風》部
　　　　　　　分〕　評論十家　臺北　爾雅出版社　1993 年 12 月　頁 159─
　　　　　　　161

294. 王保生　　兩岸文體風貌〔《旋風》部分〕　揚子江與阿里山的對話──海
　　　　　　　峽兩岸文學比較　上海　上海文藝出版社　1995 年 12 月　頁 331
　　　　　　　─332

295. 曾慶瑞，趙遐秋　　質疑「小說百強」〔《旋風》部分〕　喑啞的論爭　臺
　　　　　　　北　人間出版社　1999 年 1 月　頁 189─190

296. 羅　奇　　姜貴《旋風》世紀末重出江湖　聯合報　1999 年 5 月 24 日　41
　　　　　　　版

297. 王德威　　蒼苔黃葉地，日暮多旋風──論姜貴《旋風》[10]　臺灣文學經典研
　　　　　　　討會論文集　臺北　聯經出版公司　1999 年 6 月　頁 23─34

298. 王德威　　蒼苔黃葉地，日暮多旋風──姜貴與《旋風》　後遺民寫作　臺
　　　　　　　北　麥田出版公司　2007 年 11 月　頁 181─193

299. 張夢瑞　　姜貴《旋風》消失 30 年後重現書市　民生報　1999 年 8 月 13 日

---

[10]本文透過姜貴《旋風》分析其反共意識及其對中國文化的檢討。

7 版

300. 李奭學　　姜貴《旋風》再起[11]　聯合報　1999 年 8 月 30 日　41 版

301. 李奭學　　再振反共文學的雄風？——評姜貴著《旋風》　書話臺灣 1991—
　　　　　　　2003 文學印象　臺北　九歌出版社　2004 年 5 月　頁 88—92

302. 江中明　　沉寂 40 年重現書市，姜貴《旋風》再起　聯合報　1999 年 9 月 2
　　　　　　　日　11 版

303. 邱　婷　　逝去的文學，價值的重生——姜貴《旋風》今昔觀　民生報
　　　　　　　1999 年 9 月 2 日　14 版

304. 陳文芬　　《旋風》又起，姜貴傳奇再現　中國時報　1999 年 9 月 2 日　41
　　　　　　　版

305. 董成瑜　　徒然的反共，消逝的文學？　中國時報　1999 年 9 月 9 日　41 版

306. 應鳳凰　　《旋風》出版檔案——流離與定著　聯合報　1999 年 10 月 18 日
　　　　　　　41 版

307. 蓮　珠　　《旋風》　大成報　1999 年 10 月 20 日　15 版

308. 黃盈雰　　《旋風》重現書市　文訊雜誌　第 168 期　1999 年 10 月　頁 70
　　　　　　　—72

309. 齊邦媛　　《旋風》中的繡花鞋（上、下）　中國時報　1999 年 12 月 5—6
　　　　　　　日　29 版

310. 齊邦媛　　《旋風》中的繡花鞋　一生中的一天　臺北　爾雅出版社　2004
　　　　　　　年 5 月　頁 191—202

311. 秦慧珠　　五〇年代之反共小說——姜貴（三之一）　臺灣反共小說研究
　　　　　　　（一九四九年至一九八九年）　中國文化大學中國文學系　博士
　　　　　　　論文　金榮華教授指導　2000 年 4 月　頁 117—126

312. 張　殿　　重組星圖，釋放小說天空〔《旋風》部分〕　聯合報　2000 年 5
　　　　　　　月 15 日　41 版

313. 張誦聖　　臺灣女作家與當代主導文化〔《旋風》部分〕　文學場域的變遷

---

[11]本文後改篇名為〈再振反共文學的雄風？——評姜貴著《旋風》〉。

臺北　聯合文學出版社　2001 年 6 月　頁 124—127

314. 陳芳明　　臺灣新文學史——五〇年代的文學侷限與突破〔《旋風》部
　　　　　　　分》〕　聯合文學　第 200 期　2001 年 6 月　頁 173—174

315. 張素貞　　姜貴的「經典」小說《旋風》[12]　慶祝莆田黃錦鋐教授八秩嵩壽論
　　　　　　　文集　臺北　文史哲出版社　2001 年 6 月　頁 485—511

316. 張素貞　　姜貴的「經典」小說《旋風》　現代小說啓事　臺北　九歌出版
　　　　　　　社　2001 年 8 月　頁 41—70

317. 應鳳凰　　姜貴的長篇反共小說——《旋風》　明道文藝　第 306 期　2001
　　　　　　　年 9 月　頁 26—31

318. 簡弘毅　　《旋風》與五〇年代文學——兼談文學「經典」形成的可能　文
　　　　　　　學經典與臺灣文學　臺北　富春文化公司　2002 年 1 月　頁 44—
　　　　　　　46

319. 應鳳凰　　姜貴《旋風》　臺灣文學花園　臺北　玉山社出版公司　2003 年
　　　　　　　1 月　頁 44—47

320. 周昭翡　　歷史的見證與批判——《旋風》　文訊雜誌　第 221 期　2004 年
　　　　　　　3 月　頁 49

321. 應鳳凰　　五〇年代文學場域與反共文學——姜貴的《旋風》　五〇年代臺
　　　　　　　灣文學論集　高雄　春暉出版社　2004 年 6 月　頁 60—61

322. 王德威；葉美瑤譯　　歷史與怪獸　歷史與怪獸：歷史，暴力，敘事　臺北
　　　　　　　麥田出版公司　2004 年 10 月　頁 97—153

323. 王德威；葉美瑤譯　　歷史與怪獸　歷史與怪獸：歷史，暴力，敘事　臺北
　　　　　　　麥田出版公司　2011 年 9 月　頁 293—344

324. 蘇益芳　　《旋風》之後：價值的重生　夏志清與戰後臺灣的現代文學批評
　　　　　　　政治大學中國文學系　碩士論文　陳芳明教授指導　2004 年　頁
　　　　　　　107—113

---

[12]本文敘述《旋風》內容、特色、人物刻畫、寫作背景等，並評論此書之所以爲經典之理由。全文
共 8 小節：1.旋風如何成爲經典；2.作者經驗的投影；3.傑出的反共小說；4.寫作的特色；5.旋風
的主題；6.旋風的人物；7.民俗文化與人情；8 結論。

325. 陳建忠　　國共鬥爭與歷史再現：姜貴《旋風》與楊沫《青春之歌》的比較

　　　　　　　研究[13]　臺灣文學研究學報　第 1 期　2005 年 10 月　頁 169—193

　　　　　　　326. 黃萬華　　臺灣文學——小說（上）〔《旋風》部分〕　中

　　　　　　　國現當代文學・第 1 卷（五四—1960 年代）　濟南　山東文藝出

　　　　　　　版社　2006 年 3 月　頁 455—457

327. 應鳳凰　　「反共＋現代」：右翼自由主義思潮文學版——五〇年代臺灣小

　　　　　　　說——姜貴《旋風》　臺灣小說史論　臺北　麥田出版公司

　　　　　　　2007 年 3 月　頁 162—163

328. 江寶釵　　重省五〇年代臺灣文學史的詮釋問題———一個奠基於「場域」的

　　　　　　　思考：文學場域的消長——以現代主義與女性文學爲觀察核心

　　　　　　　〔《旋風》部分〕　臺灣近五十年代現代小說論文集　高雄　中

　　　　　　　山大學文學院，人文社會科學中心　2007 年 8 月　頁 47

329. 應鳳凰　　五〇年代臺灣小說「反共美學」初探〔《旋風》部分〕　臺灣文

　　　　　　　學史書寫國際學術研討會論文集・第二集　高雄　春暉出版社

　　　　　　　2008 年 6 月　頁 450—451

330. 陳雨航　　編輯引言：一部怪誕的經典小說讀本　旋風　臺北　九歌出版社

　　　　　　　2009 年 12 月　頁 3—5

331. 〔陳雨航〕　　關於九歌版《旋風》　旋風　臺北　九歌出版社　2009 年 12

　　　　　　　月　頁 588—589

332. 應鳳凰　　特載：介紹姜貴《旋風》　旋風　臺北　九歌出版社　2009 年 12

　　　　　　　月　頁 601—603

333. 黃可興　　「反共文學」的猖獗和衰落〔《旋風》部分〕　20 世紀臺灣文學

　　　　　　　史略　北京　民族出版社　2010 年 10 月　頁 119—121

334. 應鳳凰，傅月庵　　姜貴——《旋風》　冊頁流轉——臺灣文學書入門 108

　　　　　　　臺北　印刻文學生活雜誌出版公司　2011 年 3 月　頁 34—35

---

[13]本文比較姜貴《旋風》與楊沫《青春之歌》，觀察二者如何照映自身與他者，彰顯邪惡／神聖、
黑暗／光明、反動／進步的雙元對立價值。全文共 4 小節：1.前言：白色與紅色的戰爭；2.反左
與反右運動下的歷史再現；3.女性做爲隱喻：政治鬥爭與性別政治；4.結語。

335. 蔡明勳　不只是《旋風》　國文天地　第 312 期　2011 年 5 月　頁 39—42

336. 余昭玫　五、六〇年代政治局勢與文學空間——反共文學的主題——反共意識〔《旋風》部分〕　從邊緣發聲——臺灣五、六〇年代崛起的省籍作家群　臺南　國立臺灣文學館　2012 年 10 月　頁 38—39

337. 高雄整理　書話姜貴先生的《旋風》　文訊雜誌　第 325 期　2012 年 11 月　頁 73—78

338. 王瑞華　分散百年的家族再聚首——當《旋風》終於颳回家……　文訊雜誌　第 325 期　2012 年 11 月　頁 90—97

《重陽》

339. 符兆祥　讀《重陽》　野風　第 178 期　1963 年 9 月　頁 81—83

340. 夏志清　姜貴的《重陽》——兼論中國近代小說的傳統　中國時報　1973 年 7 月 1—3 日　13 版

341. 夏志清　姜貴的《重陽》　海外文摘　第 240 期　1973 年 7 月　頁 20—26

342. 夏志清　姜貴的《重陽》——兼論中國近代小說的傳統　無違集　臺北　幼獅文藝社　1974 年 8 月　頁 261—278

343. 夏志清　姜貴的《重陽》——代序——兼論中國近代小說之傳統　重陽　臺北　皇冠出版社　1974 年 10 月　頁 5—21

344. 夏志清　姜貴的《重陽》——兼論中國近代小說之傳統　文學的前途　臺北　純文學出版社　1980 年 5 月　頁 123—142

345. 夏志清　姜貴的《重陽》——兼論中國近代小說的傳統　中華現代文學大系・臺灣一九七〇——一九八九・評論卷（壹）　臺北　九歌出版社　1989 年 5 月　頁 247—266

346. 方念國　青年湛湛不可欺——黑暗的《重陽》　民聲日報　1979 年 4 月 24 日　11 版

347. 李歐梵　「刺蝟」與「狐狸」　聯合報　1979 年 8 月 27 日　8 版

348. 林依潔　就《重陽》看姜貴小說的殘缺意識　書評書目　第 100 期　1981

年 9 月　頁 25—36

349. 舒傳世　反共的《重陽》　臺灣日報　1982 年 1 月 22 日　8 版

350. 張素貞　姜貴《重陽》中的政治寓言　中國語文　第 78 卷第 2 期　1996 年 2 月　頁 81—88

351. 張素貞　姜貴《重陽》中的諧謔與蘊藉（1—4）　中央日報　1996 年 5 月 1—4 日　18 版

352. 張素貞　姜貴《重陽》中的諧謔與蘊藉　現代小說啓事　臺北　九歌出版社　2001 年 8 月　頁 153—167

353. 張素貞　姜貴《重陽》中的諧謔與蘊藉　中華現代文學大系（貳）——臺灣一九八九—二〇〇三——評論卷（一）　臺北　九歌出版社　2003 年 10 月　頁 163—176

354. 秦慧珠　六〇年代之反共小說——姜貴（三之二）　臺灣反共小說研究（一九四九年至一九八九年）　中國文化大學中國文學系　博士論文　金榮華教授指導　2000 年 4 月　頁 161—166

355. 林俊德　試評姜貴《重陽》　書評　第 62 期　2003 年 2 月　頁 23—29

356. 朱偉誠　另類經典——臺灣同志文學（小說）史論〔《重陽》部分〕　臺灣同志小說選　臺北　二魚文化事業公司　2005 年 6 月　頁 14

357. 朱偉誠　國族寓言霸權下的同志國：當代臺灣文學中的同性戀及國家——敵人就是「同志」〔《重陽》部分〕　中外文學　第 36 卷第 1 期　2007 年 3 月　頁 70—71

358. 紀大偉　缺席的歷史：1960 年代之前——反共愛國與現代主義〔《重陽》部分〕　正面與背影——臺灣同志文學簡史　臺南　國立臺灣文學館　2012 年 10 月　頁 32—33

359. 紀大偉　現代同志文學的萌發：1960 年代——姜貴《重陽》　正面與背影——臺灣同志文學簡史　臺南　國立臺灣文學館　2012 年 10 月　頁 42—47

《春城》

360. 曹聖芬　　《春城》序　中央日報　1963 年 4 月 22 日　6 版

《碧海青天夜夜心》

361. 劉昌祜　　《碧海青天夜夜心》讀後感　中華日報　1964 年 9 月 6 日　6 版

362. 劉昌祜　　《碧海青天夜夜心》讀後　無違集　臺北　幼獅文藝社　1974 年
　　　　　　　8 月　頁 303—311

363. 耕　心　　反映社會人性的小說——閒談《碧海青天夜夜心》（1—2）　臺
　　　　　　　灣日報　1978 年 7 月 23—24 日　12 版

364. 耕　心　　反映社會人性的小說——閒談《碧海青天夜夜心》　耕心散文集
　　　　　　　臺北　東大圖書公司　1987 年 11 月　頁 259—285

365. 張素貞　　姜貴的《碧海青天夜夜心》——以家國感情統貫四角戀情的抗戰
　　　　　　　小說（上、下）　中央日報　1999 年 9 月 6—7 日　18 版

366. 張素貞　　姜貴的《碧海青天夜夜心》——以家國感情統貫四角戀情的抗戰
　　　　　　　小說　現代小說啓事　臺北　九歌出版社　2001 年 8 月　頁 168
　　　　　　　—175

367. 張素貞　　以家國感情統貫四角戀情的小說——評姜貴的《碧海青天夜夜
　　　　　　　心》　碧海青天夜夜心　臺北　九歌出版社　2007 年 7 月　頁
　　　　　　　759—765

《白金海岸》

368. 穆中南　　《白金海岸》　省政文藝評介選輯　臺中　臺灣省政府新聞處
　　　　　　　1972 年 6 月　頁 19—25

《白馬篇》

369. 保　真　　二舅家的茨姑——姜貴的反共文學《白馬篇》　中華日報　1997
　　　　　　　年 4 月 29 日　16 版

370. 保　真　　二舅家的茨姑——姜貴的反共文學《白馬篇》　保真領航看小說
　　　　　　　臺北　九歌出版社　1999 年 5 月　頁 127—129

371. 秦慧珠　　七〇年代之反共小說——姜貴（三之三）　臺灣反共小說研究
　　　　　　　（一九四九年至一九八九年）　中國文化大學中國文學系　博士

論文　金榮華教授指導　2000 年 4 月　頁 208—211

《花落蓮成》

372. 黃福聲　談《花落蓮成》　書評書目　第 51 期　1977 年 7 月　頁 64—67

373. 阿達子　《花落蓮成》——品姜貴的小說　文野　第 1 期　1978 年 6 月　頁 12—19

374. 陳　肯　評《花落蓮成》　出版與研究　第 42 期　1979 年 3 月 16 日　頁 50

375. 何懷碩　受苦者的出路——小說《花落蓮成》涉想種種　藝術・文學・人生　臺北　大地出版社　1980 年 10 月　頁 237—252

376. 周芬伶　傳統性與假定性——佛化小說的人間理想〔《花落蓮成》部分〕聖與魔——臺灣戰後小說的心靈圖像（1945—2006）　臺北　印刻出版公司　2007 年 3 月　頁 171—172

《蘇不纏的世界》

377. 王　翟　簡介《蘇不纏的世界》　書評書目　第 61 期　1978 年 5 月　頁 107—114

《白棺》

378. 周　怡　發現姜貴遺失的長篇小說《白棺》前兩章　文訊雜誌　第 325 期　2012 年 11 月　頁 79—82

《永遠站著的人》

379. 李天生　「永遠站著」——讀姜貴的短篇小說[14]　中華日報　1982 年 8 月 23 日　10 版

380. 李天生　書評書介——《永遠站著的人》　時報雜誌　第 167、168 期合刊　1983 年 2 月 13 日　頁 90

381. 郭明福　寂寞身後事——《永遠站著的人》讀後　臺灣新生報　1982 年 9 月 5 日　12 版

382. 劉滌凡　大時代裡的小故事——評姜貴短篇小說集《永遠站著的人》　文

[14] 本文後改篇名為〈書評書介——《永遠站著的人》〉。

訊雜誌　第 17 期　1985 年 4 月　頁 130—135

383. 夏志清　夏志清小論姜貴的小說——《永遠站著的人》　九歌雜誌　第 67
期　1986 年 9 月　2 版

《姜貴的小說續編》

384. 應鳳凰　不是偶然——《姜貴的小說續編》前記[15]　臺灣新生報　1987 年 5
月 18 日　7 版

385. 應鳳凰　與更多的中國人一起分享——《姜貴的小說續編》出版奇蹟　九
歌雜誌　第 75 期　1987 年 5 月　2 版

386. 應鳳凰　《姜貴的小說續編》出版前記　姜貴的小說續編　臺北　九歌出
版社　1987 年 5 月　頁 3—6

387. 應鳳凰　《姜貴的小說續編》出版前記　姜貴中短篇小說集　臺北　九歌
出版社　2003 年 12 月　頁 3—6

388. 鄭明娳　五月榴花照眼紅——評《姜貴的小說續編》　聯合文學　第 40 期
1988 年 2 月　頁 155—157

389. 王文仁　《姜貴中短篇小說集》　臺灣文學館通訊　第 3 期　2004 年 3 月
頁 87

◆多部作品
《旋風》、《重陽》、《碧海青天夜夜心》

390. 亞　菁　姜貴的心靈世界——兼論《旋風》、《重陽》的成就　中華文藝
第 71 期　1977 年 1 月　頁 42—58

391. 亞　菁　姜貴的心靈世界——兼論《旋風》、《重陽》的成就　中國現代
文學評論集　臺北　中華文藝月刊社　1977 年 2 月　頁 39—55

392. 亞　菁　姜貴的心靈世界——《碧海青天夜夜心》——兼論《旋風》、
《重陽》的成就　現代文學評論　臺北　東大圖書公司　1983 年
2 月　頁 105—123

---

[15]本文後改篇名爲〈與更多的中國人一起分享——《姜貴的小說續編》出版奇蹟〉、〈《姜貴的小說
續編》出版前記〉。

《旋風》、《重陽》

393. 夏志清著；劉紹銘譯　姜貴的兩部小說　中國現代小說史　香港　友聯出版社　1979 年 7 月　頁 479—498

394. 夏志清　姜貴的兩部小說《旋風》、《重陽》　中國現代小說史　香港中文大學出版社　2001 年 12 月　頁 479—498

395. 陶　然　《旋風》及《重陽》應該再版　聯合報　1981 年 5 月 22 日　8 版

396. 上官予　中國文學的反共性——反共小說的成就〔《旋風》、《重陽》部分〕　文學天地人　臺北　黎明文化公司　1981 年 5 月　頁 154—157

397. 林佩芬　理念與良知——試論姜貴的小說架構　中央日報　1983 年 1 月 20 日　10 版

398. 齊邦媛　時代的聲音〔《旋風》、《重陽》部分〕　千年之淚　臺北　爾雅出版社　1990 年 7 月　頁 12

399. 夏志清　推介姜貴的兩部巨著——摘錄《重陽》代序　山東人在臺灣：文學篇　臺北　財團法人吉星福張振芳伉儷文教基金會　1997 年 3 月　頁 265—272

400. 徐國能　論姜貴五〇年代兩部長篇小說：《旋風》、《重陽》[16]　海峽兩岸現當代文學論集　臺北　臺灣學生書局　2004 年 2 月　頁 427—449

401. 陳康芬　「我們」的政治、「我」的文藝——反共戰鬥小說敘事的現實與世界觀——反共與戰鬥小說的集體性敘事〔《旋風》、《重陽》部分〕　斷裂與生成——臺灣五〇年代的反共／戰鬥文藝　臺南國立臺灣文學館　2012 年 10 月　頁 170—171，178—179

《白馬篇》、《重陽》、《旋風》、《碧海青天夜夜心》

402. 周　錦　中國新文學第四期的特出作品〔《白馬篇》、《重陽》、《旋

---

[16] 本文簡述五〇年代文學風貌，且對比兩篇作品之寫作技巧、人物、主題，並論述姜貴的文學成就。全文共 5 小節：1.緒論：五〇年代臺灣文壇與反共文學；2.姜貴與他的反共小說《旋風》；3.《重陽》對《旋風》政治意圖的開展；4.姜貴的長篇小說筆法；5.結語。

　　　　　　　　風》、《碧海青天夜夜心》部分〕　中國新文學簡史　臺北　成
　　　　　　　　文出版社　1980 年 5 月　頁 269—271

《旋風》、《碧海青天夜夜心》

403. 陳玲芳　　世紀末姜貴「旋風」再起　臺灣日報　1999 年 9 月 2 日　12 版

404. 曾意芳　　姜貴兩本名著重新出版　中央日報　1999 年 9 月 2 日　9 版

單篇作品

405. 陳克環　　姜貴〈北斗〉　書評書目　第 24 期　1975 年 4 月　頁 128—130

406. 韓　幹　　姜貴和他的〈失獵者〉　中華日報　1978 年 1 月 12 日　11 版

407. 〔臺灣日報〕　　〈奔流〉——姜貴最新創作[17]　臺灣日報　1980 年 3 月 31
　　　　　　　　日　12 版

408. 〔鄭明娳，林燿德選註〕　　〈白髮〉　人生五題——憂患　臺北　正中書
　　　　　　　　局　1990 年 8 月　頁 48

作品評論目錄、索引

409. 應鳳凰　　「當代作家研究資料彙編」：姜貴卷（1—4）　文訊雜誌　第 25
　　　　　　　　—28 期　1986 年 8，10，12 月，1987 年 2 月　頁 260—269，209
　　　　　　　　—213，220—224，285—287

410. 童淑蔭　　姜貴研究資料彙編　文訊雜誌　第 111 期　1995 年 1 月　頁 90—
　　　　　　　　99

411. 〔編輯部〕　　《旋風》評論資料彙編　旋風　臺北　九歌出版社　1999 年
　　　　　　　　9 月　頁 584—587

412. 〔陳雨航〕　　《旋風》相關評論索引　旋風　臺北　九歌出版社　2009 年
　　　　　　　　12 月　頁 595—600

413. 〔封德屏主編〕　　姜貴　臺灣現當代作家評論資料目錄（三）　臺南　國
　　　　　　　　立臺灣文學館　2010 年 11 月　頁 1846—1861

---

[17] 〈奔流〉為姜貴遺作，未出版。

國家圖書館出版品預行編目資料

姜貴／應鳳凰編選. -- 初版. -- 臺南市：臺灣文學館,
2013.12
　面；　公分. -- (臺灣現當代作家研究資料彙編；28)
ISBN 978-986-03-9106-0(平裝)

1.姜貴 2.作家 3.文學評論

783.3886　　　　　　　　　　　　　　102024031

【臺灣現當代作家研究資料彙編】28

姜貴

發 行 人／　李瑞騰
指導單位／　文化部
出版單位／　國立台灣文學館
　　　　　　地址／70041 台南市中西區中正路 1 號
　　　　　　電話／06-2217201　　　傳真／06-2218952
　　　　　　網址／www.nmtl.gov.tw　　電子信箱／pba@nmtl.gov.tw

總 策 畫／　封德屏
顧　　 問／　林淇瀁　張恆豪　許俊雅　陳信元　陳義芝　須文蔚　應鳳凰
工作小組／　王雅嫺　杜秀卿　汪黛妏　張純昌　張傳欣　莊雅晴　陳欣怡
　　　　　　黃寁婷　練麗敏　蘇琬鈞
編　　 選／　應鳳凰
責任編輯／　張傳欣
校　　 對／　王雅嫺　汪黛妏　林英勳　張傳欣　陳欣怡　黃敏琪　黃寁婷
　　　　　　趙慶華　潘佳君
計畫團隊／　財團法人台灣文學發展基金會
美術設計／　翁國鈞・不倒翁視覺創意
印　　 刷／　松霖彩色印刷事業有限公司

著作財產權人／國立台灣文學館
本書保留所有權利。欲利用本書全部或部分內容者，須徵求著作財產權人同意或書面授
權。請洽國立台灣文學館研典組（電話：06-2217201）。

經銷展售／　國家書店松江門市（02-25180207）
　　　　　　國立台灣文學館—雪芙瑞文學咖啡坊（06-2214632）
　　　　　　南天書局（02-23620190）　　　唐山出版社（02-23633072）
　　　　　　府城舊冊店（06-2763093）　　　台灣的店（02-23625799）
　　　　　　啓發文化（02-29586713）　　　三民書局（02-23617511）
　　　　　　草祭二手書店（06-2216872）　　五南文化廣場（04-22260330）
網路書店／　國家書店網路書店 www.govbooks.com.tw
　　　　　　五南文化廣場網路書店 www.wunanbooks.com.tw
　　　　　　三民書局網路書店 www.sanmin.com.tw

初版一刷／2013 年 12 月
定　　 價／新臺幣 310 元整
　　　　　　第一階段 15 冊新臺幣 5500 元整　第二階段 12 冊新臺幣 4500 元整
　　　　　　第三階段 23 冊新臺幣 8500 元整　全套 50 冊新臺幣 18500 元整
　　　　　　全套 50 冊合購特惠新臺幣 16500 元整

GPN／1010202801（單本）　ISBN／978-986-03-9106-0（單本）
　　　1010000407（套）　　　　　978-986-02-7266-6（套）

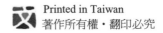